KB248216

킬 더 도그

킬 더 도그

초판 1쇄 발행 2026년 01월 15일

지은이 　폴 기오
옮긴이 　김지현
펴낸이 　권기남
펴낸곳 　B612북스

주　소 　경기 양주시 양주산성로 838-71
전화번호 　031)879-7831 팩스 031)879-7832

이 메 일 　b612books@naver.com
홈페이지 　blog.naver.com/b612books
출판등록 　2012년 3월 30일(제2012-000069호)

ISBN 　978-89-98427-57-3 (03680)

B612북스, 2026, Printed in Seoul, Korea
• 책값은 뒤표지에 표시되어 있습니다.

성공하는 시나리오 쓰기의 진실을 알려주는 최초의 책

KILL THE DOG

킬 더 도그

폴 기오 지음 | 김지현 역

B612 북스

지금까지 출간된 시나리오 작법서 중 단연 최고다.

제프리 손
〈매그넘 P.I.〉 공동 총괄 프로듀서

자칭 '시나리오 구루'라는 사기꾼들, 엉터리 조언을 퍼뜨리는 것 외에는
아무런 실전 경험도 없는 그들이 드디어 적수를 만났다.
폴 기오의 《킬 더 도그》.
이 책은 단번에 고전이 될 것이다!

랜디 메이엄 싱어
〈미세스 다웃파이어〉 각본가

나는 폴 기오와 밤늦게까지 작가실에 앉아 시나리오를 긴급히 수정했고,
폭우가 쏟아지는 날 야외 촬영장에 함께 서 있기도 했다.
각본부터 촬영 현장까지, 생생한 조언을 제공할
프로 작가가 있다면 바로 이 사람이다.

존 로저스
〈레버리지〉, 〈더 라이브러리언〉 총괄 프로듀서

기오는 상처투성이 베테랑이다. 그의 조언은 현실적이고
실용적이며, 검증된 순금 같은 가치를 지녔다.

리 차일드
'잭 리처 시리즈'로 세계적 명성을 얻은 베스트셀러 작가

폴 기오는 함께 일해 본 이들 중에서도 단연 돋보인다.
이 책에서 그는 시나리오 작법을 새롭게 정의했다!

조너선 프레이크
〈스타 트렉: 피카드〉 연출

이 책 진짜 별로임.

지나가는 사람
인터넷

스눕스(SNOOPS)

Higher Calling

펠리시티(FELICITY)

The Love Bug

Truth or Consequences

레벨 9(LEVEL 9)

Avatar

Ghost in the Machine

저징 에이미(JUDGING AMY)

RIGHTS of Passage

Boston Terriers from France

Damage Control

Looking for Quarters

CSO Hartford, Into the Fire

Sex & the Single Mother

Werewolves of Hartford

The Song That Never Ends

Sex, Lies, and Expedia.com

톡 투 미(TALK TO ME)

TNT 파일럿

더 다크(THE DARK)

TNT 파일럿

더 블랙 225(THE BLACK 225)

20세기 폭스 파일럿

더 점프(THE JUMP)

20세기 폭스 파일럿

49

어나니머스 콘텐츠(Anonymous Content) 파일럿

수퍼스(SUPERS)

이매진 엔터테인먼트(Imagine Entertainment) 파일럿

비터 브루(BITTER BREW)

CBS 파일럿

지오스톰(GEOSTORM)

타임 밴딧(TIME BANDITS)

노 티어스 포 더 데드(NO TEARS FOR THE DEAD)

더 블랙 225(THE BLACK 225) 영화 버전

그 외에 무보수로 쓴
수많은 작품들

일러두기

*각주는 모두 옮긴이의 것이다.

따뜻한 사랑과 소중한 순간,

그리고 우리 아기를 위해

목차

나는 개를 좋아한다.

고양이도 좋아한다.

늑대, 판다, 돌고래, 솜털머리원숭이, 벌꿀오소리, 그리고 전투 유니콘이라 불러야 할 코뿔소, 거북이까지… 이 정도 말하면 알겠지만, 나는 자타공인 확실한 동물 애호가다.

그런데 왜 이 책은 《킬 더 도그(Kill the Dog, 개를 죽여라)》라는 거친 제목일까? 사실은 조금 장난스러운 작명이었다. 시나리오 작법서의 고전인 블레이크 스나이더의 《고양이 구하기(Save the Cat)》을 가볍게 패러디했다. 하지만 다른 뜻도 담겨 있다.

이 책을 읽는 사람이라면 대부분 영화 〈존 윅(John Wick)〉 시리즈를 한 번쯤은 봤을 것이다. 〈존 윅〉은 최근 몇 년 사이 가장 성공한 시리즈 영화 가운데 하나로 꼽히는데, 그 출발점은 데릭 콜스태드(Derek Kolstad)가 쓴 한 편의 시나리오였다. 시나리오 초반에 '고양이를 구하는 장면' 대신, '개가 죽는 장면'이 발단 사건으로 등장한다.

관객의 호응을 끌어내는 데 효과적이라고 알려진 스나이더의 '고양이 구하기' 같은 **규칙을 따르지 않고** 오히려 정반대 길을 가면서도 대성공을 거둔 훌륭한 시나리오들은 셀 수 없을 만큼 많다. 그것들을 일일이 소개하려면 이 책이 닐 게이먼의 《신들의 전쟁》보다 더 두꺼워질 것이다.

그리고 이른바 '성공하는 시나리오 작성 규칙'이라 불리는 것들을 충실히 따랐음에도 지루하고, 설득력 없고, 완전히 평범한 시나리오가 된 사례는 그보다 훨씬 많다.

나는 당신이 후자의 범주에서 벗어나 전자의 범주로 옮겨 가길 바란다. 그리고 계속해서 완성도 높고 성공적인 시나리오를 써 나가길 바란다.

그런 의미에서, 이 책 《킬 더 도그 - 성공하는 시나리오 쓰기의 진실을 알려주는 최초의 책》을 펼친 당신을 열렬히 환영한다.

01

방 안의 동물

이 책을 어떻게 시작할까, 여러 방법을 고민했다. 그러다 결국 이렇게 결론 내렸다. 모두가 알고 있지만 쉽게 말하지 않는 불편한 진실부터 이야기하자. 흔히 말하는 '방 안의 코끼리' 말이다. 좀 더 정확히 표현하면, '방 안의 주황 줄무늬 고양이'라고 해야 할까. 시나리오 작법서 가운데 판매량과 인지도 면에서 단연 독보적인 바로 그 책, 블레이크 스나이더의 《SAVE THE CAT!: 흥행하는 영화 시나리오의 8가지 법칙》 말이다.[1]

이 책을 읽고 있는 당신이라면 아마도 이미 그 책을 읽었으리라. '시나리오'라는 단어를 입에 올려본 사람들은 대부분 읽었을 테니까. 장담하건대, 그 책을 읽고 시나리오 작가에 도전한 사람의 수는 그 책과 그 아류작들에 쓰인 단어 수보다 많을 것이다.

---

[1] 표지 그림에 줄에 매달린 주황 줄무늬 고양이가 등장한다.

하지만 그렇게 도전한 수많은 가여운 영혼들 가운데, 조금이라도 성공을 거둔 사람은 얼마나 될까? 아마도 그 책의 표지에 쓰인 단어 수보다 적을 것이다.

다른 책이나 누군가를 비난하려는 건 아니다. 다만 본격적으로 이야기를 시작하기 전에 짚고 넘어가야 할 점이 있어서다.

만약 당신이 '마네키네코 책'[2]에서 언급한 〈백지수표(Blank Check)〉가 〈메멘토(Memento)〉보다 더 좋은 시나리오고 본받아야 할 시나리오라고 생각한다면, 유감스럽게도 나는 당신을 도와줄 수 없다.

이 책 역시 당신을 도울 수 없다.

누가 당신을 도울 수 있을지도 잘 모르겠다.

예술은 주관적인 것이지만, 누구나 인정할 수밖에 없는 사실도 있다.

그중 하나가 바로 〈메멘토〉에 관한 것이다. 당신이 그 영화를 좋아하든 좋아하지 않든 〈메멘토〉의 시나리오는 국제 각본상 후보에 십여 차례 오를 만큼 탄탄한 작품이며, 능력 있는 작가에게 경력의 발판이 되어 준 시나리오다. 반면 〈백지수표〉는… 그렇지 않다.

물론 당신이 이 사실에 동의하지 않더라도 당신이 쓴 시나리오에 돈을 지불할 사람을 찾을 수도 있다. 세상엔 복권에 **두 번** 당첨된 사람도 여러 명 있으니까.

---

2 복을 불러온다고 여겨지는 일본의 고양이 장식물이다. 여기서는 《SAVE THE CAT!》을 빗댄 표현이다.

     킬 더 도그

현역으로 활동하는 시나리오 작가라면 대부분 안다. '고양이 책'과 그와 유사한 책들이 알려주는 시나리오 작법이 최고의 방법은 **아니며**, 심지어 괜찮은 방법이라 할 수도 없다는 것을. 게다가 어떤 경우에는 오히려 해가 되는 방법일 수도 있다.

그렇다. 지금 나는 상당히 대담하고도 선동적인 주장을 하고 있다. 하지만, 이 책을 계속 읽다 보면, 당신은 조금씩 진실을 깨닫기 시작할 것이다. 프로 시나리오 작가가 되기 위해 정말 필요한 것이 무엇인지, 새로운 관점을 갖게 될 것이다. 그리고 영감, 열망, 동기 같은 긍정적인 에너지를 얻어, 시나리오 작가로서 상상도 못한 수준까지 도달할 수 있을 것이다.

어떤 사람은 이렇게 물을지 모른다.

"그 책이 정말 문제라면, **왜** 그렇게 인기가 많은가요?"

내가 그 질문에 답해 주겠다.

"왜냐하면 쉽기 때문이다."

그 책은 정말 **훌륭하다**. 독자가 아무런 재능이나 지식, 경험, 심지어 직업의식 없이도 백만 달러짜리 시나리오를 쓸 수 있을 것처럼 느끼게 해 준다. 하지만 거기에 글쓰기에 대한 언급은 없다. 오직 로그라인[3]과 공식, 계산된 단계만 있을 뿐이다. '고양이 구하기'는 한 가지 커다란 착각을 퍼뜨린다. 훌륭한 시나리오를 쓰는 데 간단한 공식이 있다고 믿게 만든다. 그리고 그 공식의 각 단계를 밟기만 하면, 언젠

---

3 영화의 내용을 한 문장으로 요약한 것.

가 미국작가조합(WGA)이 주는 재상영 분배금으로 말리부 해변에 고급 주택을 살 수 있으리라 기대하게 만든다.

사람들은 무엇이든 쉽게 얻으려 한다. 재능이나 기술, 기량을 갈고 닦지 않아도 가능하다고 믿고 싶어 한다. 많은 이들이 열심히 노력하는 걸 귀찮아한다. 인플루언서들의 세상과 그들이 오늘날 젊은 세대에 끼치는 '인플루언스'를 보라. 1980년, 중학생 500명을 대상으로 한 설문조사에서는 장래 희망으로 운동선수, 소방관, 의사, 우주비행사 같은 직업이 주로 꼽혔다. 그런데 2019년 같은 조사를 했더니, 압도적 1위가 유튜브 스타였다. 나는 '고양이 책'이나 그 어떤 책을 비난하려는 게 아니다. 다만 내가 말하고 싶은 건, 그런 책들이 우리 사회에 내재한 '쉽게 이룰 수 있다'는 욕망을 파고든다는 점이다.

이 책이 탄생하기까지

《킬 더 도그》는 지난 수십 년간 내 안에 쌓인 불만에서 탄생했다. 한때는 소규모였지만 지금은 거대한 산업을 이끄는 시나리오 작법 구루(Guru, 전문가)들, 그리고 그들이 출간하고 운영하는 작법서와 웹사이트를 보며 여러 번 회의를 느꼈기 때문이다.

여기서 말하는 '구루'는 시나리오를 쓰는 최고의 방법을 **안다**고 설교하거나, 가르치거나 주장하거나, 그걸로 돈을 버는 사람을 뜻한다. 하지만 정작 본인은 시나리오로 성공을 거둔 적이 한 번도 없는 사람들이다. 공동 집필한 시나리오 몇 편을 아버지나 지인이 일하는 스튜디오에 판매한 경험은 성공이라 할 수 없다.

　　　　　킬 더 도그

1980년대, 언론에서 스펙 시나리오[4]가 얼마에 팔렸는지 보도하기 시작했다. 그러자 너도나도 시나리오를 써서 한 방에 백만장자가 되겠다고 결심했다. 심지어 월마트 뒤편 밴에서 크래커 배럴 식당 종업원과 함께 사는 어머니의 조경사 조카까지도 말이다.

문제는 그들 중 99퍼센트가 시나리오를 어떻게 쓰는지는 고사하고 시나리오가 무엇인지, 어떻게 생겼는지도 몰랐다는 것이다. 당시 참고할 만한 자료라고는 1979년에 출간된 시드 필드(Syd Field)의 저서 《시나리오란 무엇인가》뿐이었다.

사람들은 시드의 책을 앞다투어 사들였다. 그러자 사업 수완이 있는 사람들은 금세 눈치를 챘다. 굳이 시나리오를 '직접 쓰지 않아도', 시나리오 쓰는 법을 가르치기만 해도 수백만 달러를 벌 수 있다는 사실을.

실제로 프로 시나리오 작가가 되려다 실패하고, 대신 작법서를 쓴 사람들도 있었다. 그러나 문제는 평생 한 번도 시나리오를 쓰거나 팔아본 적 없는 이들이 쓴(게다가 인기까지 있는) 작법서도 적지 않았다는 점이다!

물론 《킬 더 도그》를 읽는다고 해서 곧바로 황금빛 트로피를 손에 쥐거나 워너 브라더스와 영화 세 편을 계약하는 일은 없을 것이다. 하지만 하나는 분명히 약속할 수 있다. 이 책을 읽고 나면 당신은 한 단계 성장한 시나리오 작가가 될 것이다. 그리고 나는 진심으로 믿는다.

4　스펙 스크립트라고도 함. 작가가 자발적으로 미리 써서 스튜디오나 제작사에 제안 및 판매하는 시나리오.

당신이 할 수 있는 한 최고의 시나리오 작가가 된다면, 성공으로 가는 최상의 기회를 얻게 될 것이다.

갓 시작한 작가들이 시간과 노력을 쏟고도 경력에 진전이 없어 낙담하는 모습을 자주 본다. 온갖 작법서와 자칭 구루들이 말하는 **모든 것**을 따랐는데도 제자리걸음이라고 말할 때면, 가슴이 아프다.

이는 비단 책에만 국한된 문제가 아니다. 인터넷과 소셜 미디어는 충분한 지식이 없는 사람들에게도 무제한 발언권을 주었다. 이제 어떤 주제에 관해 모래알만큼의 지식조차 없어도 목소리를 높여 열성적으로 말하는 세상이 되었다.

현역으로 활동하는 프로 시나리오 작가가 알려주는 게 아니라면, 나는 시나리오 쓰는 법을 알려 준다는 그 어떤 책이나 웹사이트, 팟캐스트, 소셜 미디어 계정도 존중하지 않는다. 당신도 그것들을 믿어서는 안 된다.

내 말이 다소 가혹하게 들릴지 모른다. 하지만 이렇게 생각해 보자.

당신이 프로 선수 수준의 골프 실력을 갖추고 싶다면 누구에게 배우겠는가? 3, 40년 전에 골프를 쳤지만, 지금은 전혀 안 치는 사람? 아니면 이제 막 골프채를 잡았지만, 기꺼이 고급 기술을 가르쳐주겠다는 사람?

아마도 둘 중 어느 쪽도 아닐 것이다. 당신이 도달하고 싶은 높은 수준에서 오랫동안 골프를 쳐 왔고, **지금도** 고수의 경지에서 골프를 즐기는 사람에게 배우는 게 가장 좋은 선택 아닐까? 풍부한 경험과 업적을 바탕으로 실력을 확실하게 끌어올리는 방법을 **경험에 근거해** 말

     킬 더 도그

해 줄 수 있는 사람 말이다.

오래된 유머 하나가 떠오른다. 어떤 남자가 피아노 가게에 들어가 가장 비싸고 고급스러운 피아노 앞에 앉아 연주를 시작했다. 그런데 연주 실력이 형편없었다. 그때 남자가 이렇게 말했다.

"나 참 이해가 안 되네! 내가 모차르트 음악을 얼마나 많이 들었는데!"

투우장의 황소

스페인에는 '황소에 대해 말만 늘어놓는 것과 실제 투우장 안에 있는 것은 천지 차이다'라는 속담이 있다. 이 속담이 시나리오를 쓰는 일과 무슨 관계가 있을까? 좀 더 구체적으로는, 시나리오 쓰는 법을 알려 준다는 수많은 책과 웹사이트, 그리고 구루들과는 어떤 관련이 있을까?

젊은 제다이들이여, 여기 모여보라.

이 책을 집필하기 시작하면서 나는 시나리오에 관한 책들을 검색해 봤다. 구글 검색 결과는 무려 11페이지에 달했고, 시드 필드의 저서보다 늦게 나온 작법서만 70권이 넘었다. 그중에서 현재 활동 중인 프로 시나리오 작가가 쓴 책은 몇 권이나 될 것 같은가?

고작 두 권이었다. 그마저도 한 권은 패러디였다.

지금 "그 밧줄에 매달린 고양이 책은 뭐였죠? 그 사람은 프로 작가였잖아요!"라고 소리칠 생각이라면, 먼저 내 말부터 들어 보길 바란다.

프로 시나리오 작가로 **활동했던** 사람이 쓴 책은 포함되지 않는다.

"이봐요, 기오. 너무 엘리트주의적이고 불공평한데요."

그렇지 않다. 이유는 다음과 같다.

'고양이를 구하라'라고 외치는 내용부터 스토리를 굳이 유클리드 기하학으로 바꾸는 법, 그리고 3막 구조를 별 의미 없이 22단계로 나누는 법까지, 시나리오 작성 노하우를 알려주는 책들 대부분은 한때 프로 시나리오 작가였을지는 몰라도 곧 업계를 떠난 사람들이 쓴 것이다. 왜냐하면 그들은 시나리오 작가로서 기대만큼 성과를 내지 못했기 때문이다. 계속해서 시나리오 집필 일감을 따내기엔 실력이 부족했다.

요점은 이렇다. 누군가가 기회를 잡으면, 즉 스펙 시나리오를 판매하거나 TV 시리즈 에피소드 몇 편을 쓰게 되면 할리우드는 그 사람에게 득달같이 달려든다. 우리 업계는 경험 없는 신인보다 실적이 검증된 시나리오 작가를 선호하기 때문이다. 그러므로 일단 기회를 잡기만 하면 당신은 상당히 유리한 위치를 차지하게 된다.

하지만 시나리오 한 편이나 TV 에피소드 몇 편을 썼다고 해서 일감이 계속 이어진다는 보장은 없다. 일을 잘 해내는 방법을 모른다면 말이다.

계속해서 좋은 성과를 내놓지 못하면 각본가로서 경력을 유지하기 힘들다. 시나리오 몇 편을 팔거나 TV 프로그램에 반시즌 동안 참여한 경험만으로는 각본가로서 경력을 유지할 만큼 능숙해졌다고 볼 수 없다.

여기서 이야기를 잠시 멈추겠다. 지금쯤 나를 향해 "뭐, 당신도 비슷한 처지 아닌가?"라고 말하는 사람들이 있을 테니 말이다.

　　　　　킬 더 도그

그렇다면 한 번 살펴보자. 마치 공항에서 가방 도둑이 남의 짐을 샅샅이 뒤지듯, 자세히 들여다보자.

나는 1999년부터 매년 세금 신고서에 '시나리오 작가'라고 적어 왔다. 올해도 마찬가지고, 내년에도 그럴 것이다. 내 이름 'Guyot'는 '기오'라고 발음한다. 흥행에 실패한 재난 영화 〈지오스톰(Geostorm)〉[5]을 떠올리고 '지'를 '기'로 발음하면 된다. 아, 다시 생각해 보니 굳이 그 영화와 내 이름을 연결 지을 필요는 없을 것 같다.

이 글을 쓰는 지금, 나는 24년 차 프로 시나리오 작가로 일하고 있다. 내가 글을 쓰면서 돈을 벌지 못한 기간은 최장 10개월이다.

나는 아직 제작되지 않은 장편 영화 시나리오를 썼고(많은 프로 각본가가 그렇듯) 개봉한 영화 시나리오도 썼다(이는 소수의 프로 각본가에게 해당한다). 각본을 쓰고 제작한 TV 프로그램은 총 200시간이 넘으며, 그중 90% 가까이 나 혼자 집필했다.

무엇보다 중요한 사실은, 내가 **현재** 프로 시나리오 작가로 활동 중이라는 점이다.

오늘은 2023년 2월의 상쾌한 아침이고, 나는 당신이 읽고 있는 이 글을 쓰는 중이다. 현재 미국작가조합의 규정을 따르는 회사 두 곳과 시나리오 집필 계약을 맺은 상태고, 국제 시장을 겨냥한 TV 시리즈 개발 작업도 얼마 전에 마쳤다. 내가 쓴 스펙 시나리오를 놓고 에이전트들이 협상을 진행 중이니, 나중에 소식을 접하게 될 수도 있을 것이다.

---

5 저자 본인이 공동 각본을 맡은 영화.

예전에 했던 작업을 이야기하는 게 아니다. 지금도 프로 시나리오 작가로 활동하며 짬을 내어 이 책을 쓰고 있다는 뜻이다.

나는 **전직** 각본가도 아니고, 전직 개발 책임자도, 전직 독자도 아니다. 시나리오 작법에 관해 조언할 자격이 있다고 당신을 속이기 위해 돌팔이들이 사용하는 어떤 직함도 내게는 없다.

대신 '현역 프로 시나리오 작가(WPS, Working Professional Screenwriters)' 클럽에서 받은 유효한 회원 카드가 있고, 그곳 회원들만 입는 멋진 재킷도 있다.

그렇다면 내가 왜 이 글을 썼을까? 일자리를 구하지 못한 것도 아니고, 돈이 절실히 필요한 것도 아닌데 말이다. 지나치게 이타적으로 들릴지 모르지만, 나는 도움을 주고 싶어 이 책을 썼다.

앞서 말했듯이, 전직 프로 시나리오 작가들은 물론이고 프로 시나리오 작가로 활동한 적 없는 이들까지 시나리오 작법서를 내며 저마다 성공의 비결을 안다고 나선다. 하지만 성공하는 방법을 정말로 알고 있었다면, 왜 그들은 계속해서 성공을 이어가지 못했을까?

그들은 아버지가 운영하는 스튜디오에 시나리오를 팔았을지 모른다. 아니면 HBO가 '홈 박스 오피스(Home Box Office)'라 불리던 시절, 우리 부모님의 마그나복스(Magnavox) 텔레비전 위에 놓인 작은 플라스틱 상자를 통해 HBO가 방영되던 시절에 프리랜서로 TV 에피소드 두 편쯤을 썼을 수도 있다. 하지만 그들의 경력은 제대로 시작되기도 전에 끝나 버렸다. 왜일까? 그들이 매력적인 캐릭터와 스토리가 담긴, 참신하고 독창적이며 개성 있는 시나리오를 써내지 못했기 때

 킬 더 도그

문이다. 그들이 쓴 글은 평면적이고 상상력이 부족하며 틀에 박힌 시나리오였다. 설사 그들이 쓴 스펙 시나리오가 영화화되고 그 덕에 피치 미팅[6]이나 옵션 계약[7]을 맺었더라도, 그 후로는 시나리오를 한 편도 팔지 못했다.

그들은 멋진 재킷을 미처 맞추기도 전에 현역 프로 시나리오 작가 클럽의 회원 자격을 잃었다.

잭 워너(Jack Warner)[8]가 시나리오 작가들을 '언더우드[9]를 두드리는 얼간이들'이라고 부른 시절부터 우리는 무시당해 왔다. 하지만 훌륭한 글은 여전히 영화 산업에 가장 필요한 요소다. 정말 **모든** 사람이 좋은 시나리오와 좋은 작가를 원한다. 업계에서 가장 핫한 시나리오에 당신의 이름이 붙어 있다면, 모두가 당신을 만나고 싶어 하고 일감을 의뢰하며 피치 미팅에 참석할 것이다. (하지만 미팅에 참석하고 옵션 계약을 맺는 것은 시나리오를 **'쓰는 것이 아니다'**) 당신이 시나리오 작가로 계속 활동할 수 있을지는 오직 한 가지에 달렸다. 계속해서 좋은 결과물을 내놓을 수 있는가?

현역 프로 시나리오 작가 클럽에 가입할 방법은 많지만, 클럽의 일원으로 오래 머물기 위해서는 무엇보다 글을 잘 써야 한다. '킬러 로

---

6 새로운 아이디어를 제안하는 회의.

7 시나리오 작가와 제작자 사이에 맺는 계약. 제작자가 일정 기간 시나리오를 독점적으로 개발할 수 있는 권리를 가지며, 추후 시나리오 구매를 원할 경우 우선권을 약속받는다.

8 할리우드 영화 제작자. 1923년 형제들과 워너 브라더스를 공동 창립했다.

9 20세기 초 인기 있던 미국 타자기 브랜드.

그라인'과 '킬러 제목'이 있으면 미팅을 잡겠지만, 훌륭한 시나리오를 쓰지 못하면 결국에는 쓰라린 마음으로 자신보다 성공한 사람들이 다 별로라고 투덜거리는 책을 쓰게 될 것이다.

내가 이 책을 통해 이루려는 목표는 다른 어떤 책도 하지 못한 일, 다시 말해 당신에게 진실을 알려주는 것이다.

지금, 이 순간 어떤 이들의 머릿속에는 두 가지 생각이 떠오를 것이다. 첫째, '형편없는 영화들은 뭔가? 현직 작가가 쓴 시나리오들도 엉망일 때가 많잖아!'라는 생각이다. 내가 답하면, 유감스럽게도 완성된 영화나 드라마만 보고 원래 시나리오가 좋았는지 아닌지를 판단할 방법은 없다. 이는 기존의 시나리오 작법서들이 지닌 또 다른 맹점이기도 하다. 이 부분은 뒤에서 자세히 다룰 예정이다.

둘째, '결국 다 인맥 아닌가?'라는 반론이다. 사실이다. 할리우드는 인맥이 막강한 힘을 발휘한다. 겉으로는 능력으로 평가받는 공정한 시스템이라 자처하지만, 현실은 다르다. 하지만 필요한 인맥이 없거나 도움을 줄 가족이 없다면 남는 건 단 하나다. 오직 자신의 능력에 기댈 수밖에 없다.

우리 중 많은 이가 꿈과 희망을 노트북에 가득 담아 할리우드에 오지만, 아버지나 친구가 스튜디오의 고위 임원으로 일하지도 않고 프로듀서나 감독과 친분도 없다. 그렇다면 우리는 인맥이라는 무기를 지닌 사람들과 어떻게 경쟁해야 할까? 믿을 건 단 하나, 훌륭한 시나리오를 쓰는 것이다.

이 책은 그런 사람들을 위해 썼다. 나와 당신처럼 기댈 만한 배경

 킬 더 도그

하나 없는 작가들을 위해 말이다.

신인 작가들을 만나 보면 대부분은 단지 뭔가를 팔고 싶어 한다. 실력을 더 갈고닦을 생각은 하지 않으면서, 시나리오 한 편을 팔았다는 사실이 곧 성공한 삶으로 이어지길 바란다. 디카프리오와 베벌리힐스 고급 레스토랑에서 저녁을 먹고, 개인 비행기를 타는 삶을 꿈꾼다.

그런 일은 일어나지 않는다.

지금도 왕성하게 활동하는 최고의 시나리오 작가 스콧 프랭크(Scott Frank)는 말했다.

"작품을 파는 데 신경 쓸 게 아니라 글쓰기에 전념해야 한다."

바로 이것이 내가 이 책을 쓴 이유다. 현역 프로 시나리오 작가와 직접 마주 앉아 진실을 들을 기회를 당신에게 주고 싶었다. 나는 작가 할런 엘리슨(Harlan Ellison)의 말을 좋아한다.

"의견이라고 해서 아무 말이나 해서는 안 된다. 직접 경험해 제대로 알아야 말할 자격이 생긴다."

나는 많은 사람이 이 말에 동의하던 시절을 기억한다. 하지만 오늘날 소셜 미디어가 등장하고 익명(완전히 익명이라고도 할 수 없는)의 온라인 계정 뒤에 숨어 실제로는 아무것도 모르면서 자기 의견을 마구 쏟아내는 일이 우리 사회의 일반적인 현상이 되어 버렸다. 이런 현상은 그 어느 곳보다 시나리오 집필의 세계에서 특히 심하다.

프로 시나리오 작가의 삶을 잠깐 맛본 사람들이 쓴 작법서도 많지만, **단 한 번도** 시나리오 작가를 생업으로 삼아 본 적 없는 사람들이 쓴 작법서는 그보다 훨씬 많다. 이런 사람들이 가장 잘 쓴 글은 책에 실린 자기소개뿐이다. 전문가처럼 보이도록 치장한 글.

이 책에 담긴 내 견해는 모두 시나리오를 쓰면서 직접 겪은 경험을 바탕으로 했다. 내가 경험하지 못한 분야에 대해서는 쓰지 않았다. 예를 들어 베링해에서 게를 잡는 일이나 시트콤 집필 같은 것 말이다. 나는 시트콤 업계에서 일한 적이 없기에 그에 관해서는 의견을 지니고 있지 않다. 게잡이 배도 마찬가지다.

하지만 당신이 시트콤을 쓰고 싶다 해도 이 책은 충분히 도움이 될 것이다. 이유는 간단하다. 훌륭한 작품은 언제나 그렇다. 〈에브리씽 에브리웨어 올 앳 원스(Everything Everywhere All At Once)〉 같은 영화든, 〈블랙키시(Black-ish)〉 같은 시트콤이든, 훌륭한 작품은 진심을 다해 쓴 글에 스토리와 캐릭터가 어우러질 때 탄생한다.

자, 그럼 프로 시나리오 작가를 향한 첫걸음을 내디뎌 보자.

02

당신이 없다면 할리우드도 없다

앞에서는 조금 냉소적으로 시작했지만, 이제는 긍정적인 이야기를 해보자.

당신이 하는 일이 영화와 텔레비전의 세계에서 얼마나 중요한지, 스스로 이해하길 바란다. 아니, 진심으로 **깨닫길** 바란다.

재미있는 사실이 하나 있다.

할리우드 명예의 거리에 이름을 올린 스타 중에 시나리오 작가보다 동물이 더 많다는 사실을 아는가? 진짜다.

웃기지만 사실은 **슬픈 이야기다.** 왜냐하면 할리우드 산업 전체가 시나리오 작가 없이는 존재할 수 없기 때문이다.

지금쯤 당신은 이렇게 말하고 싶을지 모른다.

"이봐요, 기오. 그건 감독이나 배우도 마찬가지잖아요."

하지만 그렇지 않다. 지구상의 영화와 텔레비전 세계에서 무에서 유를 창조하는 사람은 **오직** 시나리오 작가뿐이다. 다시 한번 말하겠다. 할리우드 산업 전체를 통틀어 아무것도 없는 상태에서 무언가를 만들어 내는 사람은 **시나리오 작가**뿐이다.

나머지 사람들은 모두 시나리오 작가가 창조한 것을 **해석**할 뿐이다. 시나리오 작가는 빈 페이지와 마주 앉아 세상을 창조한다. 배경과 장소, 등장인물과 관계, 딜레마, 갈등, 감정, 공포, 음모, 기쁨까지… 모든 것을 만들어 낸다. 그러고 나서야 감독부터 포스트 프로덕션 담당자에 이르기까지 나머지 사람들이 시나리오 작가가 창조한 것을 해석한다.

작가가 진득하게 앉아 **각본을 쓰지 않으면** 감독은 연출할 이야기를 얻지 못하고, 프로듀서는 제작할 작품을 찾을 수 없으며, 배우는 말과 행동으로 표현할 장면을 가질 수 없다.

잠깐 주제를 벗어나면, 나는 배우들을 정말 사랑한다. 시나리오를 함께 구현해 가는 파트너 중 내가 가장 좋아하는 존재가 바로 배우다. 훌륭한 배우가 내 작품에 가져다주는 가치는 값을 매길 수 없을 만큼 귀하다. 지금껏 여러 번 배우들은 나를 내 능력보다 훨씬 뛰어나 보이게 만들어 줬다. 내가 창조한 것을 훌륭히 해석해 더 빛나게 만들어 준 것이다.

다시 본론으로 돌아오자. 촬영감독, 의상 디자이너, 사운드 믹서, 음악 감독, 조명 감독, 스턴트 배우, 편집자, 스튜디오 마케팅 담당자 등은 모두 시나리오 작가가 **먼저** 무에서 유를 창조하지 않는 한 아무 일도 할 수 없다.

시나리오 작가만이 창조하는 존재다. 그 외 모든 사람은 시나리오 작가가 창조한 것을 **해석**한다.

이들은 시나리오의 완성도를 크게 높일 수 있으며, 실제로 그렇게 한다. 배우, 감독, 편집자가 내 작품을 여러 차례 멋지게 업그레이드해 주었다고 자랑스럽게 말할 수 있다. 하지만 모두 내가 창작한 것을 해석했다. 그들이 프로젝트에 천재성을 발휘하려면 무엇보다 먼저 시나리오가 있어야 한다.

시나리오를 해석하는 이들은 원작의 수준을 한 차원 끌어올릴 수도 있지만, 반대로 괜찮은 작품, 심지어 훌륭한 작품을 망칠 수도 있다. 흔한 일이다.

영화나 TV 시리즈를 완성하고자 서로 힘을 합치는 멋진 예술가들이 없었다면, 나를 비롯한 모든 프로 시나리오 작가는 지금과 같은 경력을 쌓지 못했을 것이다. 제작진은 각기 다른 사람들이 모인 유쾌한 집단이다. 이들은 하나의 이야기를 전하기 위해 일정 기간 모였다가 다시 흩어진다. 그들과 함께 이야기를 완성해 나가는 과정이 순조롭게 진행될 때면, 이런 생활을 경험하는 것이 축복이라고 느껴질 정도다. 그럼에도 다시 말하면, 시나리오 작가가 키보드를 두드려 '페이드 인:(FADE IN:)'[10]을 입력하기 전까지는 할리우드에 있는 그 누구도 일을 진행할 수 없다.

당신이 얼마나 중요하고 필요하며 가치 있는 존재인지 부디 깨닫길

---

10 할리우드에서 시나리오 첫 줄에 쓰는 문구. 어두웠던 화면이 서서히 밝아지며 시작됨을 알리는 기술적 표현이다.

바란다. 당신이 하는 일을 가볍게 여기지 마라. 취미 삼아 시나리오를 쓰면서 훌륭한 결과를 기대하거나, 부업처럼 여기지도 말고, 아침에 일어나 소셜 미디어를 보며 시간을 흘려보낸 뒤 쓰는 취미 활동쯤으로 취급하지도 마라. 그런 태도로 시나리오를 써 놓고 현역 프로 시나리오 작가 클럽의 회원 카드를 받지 못했다고 실망하지 마라. 진지하게 시나리오 작가로서 경력을 쌓을 생각이라면, 이 일을 존중하고 사명감을 가져야 한다. 그러지 않으면 무슨 의미가 있겠는가? 특히 시나리오 집필처럼 어려운 일을 말이다.

어느 훌륭한 시나리오에 등장하는 한 인물이 이렇게 말했다.

"하거나 하지 않는 것만 있을 뿐이야. 그냥 시도해 본다는 건 없어."[11]

이 책을 읽는 동안, 그리고 시나리오 작가로 성공하기 위한 여정을 이어 가는 동안 이 말을 가슴에 새겨두길 바란다. 당신 없이는 할리우드에서 아무 일도 일어나지 않는다.

---

11 〈스타워즈 에피소드 5 – 제국의 역습(The Empire Strikes Back)〉에서 요다의 대사.

 킬 더 도그

03

당신이 할 일은 하나다

시나리오를 쓸 때 주의해야 할 사항이 너무 많다고 생각할지 모른다. 해야 할 일과 해서는 안 되는 일, 작품의 구조와 목소리, 스토리와 관련된 온갖 것들 말이다. 하지만 당신이 시나리오로 반드시 해내야 할 임무는 단 하나다.

독자에게서 감정적 반응을 끌어내는 것.

다시 한번 강조하겠다.

당신은 독자에게서 감정적 반응을 끌어내야 한다.

당신의 역할은 단순히 누군가의 감정을 이야기로 전달하는 것이 아니다. 스크린에 비칠 때 감동적으로 보일 무언가를 쓰는 것만도 아니다. 그렇게 하면 당신의 이야기는 결코 스크린에 오르지 못한다.

당신은 시나리오를 **읽는 사람**에게 감정적 반응을 불러일으켜야 한다.

그 방법은 글쓰기다. 수학 문제처럼 이야기 구조를 기계적으로 짜는 것이 아니다. 언어와 문장 구성, 인물 묘사와 상황 설정, 뜻밖의 사건과 딜레마 등을 활용해 글을 써야 한다. 감정적 반응을 끌어내는 방법은 수십 가지가 있으며, 이 모두가 글쓰기의 일부다. 그중 가장 기본적이고 명확한 방법 하나를 살펴보자.

예상을 깨라.

'닭이 길을 건넌 이유는?'이라는 농담이 왜 재미있을까? '건너편으로 가려고'라는 답이 우리의 예상을 깨기 때문이다.

우리는 충격적이거나 엉뚱한, 적어도 평범하지 않은 답을 기대한다. 그런데 이 농담은 닭이 길을 건너는 가장 단순한 이유로 우리를 놀라게 한다. 바로 '건너편으로 가려고'라는 답이다.

그래서 재미있고 효과적이다.

예상을 깨뜨리고, 그렇게 해서 감정적 반응을 끌어내야 한다.

독자의 예측을 뒤엎는다고 해서 반드시 엄청난 반전이나 충격적인 사건이 필요한 건 아니다. 그것도 훌륭한 방법이지만 유일한 방법은 아니다. 단순히 재미있거나, 슬프거나, 무서운 것만으로도 예상을 깰 수 있다.

〈위대한 레보스키(The Big Lebowski)〉에서 도니의 뼛가루가 바람에 날려 '듀드'의 얼굴에 뒤덮이는 장면처럼 소소한 재미를 줄 수도 있고, 〈스타워즈: 제국의 역습(Star Wars: The Empire Strikes Back)〉에서 다스 베이더가 루크에게 "내가 네 아버지다"라고 말할 때처럼 강렬한 충격을 안길 수도 있다. 감정적 반응을 일으킬 수 있다면

　　　　　　킬 더 도그

어떤 요소든 쓸 수 있다. 독자의 예상과 다른 감정을 끌어낸다면 그것만으로 충분하다.

예상과 다르게 전개되면서 감정적 반응을 일으킨 유명한 순간들을 살펴보자. (스포일러 주의!)

- 〈대부(The Godfather)〉: 마이클이 솔로초를 죽이겠다고 말하는 장면.
- 〈기생충(Parasite)〉: 문광의 남편이 지하실에 살고 있다는 사실이 밝혀지는 순간.
- 〈매드맨(Mad Men)〉: 돈 드레이퍼는 사실 돈 드레이퍼가 아니다.
- 〈시티 오브 갓(City of God)〉: 리틀 디스가 모텔 사람들을 죽인다.
- 〈차이나타운(Chinatown)〉: "그 아이는 내 동생이자 딸이란 말이에요."
- 〈보호구역의 개들(Reservation Dogs)〉: '영혼'이 처음으로 나타나 말을 거는 장면.
- 〈테드 래소(Ted Lasso)〉: 테드는 알고 보면 다트 실력이 뛰어나다.
- 〈위대한 승부(Searching for Bobby Fischer)〉: 브루스가 조시에게 자격증이 다 가짜라고 말하는 장면.
- 〈이니셰린의 벤시(The Banshees of Inisherin)〉: 이 놀라운 시나리오에는 예상을 뒤엎는 장면이 셀 수 없이 많다.

분위기나 배경 설정을 활용해 독자의 예상을 뒤집을 수도 있다. 예를 들어, 한 인물이 다른 인물에게 아주 나쁜 소식을 전해야 한다고 가정해 보자. 그 장면을 에어 바운스와 풍선, 행복하게 뛰어노는 아이들로 가득한 생일 파티 분위기 속에 끼워 넣을 수 있다.

반대로 어떤 인물이 아주 웃기는 이야기를 털어놓아야 한다면, 가족 모두가 존경하던 할머니의 장례식이 열리는 상황 속에 집어넣을 수도 있다.

만약 독자가 당신의 시나리오를 읽으며 어느 한 장면, 한 인물, 하나의 상황, 혹은 단 한 줄의 묘사라도 예상과 전혀 다르다고 느낀다면, 그것만으로 성공이다! 독자가 그 내용을 좋아하지 않더라도 말이다. 이때 글쓰기는 마치 아슬아슬한 줄타기와 같다. 글이 형편없어서 독자가 싫어하는 것과, 예상과 다르게 흘러가서 독자가 싫어하는 것의 차이를 구분할 줄 알아야 한다.

시나리오가 할 수 있는 최악의 역할이 무엇인지 아는가? 바로 아무 일도 하지 않는 것이다. 나는 기술적인 관점에서 잘 쓰인 시나리오를 수십 편은 족히 읽었다. 이를테면 '고양이를 구한다'라거나 '22단계로 구성한다'라는 관점에서 말이다. 그 시나리오들은 형식, 구조, 심지어 스토리까지 다 괜찮았다.

그런데 시나리오는 그냥 괜찮아선 안 된다. 파스타가 괜찮게 익었다면 그걸로 충분하지만, 당신의 시나리오는 그냥 괜찮기만 해서는 안 된다.

'괜찮은' 시나리오는 곧 지루하다는 뜻이다. 독자에게 어떤 감정적 반응도 불러일으키지 못한 채, 당신의 스토리, 당신의 캐릭터, 당신의 글이 페이지 위에 멍하니 놓여 있을 뿐이다. 나는 차라리 형편없는 시나리오가 '괜찮은' 시나리오보다 낫다고 말하겠다. 형편없는 시나리오

　　　　　킬 더 도그

는 적어도 어떤 감정적 반응이라도 끌어내기 때문이다. 물론 작가가 의도한 반응은 아니겠지만, 너무 엉망이라 5페이지만 읽고 포기하는 시나리오가 100페이지나 읽었는데 마치 발 각질 제거 안내문을 읽은 기분이 드는 시나리오보다 낫다.

이것이 바로 작법서나 자칭 구루들의 조언을 따라 쓴 시나리오에서 흔히 보는 문제점이다. 그들은 배운 모든 요소를 빠짐없이 넣고, 규정된 대로 형식을 맞추며, 배운 방식대로 장면을 묘사한다.

그런 시나리오들은 전부 비슷해 보인다. SF 액션 블록버스터든, 1850년에 캔자스에서 농장을 운영하는 두 자매에 관한 이야기든 말이다.

전부 똑같아 보인다.

그러면 시나리오 작가로 성공할 가능성도 물 건너간다. 당신의 시나리오가 독창적이지 않고, 고유한 목소리도 없고, 당신만의 언어로 이야기를 풀어내지 못한다면, 기회는 없다.

당신이 할 일은 하나다.

독자에게서 감정적 반응을 끌어내라.

당신이 할 일을 해라.

04

아는 것을 써라

당신이 아는 것을 써라. 이는 시나리오 집필뿐만 아니라 모든 글쓰기 분야에서 가장 많이 논의되는 주제다. 나는 이 말이 단순한 조언을 넘어, 지금까지 등장한 글쓰기 조언 중 최고라고 믿는다. 그리고 자신 있게 말하건대, '아는 것을 써라'를 시시한 조언이라고 말하는 사람들은 그 진정한 의미를 이해하지 못하는 것이다.

'아는 것을 써라'의 진짜 의미를 **오해하지 말자.**

당신이 바리스타라고 해서 커피를 만드는 이야기만 써야 한다는 뜻이 아니다. 당신이 애리조나주에 사는 트랜스젠더, BIPOC[12] 청소년이라고 해서 월스트리트의 부유한 백인 노인에 관한 이야기를 쓰지 말라는 뜻이 아니다. 당신이 캔자스주 시골 마을의 편의점에서 일하며 한 번도 그곳을 벗어난 적이 없더라도 중간계를 배경으로 용을 타

---

12 Black, Indigenous, and People of Color, 흑인 · 원주민 · 유색인종.

고 싸우는 공주 이야기를 쓰면 안 된다는 뜻도 아니다. 당신이 이타적인 평화주의자라고 해서 악랄한 연쇄살인범에 관한 이야기를 쓸 수 없다는 뜻은 더욱더 아니다.

'아는 것을 써라'가 **진정으로** 의미하는 바는 이렇다.

당신의 내면에 있는 것을 써라.
당신을 두렵게 하는 것을 써라.
당신을 흥분시키는 것을 써라.
당신을 강하게 끌어당기는 것을 써라.
당신이 **진짜로 아는 것**을 써라.

이는 당신 내면의 경험을 글에 담으라는 뜻이다. 직접 느낀 감정을 말이다. 당신이 하이킹을 즐긴다고 해서 하이킹에 관한 글을 쓰라는 뜻이 아니다. 하이킹이 당신에게 어떤 **느낌**을 주는지, 하이킹을 **왜** 좋아하는지를 쓰라는 뜻이다.

아는 것을 쓰라는 조언은 겉핥기식 얕은 지식을 쓰라는 뜻이 아니다. 내면에서 경험하고 느낀 것을 쓰라는 말이다.

가슴이 찢어지는 듯한 아픔을 겪어 본 적 있는가? 그 고통을 기억하는가? 앞으로 어떻게 살아야 할지, 아니 살아갈 수 있을지조차 알 수 없던 그 시절을 마음속에 간직하고 있는가? 그게 바로 당신이 아는 것이다. 그 경험을 가져와 중간계에서 용을 타고 싸우는 공주 이야기에 녹여내면 된다. 그 이야기를 잊을 수 없게 만드는 것은 용을 타는

 킬 더 도그

행위 자체가 아니라, 인물들과 그들 사이의 관계이기 때문이다. 바로 이 부분에 당신이 **아는 것**을 넣으면 스토리의 수준을 한 차원 끌어올릴 수 있다. 당신이 경험한 마음의 고통을, 용을 타고 싸우는 공주 이야기 속으로 가져와라.

학대받으며 자랐거나 그와 비슷한 관계를 겪은 적이 있는가? 당신이 느꼈던 것, 당신이 '아는' 그 감정을 당신이 쓰고 싶은 어떤 이야기 속에도 담을 수 있다.

순수한 기쁨을 느껴본 적 있는가? 아주 잠깐이라도? 세상 모든 것이 완벽하다고 느낀 순간은? 딱 필요했던 때에 바로 그 사람이 해 준 포옹, 키스, 미소. 어깨를 짓누르던 무게도, 어떤 압박도 느끼지 않던 순간. 그것이 어떤 기분인지 당신은 '안다'. 그러다 그 기쁨이 어떤 일이나 사람으로 인해 산산조각 나고, 다시 어두운 우물 속으로 추락하는 기분이 어떤 건지도 안다.

공부는 제대로 하지 못했는데 다가오는 시험이 학기 전체 성적의 60퍼센트를 차지한다는 사실을 이제 막 알게 되어 엄청난 스트레스를 받은 적 있는가? 그 불안, 후회, 두려움을 이야기의 주제와 상관없이 어떤 장면에든 집어넣을 수 있다.

앞서 예로 든, 시골 마을에 사는 트랜스젠더 BIPOC 청소년을 떠올려 보자. 아마도 이 친구는 월스트리트가 어떻게 돌아가는지, 그곳에 어떤 사람들이 사는지 전혀 모를 것이다. 이는 구글 검색을 해야 겨우 알 수 있는 일이다.

그 10대 청소년이 아는 것은 소외되거나 무시당하는 기분일 것이다. 인종차별과 편견의 희생자가 되는 기분, 얕잡아 보이는 기분. 인정받고 이해받길 갈망하는 기분, 사람들 속에 있어도 지독하게 외로운 기분. 혹은 사회의 시선과 관계없이 누군가가 자신을 있는 그대로 사랑해 주는 기분을 알 수도 있다. 이 모든 느낌과 감정을 월스트리트의 부유한 백인 노인을 다룬 캐릭터와 스토리 안에 녹여낼 수 있다.

화려하고 부유하며 냉혹한, 백인 남성 중심의 월스트리트와 그곳의 권력자들을 배경으로 하는 이야기가 사실은 고통과 편견을 다루고 소외감을 극복하는 이야기라면 얼마나 놀라울까? 사회가 붙인 꼬리표에 휘둘리지 않고 진실을 받아들이는 이야기라면? 예상과 달리 역경을 헤치고 악을 물리쳐 이겨내는 멋진 언더도그[13] 캐릭터가 이끄는 이야기 말이다. 그런 영화라면 나는 개봉 첫날 달려가서 볼 것이다!

'당신이 아는 것을 써라'는 외부의 것이 아닌 내면의 것을 쓰라는 뜻이다. 물론, 당신이 프로 불 라이딩(bull riding)[14] 선수들의 세계에서 일한 경험이 있다면 그곳을 배경으로 한 이야기를 그 누구보다 정확하고, 구체적이며, 진정성 있게 쓸 수 있을 것이다. 구글 검색으로는 얻을 수 없는 경험이다. 하지만 이는 외적인 지식일 뿐, '아는 것을 써라'의 진정한 의미는 아니다.

'아는 것을 써라'라는 말은 황소 위에서 8초 동안 버티는 기술에 관한 것이 아니다. 이미 황소 타기에 도전했다가 열일곱 번이나 떨어져

---

13 이길 가능성이 적은 약자.

14 로데오 종목 중 하나로 황소 위에서 8초 동안 떨어지지 않고 버티는 경기.

  킬 더 도그

봤고, 갈비뼈 두 대가 부러졌으며, 주머니엔 돈 한 푼 남지 않았고, 아내는 임신 중이며, 이번에 다시 도전하지 않으면 모든 것을 잃을지도 모른다는 상황에서 느끼는 감정에 관한 것이다. 로데오 근처에 가본 적이 없어도, 당신은 그런 감정을 **알 수 있다.**

그것은 불 라이딩 경기 시작 직전, 철제 울타리 뒤에 서 있을 때의 감정이다. 두려움, 고통, 희망, 믿음, 혹은 믿음의 부재.

'아는 것을 써라'는 내면에 관한 것이다. 아무리 강조해도 지나치지 않다.

다음을 생각해 보자.

90년대 후반 제리 브룩하이머(Jerry Bruckheimer)가 제작한 액션 영화 〈콘 에어(Con Air)〉를 기억하는가? 각본을 쓴 스콧 로젠버그(Scott Rosenberg)는 이 영화의 줄거리와 개인적으로 아무런 연관이 없었다. 모범수로 가석방된 주인공이 집으로 가기 위해 죄수 수송기를 탄다. 그런데 기내의 죄수들이 이 수송기를 공중 납치하면서 이야기가 시작된다. 로젠버그는 이런 상황에 대해 아는 바가 없었다. 그가 잘 아는 것은 단지 집으로 돌아가고 싶은 한 남자가 느끼는 감정이었다. 그는 그 감정에 집중해 각본을 썼다.

조던 필(Jordan Peele)의 2022년 영화 〈놉(Nope)〉은 어떤가? 필이 사람을 잡아먹는 외계인에 대해 알 리가 없다. 그가 아는 것은 할리우드와 이 산업의 착취 구조였다.

나는 숀다 라임스(Shonda Rhimes)와 피터 노워크(Peter Norwalk)가 살인을 저지르고 빠져나가는 방법을 알았으리라 생각하지 않는다. 적어도 그렇지 않기를 바란다. 하지만 그들은 신뢰, 충성심, 복수라는 감정을 분명히 알고 있었고, 그런 감정을 〈범죄의 재구성(How to Get Away with Murder)〉 시나리오 곳곳에 녹여냈다.

어떤 시나리오 작가가 젊은 시절에 자동차를 훔친 적이 있고 이후에 자동차 도둑에 관한 이야기를 썼다고 해서, 혹은 사회복지사로 십년 넘게 일한 사람이 사회복지사를 배경으로 한 이야기를 썼다고 해서, 그것이 곧 '아는 것을 쓰라'의 의미는 아니다.

시나리오 작가에게 금지된 영역은 없다. 작가는 무엇이든 조사할 수 있다. 실제로 철저한 조사는 시나리오 집필 과정에서 결코 빼놓을 수 없는 아주 중요한 단계다. 그러나 냉정하게 말해 조사는 어디까지나 외면적인 행위에 지나지 않는다. 가령 전쟁터에서 치명적인 장애를 안고 돌아온 참전 용사들의 이야기를 쓴다고 가정해 보자. 당신이 그들을 직접 만나 인터뷰하고, 그 입을 통해 참혹했던 당시의 상황을 생생하게 전해 듣는다 해도 그것은 결국 타인의 경험이자 외적인 정보일 뿐이다. 그것은 당신이 온몸으로 겪어낸 당신의 역사가 아니기 때문이다. 하지만 그 차가운 정보 위에 당신의 뜨거운 숨결을 불어넣는다면 상황은 달라진다. 조사로 얻은 외적인 사실들에, 당신이 살면서 느껴보았던 내면의 깊은 고통, 맹목적인 충성심과 명예에 대한 감정, 혹은 세상으로부터 철저히 무시당하거나 잊혀지는 듯한 소외감을 덧입혀 보라. 비로소 그 순간, 독자의 마음을 뒤흔드는 놀랍고도 생생한 이야기가 탄생할 것이다.

쓰려는 이야기와 직접 연결된 감정이나 경험이 없다면 내면의 다른

 킬 더 도그

길을 찾아야 한다.

우리는 이를 **내면의 길을 찾는 것**이라고 부른다. 앞에서 말한 로젠버그, 필, 라임스의 사례를 떠올려 보라.

'아는 것을 써라'는 당신 내면 깊숙이 자리한, 진짜로 아는 것을 쓰라는 뜻이다. 당신이 무엇을 경험했는지, 무엇을 느끼는지, 무엇이 당신에게 감정적 반응을 일으키는지, 그리고 그 이유가 무엇인지를 쓰라는 뜻이다.

온 힘을 다해, **당신이 아는 것을 써라.**

05

작가의 목소리

자, 이제 휴대전화를 방해 금지 모드로 설정하자. 이 책에서 가장 집중해서 읽어야 할 부분을 꼽으라면, 바로 이 챕터다.

'목소리'는 시나리오 작업에서 가장 중요한 요소이자 동시에 가장 많이 오해하는 개념이다.

'목소리'가 없으면 프로 작가로 성공할 가능성은 거의 없다고 봐야 한다.

그렇다면 '목소리'란 과연 무엇일까? 정확히 어떤 의미일까? 내가 굳이 '목소리'란 단어를 반복해서 강조하는 이유는 무엇일까?

좋은 질문이다.

여기서 말하는 '목소리(Voice)'는 단순히 캐릭터의 '목소리(voice)'를 말하는 것이 아니다. 물론 캐릭터의 목소리도 '목소리'의 일부가 될 수는 있지만 결코 전부는 아니다. 사람들은 종종 쿠엔틴 타란티노 (Quentin Tarantino)의 '목소리'가 곧 그의 캐릭터들이 하는 대사라고 잘못 생각한다. 만약 그게 사실이라면 영화 〈킬빌(Kill Bill)〉에서 오렌 이시이가 하는 말은 버니타 그린이 하는 말처럼 들릴 것이고, 〈바스터즈: 거친 녀석들(Inglourious Basterds)〉에서 한스 란다가 하는 말은 알도 레인이 하는 말과 똑같이 들릴 것이다. 하지만 실제로는 그렇지 않다.[15]

타란티노의 캐릭터들이 하는 말은 모두 **타란티노가 하는 말처럼 들린다.** 마찬가지로 애런 소킨(Aaron Sorkin)의 작품 속 캐릭터들의 말은 모두 소킨이 하는 말처럼 들린다. 그렇다고 해서 애런 소킨 버전의 〈펄프 픽션(Pulp Fiction)〉을 상상할 필요는 없다. 머리가 터져 버릴 수도 있으니까.

숀다 라임스, 웨스 앤더슨(Wes Anderson), 노라 에프런(Nora Ephron) 같은 시나리오 작가들은 캐릭터의 대사만 들어도 작가의 '목소리'가 느껴지는 사례다.

테일러 셰리던(Taylor Sheridan), 스티브 제일리언(Steve Zaillian), 아킬라 쿠퍼(Akela Cooper) 역시 저마다 강렬하고 독창적인 '목소리'를 지닌 작가들이다.

우리가 지금 이야기하는 것은 바로 **시나리오 작가의 목소리다.**

---

15 작가의 Voice vs 캐릭터의 voice.
－작가의 Voice: 작품 전체에서 드러나는 작가의 고유한 문체와 리듬, 표현 방식, 시선과 태도. 지문, 묘사, 장면 구성, 유머와 긴장감의 배치 등 대사를 넘어서는 모든 글쓰기 요소가 포함된다.
－캐릭터 voice: 작품 속 인물이 어떤 말투, 어휘, 억양, 태도를 사용하는지.
＊캐릭터의 말투는 Voice의 한 부분일 뿐, 작가의 Voice 전체를 대표하지 않는다. 독자는 대사뿐 아니라 지문과 설명을 읽을 때도 '이건 그 작가의 글이다'라는 느낌을 받는다. 바로 그때 드러나는 것이 '작가의 Voice'다.

                     킬 더 도그

할리우드 시나리오 작가의 '목소리'와 관련해, 잠깐 역사를 되짚어
보자.

수십 년 동안 할리우드의 많은 스튜디오와 프로듀서에게 시나리
오 작가의 '목소리'는 중요하게 여겨지지 않았다. 시나리오 작가가 무
슨 색깔을 좋아하는지가 그들에게 중요하지 않았던 것처럼 말이다.
오데츠(Odets), 브래킷(Brackett), 다이아몬드(Diamond), 크라스
나(Krasna) 등 할리우드 황금기의 위대한 각본가들은 훌륭한 각본을
썼지만, 각본을 무대극의 변형이나 영화의 청사진 정도로만 여기는
시스템에 묶여 있었다. 〈택시 드라이버(Taxi Driver)〉, 〈분노의 주먹
(Raging Bull)〉, 〈그리스도 최후의 유혹(The Last Temptation Of
Christ)〉 등의 각본을 쓴 폴 슈레이더(Paul Schrader)마저 "각본이
란 그저 청사진일 뿐이다"라고 말한 것으로 유명하다. 그를 존경하지
만, 이 말만은 틀렸다. 적어도 70년은 뒤처진 생각이다.

시나리오는 예술가가 만든 작품이다. 나는 슈레이더의 말에 이렇게
반박하고 싶다.

시나리오는 **무언가**가 되기 전, 즉 영화의 청사진이 되거나, 감독이
나 배우가 해석할 무언가가 되기 전에, 무엇보다 먼저 '읽히는 글'이
다. 다시 한번 강조한다.

시나리오는 무언가가 되기 전에 먼저 '읽히는 글'이다.

시나리오가 TV 시리즈의 에피소드가 되기 전에, 장편 영화가 되기

전에, 7분짜리 단편이 되기 전에, 개발 단계의 프로젝트가 되기 전에, 흥행 대박이 터져 속편이 다섯 편이나 나오는 영화가 되기 전에, 업계 전문지에 당신의 이름이 실리게 해 주는 영화가 되기 전에, 페일리 미디어 센터에서 패널 토론이 열릴 정도로 상징적인 TV 시리즈가 되기 전에, 오스카와 골든글로브를 수상하기 전에, 영화학과 교수들이 끊임없이 분석하고 연구하는 작품이 되기 전에… 그 모든 일이 일어나기 전에, 시나리오는 무엇보다 먼저 **읽히는** 글이다.

그리고 시나리오가 뛰어나지 않으면 TV 에피소드도, 영화도, 개발 단계의 프로젝트도, 혹은 오스카 시상식에 가게 해 줄 만한 작품도 될 수 없다.

시나리오는 무엇이 되기 전에 먼저 '잘 읽혀야' 한다. 글 자체가 훌륭하지 않고 읽는 사람의 마음을 움직이지 못하면 아무리 공들여 만든다 해도 감독도, 배우도, 프로듀서도, 스튜디오 마케팅 부서도 그 시나리오를 걸작으로 바꿔 줄 수 없다.

앨프리드 히치콕(Alfred Hitchcock)은 이렇게 말했다.

"훌륭한 영화를 만들려면 세 가지가 필요하다. 시나리오, 시나리오 그리고 시나리오다."

시드니 루멧(Sidney Lumet)과 함께 나이아가라 폭포를 바라보던 때가 있었다. 그때 루멧이 내게 말했다.

"좋은 시나리오로 나쁜 영화를 만들 수는 있어. 하지만 나쁜 시나리오로는 절대 좋은 영화를 만들 수 없지."

 킬 더 도그

시나리오가 단지 청사진에 불과하다고 말하는 것은, 건축가 자하 하디드(Zaha Hadid)의 건축 디자인을 단순한 건물로 치부하는 것과 같다. 쿠엔틴 타란티노 역시 이 점에 관해서는 나와 같은 생각이다. 아마도 그와 내가 의견이 일치하는 유일한 주제이리라.

액셀로드(Axelrod)와 다이아몬드가 활동하던 시대의 시나리오들을 보면, 누가 썼는지와 상관없이 형식과 내용이 대체로 비슷하다. 그래서 1930년대부터 1960년대 사이에 나온 영화들은 전체적으로 비슷한 분위기를 가지고 있다. 물론 훌륭한 작가도 있었고 그렇지 않은 작가도 있었다. 인물 관계를 잘 그리는 이도 있었고, 대사나 서스펜스를 잘 다루는 이도 있었다. 하지만 본질적으로 당시의 시나리오는 무대극을 변형한 것에 불과했다.

그러다 윌리엄 골드먼(William Goldman)의 〈내일을 향해 쏴라(Butch Cassidy and the Sundance Kid)〉가 등장했다.

1968년, 소설가로 활동하며 두 편의 시나리오를 써 본 골드먼은 자신이 보고 싶은 영화, 자신이 **읽고 싶은** 시나리오를 쓰기로 결심했다.

골드먼은 자신만의 '목소리'와 방식으로 글을 썼다. 형식이나 '구조', 혹은 당시 모든 시나리오에 천편일률적으로 보이던 스타일은 신경 쓰지 않았다. 그는 독자에게 직접 말을 건넸고, 화면에는 보이지 않는 것들도 묘사했으며, **읽기**가 최대한 즐거운 경험이 되도록 언어와 문장 구성, 표현 방식을 다듬었다. 골드먼에게 시나리오는 누군가를 위한 청사진이 아니라 그 자체로 읽히는 글이었다.

〈내일을 향해 쏴라〉 시나리오는 이전에 존재하던 그 어떤 시나리오와도 달랐으며, 말 그대로 할리우드를 강타했다. 모든 스튜디오가 그 시나리오를 원했고, 골드먼은 단 한 편의 시나리오로 40만 달러, 현재 가치로 거의 400만 달러에 달하는 돈을 받았다.

골드먼의 시나리오는 할리우드 산업의 패러다임을 완전히 바꿔 놓았다.

이후에 나온 〈대부(The Godfather)〉, 〈펄프 픽션(Pulp Fiction)〉, 〈마이클 클레이튼(Michael Clayton)〉, 〈에브리씽 에브리웨어 올 앳 원스〉 같은 걸작들이 모두 〈내일을 향해 쏴라〉의 영향을 받았다.

골드먼의 시나리오는 '목소리' 그 **자체**였다. 그때까지 쓰인 시나리오 중 최고의 작품이라 불릴 만했고, 영화도 크게 흥행했다. 그 후 시나리오 작가의 '목소리'가 할리우드에서 모두의 관심을 끄는 요소가 되었다. 시나리오 작가들은 마침내 '언더우드를 두드리는 얼간이들'이라는 취급에서 벗어나 중요한 존재로 올라섰고, 영화 계약을 성사시키는 핵심 역할을 하게 되었다. 골드먼과 그의 시나리오 덕에 시나리오 작가의 이름이 언론에 언급되기 시작했고, 프로 시나리오 작가가 자신만의 '목소리'를 시나리오에 불어넣음으로써 성공적인 경력을 쌓아갈 수 있는 시대가 열렸다.

제이 프레슨 앨런(Jay Presson Allen), 낸시 다우드(Nancy Dowd), 숀다 라임스, 디아블로 코디(Diablo Cody), 로버트 타운(Robert Towne), 셰인 블랙(Shane Black), 찰리 카우프만(Charlie Kaufman), 웨스 앤더슨, 커트 루트키(Kurt Luedtke), 노라 에프런, 배리 젠킨스(Barry Jenkins), 엠마 톰슨(Emma Thomp-

 킬 더 도그

son). 이들은 모두 자신만의 '목소리'로 시나리오를 써서 수상 경력과 함께 독보적 입지를 다진 작가들이다.

그렇다면 '목소리'란 도대체 **무엇일까?** 간단히 말하면 작가가 글을 통해 자신을 표현하는 방식이다.

내가 좋아하는 정의는 다음과 같다.

'목소리'란 글 속에 표현되는 작가만의 창의적이고 독창적인 성향을 말하며, 여기에는 표현 방식, 문장 구성, 구두점, 캐릭터 묘사, 심지어 포맷팅(Formatting)[16]까지 포함된다.

그렇다. 포맷팅 또한 '목소리'의 일부다.

"잠깐!" 당신은 이렇게 말할지도 모른다.

"모든 시나리오는 정해진 포맷(형식)을 갖춰야 한다고 배웠어요. 시나리오 작법의 원로인 시드 필드도 그렇게 말했고, 수많은 구루들도 그렇게 얘기했잖아요?"

바로 그게 문제다. 물론 시나리오는 '올바른' 포맷을 갖춰야 한다.

하지만, 이 책은 진실을 알려주는 책이니 분명히 말하겠다. 시나리오를 쓰는 포맷이 딱 하나로 정해져 있다는 말은… 거짓이다. 이 내용은 다음 챕터에서 더 자세히 다룰 것이다.

---

16 원고, 특히 시나리오나 대본에서 페이지 구성, 여백, 글꼴, 장면 번호 등 정해진 표준 양식을 맞추는 작업.

지금은 시나리오 작가의 '목소리'와 관련된 포맷팅에 대해 이야기하자. 작가의 고유한 '목소리'에는 자신만의 필요, 바람, 스타일, 분위기에 맞춰 포맷팅하는 작업도 포함된다. 그렇다고 해서, 시나리오를 스프링 노트에 크레용으로 써서 할리우드에 보내고 "이게 작가로서 나의 고유한 목소리다"라고 말해도 된다는 뜻은 아니다. 혹은 슬러그라인(slugline)[17]을 세로로 넣거나, 등장인물 이름을 전부 18포인트 윙딩 글꼴로 쓰고 나머지 내용은 8포인트 바스커빌 올드 페이스 글꼴로 써도 된다는 뜻도 아니다.

물론 그렇게 **할 수는** 있다. 하지만 당신의 각본이 〈시민 케인(Citizen Kane)〉 이후 최고의 걸작이 아닌 이상, 당신은 쇼 비즈니스 세계에서 쫓겨나 팜데일에 있는 사촌의 창고에서 일하게 될 것이다. 아무도 거기서 일하고 싶어 하지 않는다. 당신의 사촌조차.

내 말은 배리 젠킨스, 길로이 형제, 에린 크레시다 윌슨 같은 작가들처럼 당신도 포맷을 **유연하게 다룰** 수 있다는 뜻이다.

하지만… 그들 중 누구도 포맷팅 그 자체를 목적으로 삼지는 않는다. 만약 전통적인 표준 포맷으로 여겨지는 틀을 바꾼다면, 반드시 그럴 만한 이유가 있어야 한다.

포맷을 바꾸는 바람직한 이유:
-더 강한 감정적 임팩트를 주기 위해

17　한 장면의 장소와 시간을 나타내는 축약 텍스트.

　킬 더 도그

−특정한 분위기를 연출하기 위해

−독자에게 어떤 단어나 어떤 부분이 특별한 의미를 지닌다는 것을
  알리기 위해

포맷을 바꾸는 잘못된 이유:

−그냥 달라 보이고 멋져 보이고 싶어서

−반골 기질을 과시하려고

−위의 '바람직한' 이유에 해당하지 않는 모든 경우

포맷팅을 유연하게 한다는 게 어떤 의미인지를 보여주는 사례 몇
가지를 소개하겠다.

첫 번째는 에릭 레드(Eric Red)가 쓴 〈죽음의 키스(Near Dark)〉
오프닝 페이지다. 지금도 최고의 뱀파이어 영화 중 하나로 꼽히는 작
품이다.

'죽음의 키스'

FADE IN:

모기 한 마리가 사람 팔에 내려앉는다.
침을 따뜻한 피부에 찔러 넣는다.
모기의 몸이 피를 빨아들이며 붉게 부풀어 오른다.
사람 팔에 힘이 들어가고, 주먹이 꽉 쥐어진다.
팔뚝 근육이 단단해진다.
침을 가둔다.

모기는 바늘 같은 침을 빼내려 버둥거린다.
팔의 힘줄이 침을 단단히 붙잡고 있다.
피를 침 안으로 억지로 밀어 넣는다.
모기가 발버둥 친다.
피가 가득 차 몸이 부풀어 오른다.
더 부풀어 오른다.
계속 부풀어 오른다.
결국 피를 뿜으며 펑 터진다.

칼렙
멍청한 흡혈충 같으니!

INT. 포드 픽업트럭 짐칸 – 해 질 녘

칼렙 콜튼이 낡고 고장 난 64년식 포드 픽업트럭 짐칸에 드러누워 있다.
카우보이 부츠를 신고 다리를 포개어 짐칸 턱에 걸쳐 놓았다.
깊게 눌러쓴 모자가 얼굴을 가리고 있다.
그는 농장에서 자란 열여덟 살의 건장한 청년이다.
어깨까지 내려오는 먼지투성이 긴 머리.
전형적인 미국 중서부 스타일의 우유 식빵처럼 순박한 시골 청년.
지루해 미칠 지경이다.
그는 하품을 하더니 트럭 짐칸에서 휙 내려온다.

EXT. 오클라호마 평야 – 해 질 녘

픽업트럭이 먼지를 일으키며 좁은 도로를 달린다.
끝없이 펼쳐진 황량한 벌판.
아름다운 석양이 광활하고 메마른 대지를 붉게 물들이고, 긴 그림자가 손가
락처럼 뻗어 나간다.

레드는 문장 하나가 끝날 때마다 줄을 바꿨다. 시나리오 전체에서 그 방식을 고수했다.

시나리오 작법의 구루들이 이런 방식을 봤다면 아마 뒷목을 잡고 쓰러졌을 것이다. 하지만 레드의 방식은 효과가 있었다. 그는 아무도 생각하지 못한 방식으로, 존재하지도 않는 규칙을 과감히 깨부쉈다. 에릭 레드가 왜 이런 방식을 택했는지 직접 물어봐야 알 수 있겠지만, 내 생각엔 글을 읽을 때 느껴지는 분위기를 고려한 선택인 것 같다.

레드는 캐서린 비글로우(Kathryn Bigelow) 감독과 공동으로 이 시나리오를 썼다. 그는 영화로 만들어지기 전의 시나리오란 무엇보다 '읽히는 글'임을 이해하고 있었다. 한 줄에 한 문장만 배치하는 그의 독특한 방식을 통해, 새로운 뱀파이어 누아르 서부극에 완벽하게 어울리는 분위기와 느낌을 만들어 낸 것이다.

좀 더 현대적인 사례로는, 댄 길로이(Dan Gilroy)가 쓴 〈나이트크롤러(Nightcrawler)〉의 시나리오가 있다. 오스카상 각본상 후보에 올랐던 작품이다.

남자는 루가 듣고 있는 것을 보고 문을 쾅 닫는다. 화면은 로스앤젤레스 선셋 대로의 고지대에 자리한 어느 텔레비전 방송국으로 전환된다… 어둠 속에서 깜박이는 네온사인…

KWLA-TV
텔레비전 센터

앗, 이런! 누가 토니 길로이에게 전화를 좀 해 줘야겠다. 동생 댄이 쇼 비즈니스에서 쫓겨나게 생겼으니까! 시나리오에서 12포인트보다 큰 폰트는 절대 쓰면 **안 된다고** 구루들이 가르쳐줬는데 말이다.

그런데 이 내용이 시나리오 14페이지인데, 벌써 세 번째나 이런 엄청난 폰트가 등장했다. 맙소사!

만약 인터넷에서 돈을 받고 시나리오에 대해 조언하는 전문가들이 이 시나리오를 봤다면 가장 먼저 뭐라고 했을까?

시나리오에 큰 폰트를 쓰지 마세요!

그리고 이렇게 덧붙였을 것이다.

"이러면 아마추어처럼 보여요. 프로 시나리오 작가는 절대 이런 짓 안 합니다."

물론 오스카상 후보에 오른 사람은 예외다.

앞서 언급한 **투우장의 황소**가 떠오르지 않는가?

시나리오 작가의 '목소리'는 형식에서 드러나기도 하지만, 형식보다는 시나리오를 어떻게 쓰는가에서 더 많이 드러난다.

나는 여러 시나리오 작법서를 보면서 놀랐다. 특히 '고양이' 책 같은 경우, 정작 **글쓰기**에 대해서는 거의 다루지 **않는다.** 그 책들은 글쓰기 외의 모든 것을 이야기한다.

글쓰기란 곧 언어다. 당신의 시나리오에 담긴 언어. 자칭 구루들은 슬러그라인과 대사를 **어떻게** 써야 하는지, 어떤 사건을 어떤 페이지에 배치해야 하는지 말하길 좋아한다. 특히 하지 말아야 할 것들에 대해 설교하기를 좋아한다. 하지만 정작 '글쓰기'에 관해서는 한마디도 하지 않는다. 왜일까?

그것은 모르기 때문이다.

기억하자. 시나리오를 쓰는 것은 스크린스트럭처(screenstructure), 스크린스토리(screenstory), 혹은 스크린아이디어(screenidea)라고 불리지 않는다. 스크린**라이팅**(screenWRITING)이라고 불린다. 글을 잘 써야 성공할 가능성도 높아진다.

언어란 표현 방식, 문장 구성, 구두점, 그리고 페이지 위에 놓인 문장 그 자체다. 바로 여기에서 시나리오 작가의 '목소리'가 진정으로 빛을 발한다.

이제 시나리오 역사상 '목소리'가 가장 잘 드러난 작품 두 편을 소개하려 한다. 역대 최고의 시나리오라고 주장하려는 건 아니지만, 그렇게 불릴 만한 자격은 충분하다. 무엇보다 '목소리'를 가장 인상 깊게 보여 준 사례이기 때문이다.

첫 번째는 윌리엄 골드먼의 〈내일을 향해 쏴라〉다. 업계 판도를 뒤흔든 이 시나리오는, 이야기가 본격적으로 시작되기도 전에 첫 페이지부터 골드먼의 '목소리'를 다음과 같이 강렬하게 전한다.

겉보기에 평범해 보이지만, 그전에는 한 번도 시도된 적 없는 방식이다. 이전의 시나리오들은 (그리고 이후에 나온 대부분의 시나리오 역시) '실화를 바탕으로 함'이라는 표현을 썼다. 하지만 골드먼은 거기에 자신만의 '목소리'를 입혀 독특하게 표현했다.

골드먼 특유의 언어가 제대로 드러나는 멋진 장면은 26페이지에 나온다. 이 장면은 시나리오 업계에서 전설로 회자될 만큼 유명하다. 부치와 하비 로건이 갱단의 우두머리 자리를 놓고 칼싸움을 벌이려는 순간이다….

갱단 사이를 뚫고 로건에게 다가가는 부치. 그는 무장을 하지 않았다. 갱단 중 한 명이 부치에게 칼을 건넨다.

부치
아직은 아니야.

(로건에게 가까이 다가서며)
하비랑 내가 먼저 규칙부터 정해야지.

로건
규칙? 칼싸움에서? 규칙 따윈 없어!

로건이 말을 마치자마자, 부치는 현대 미국 영화사에서 미학적으로 가장 정교한 급소치기를 날린다.

나는 이 대사를 백 번 이상 읽어도 여전히 한 음절 한 음절이 사랑스럽다.

슈레이더 감독은 이것이 정말 청사진에 불과하다고 생각할까? 이런 대사는 **읽히기** 위해 존재한다.

특히 이 시나리오에서 골드먼은 그 당시 아무도 시도하지 않았던 방식을 과감히 시도했다. 그래서 현역으로 일하는 시나리오 작가들조차 자신만의 목소리를 찾기 위해 골드먼의 방식을 따라 했다. 마치 우리가 처음 시나리오를 쓸 때 좋아하는 작가의 스타일을 흉내 내며 팬픽을 썼던 것처럼. 대부분의 프로 작가들은 골드먼의 방식을 자신만의 버전으로 해석하지만, 어떤 이들은 대놓고 모방하기도 한다(윌리엄 모나한(William Monahan)처럼). 그것 자체가 골드먼을 향한 엄청난 찬사 아니겠는가.

두 번째 사례는 지난 30~40년간 쓰인 시나리오 중 내가 단연 최고라고 생각하는 작품에 나온다.

바로 토니 길로이의 〈마이클 클레이튼(Michael Clayton)〉이다.

길로이의 '목소리'가 드러나는 이 사례는 그동안 수많은 구루와 교수들이 강조해 온 원칙들을 정면으로 거스른다. 해당 장면은 15페이지에 등장하지만, 사실 플래시포워드(flashforward)[18]다. 나중에 우

리는 이 장면이 실제로는 114페이지에서, 즉 영화가 끝나기 직전에 벌어지는 일임을 알게 된다.

완성된 영화 기준으로 겨우 15분 정도 흘렀을 때 등장하는 이 장면은 놀라울 만큼 우아하고 아름다우며 강렬하다. 덕분에 독자는 처음부터 등장인물의 내면에 깊이 빠져들게 되고, 클레이튼에 대해 아는 게 거의 없어도 자연스럽게 감정적으로 연결되고 공감하게 된다.

EXT. 들판 - 새벽

마이클이 차에서 내려선다.

안개 낀 목초지 언덕 위에 말 세 마리가 멈춰 서 있다. 유령처럼 희미한 모습이다.

마이클은 울타리를 넘고, 들판 안으로 천천히 걸어 들어간다. 뒤에는 시동이 걸린 채로 서 있는 메르세데스.

말들이 그의 존재를 알아차리고, 다가오는 모습을 가만히 지켜본다.

걸어가는 마이클의 얼굴. 훗날 우리는 그의 내면에서 소용돌이치는 모든 힘을 이해하게 될 것이다. 하지만 지금, 이 순간 아주 단순하게 말하면, 그는 무엇보다 순수하고 자연스러운 그 무언가를 보고 싶어 한다. 그리고 기적처럼 이곳에 도착한 것이다. 젖은 풀밭, 차가운 공기, 외투도 없이. 하지만 지금 그에게는 아무 상관이 없다. 우연히 대성당에 발을 디딘 순례자처럼, 그는 그곳에 있다.

그리고 그가 멈춘다. 그 자리에 선 채. 텅 비어, 숨을 데 없이, 길을 잃고서.

     킬 더 도그

> 들판과 안개, 그리고 저 너머의 숲 외에는 아무것도 없다.
>
> 말들이 그를 바라본다.
>
> 마이클이 말들을 바라본다.

독자들이여, 바로 이것이 **목소리**다.

순수하고, 독창적이며, 진정성 있는 글쓰기. 나는 이 영화를 여러 번 봤고, 이 각본의 여러 초고를 열 번도 넘게 읽었다. 그럼에도 이 장면을 읽을 때마다 여전히 감동한다. 이것이 바로 시나리오 작가의 역할이다.

시나리오를 쓰는 일은 누군가를 위한 청사진을 만들기 위해서도, 어떤 규칙과 공식에 맞춰 글을 쓰기 위해서도 아니다. '사업 계획서'나 다른 거짓말을 만들기 위해서도 아니다.

시나리오란 결국, 읽는 사람의 감정적 반응을 끌어내기 위한 것이다.

시나리오에 완벽함을 더하는 마지막 요소는 바로 이것이다. 골드먼과 길로이는 '읽히는' 작품을 썼다.

길로이는 구루들이 퍼뜨리는 '페이지에 여백이 많아야 한다', '액션 라인(action line)[19]은 최대 네 줄까지만 써라', '화면에 보이지 않는 것은 절대로 묘사하지 마라' 같은 판에 박힌 조언을 모조리 무시했다.

---

19 장소, 상황, 분위기, 인물의 행동, 장면에서 일어나는 사건 등을 설명하는 문장. 대지문(大地文)이라고도 한다.

그는 그냥 이야기를 썼다. 시나리오를 잘 모르는 이들이 늘어놓는 규칙 따위엔 관심조차 두지 않았다. 오직 감정을 불러일으키는 이야기를 전달하는 데에만 집중했다. 자신의 방식대로, 자신의 '목소리'로 이야기를 썼다. 그 덕에 이 작품은 눈부시게 훌륭하다.

나는 확신한다. 당신이 이 시나리오 한 편을 읽는다면 수십 권의 작법서를 읽는 것보다 더 많은 것을 배우게 될 것이다.

모든 작가는 자신만의 '목소리'를 지니고 있다. 내가 토니 길로이의 '목소리'로 글을 쓸 수 없는 것처럼, 그 역시 내 '목소리'로 글을 쓸 수 없다. 그럴 필요도 없다. 그는 숀다의 '목소리'로 시나리오를 쓸 수 없고, 숀다는 셰인 블랙의 '목소리'로 시나리오를 쓸 수 없다. 각자 자신의 '목소리'로 쓴다.

이쯤에서 이런 의문이 떠오를 수 있다. '텔레비전 시리즈를 쓸 때는 쇼러너의 목소리로 시나리오를 써야 할 텐데 그럴 땐 어쩌지?'

좋은 소식이 있다. 그럴 걱정은 애초에 할 필요가 없다.

쇼러너의 '목소리'로 쓰라는 말은 거짓말이라기보다 오해에 가깝다. 당신은 결코 쇼러너의 '목소리'로 쓰는 게 아니다. 쇼러너가 만든 캐릭터와 세계, 그 프로그램의 '목소리'로 쓰는 것이다. 이에 대해서는 뒤에 더 자세히 다룬다.

자, 다시 '목소리' 이야기로 돌아가자.

두려워하지 마라. 구루들이 금기시하는 조언 따위는 잊어버려라. 당신의 '목소리'를 받아들이고, 당신의 방식대로 이야기를 전하라. 똑같은 헛소리를 새겨듣고 똑같은 책에 나온 똑같은 규칙을 따르고도 실패한 수많은 사람들처럼 쓰려 하지 마라.

나는 원래 이야기를 '들려주는 것'과 이야기를 '보도하듯 전달하는 것'의 차이에 대해 별도의 챕터를 마련해 쓰려고 했다. 그러다 그것 또한 '목소리'의 일부라는 사실을 깨달았다.

이야기를 들려주기 vs 이야기를 보도하기

이야기를 생생하게 들려주는 것과 보도하듯 단순히 전달하는 것은 어떻게 다를까? '말로 설명하지 말고 보여 줘라'라는 격언을 들어 봤을 것이다. 배경을 장황하게 설명하기보다 행동으로 보여주는 편이 훨씬 흥미롭다는 뜻이다.

마찬가지로, 시나리오에서 이야기를 보도하듯 쓰면 감정이 모두 사라져 버린다. TV 뉴스 앵커를 스토리텔러가 아니라 리포터라 부르는 이유가 바로 그것이다. 여기서 내가 말하는 뉴스는 뉴스를 가장해 의견을 말하는 프로그램이 아니라 진짜 뉴스다.

시나리오를 보도하듯 쓰는 건 독자에게 자낙스 같은 신경안정제를 먹이는 것과 같다. 그보다 빨리 독자를 잠들게 하는 방법은 없다. 예전에 채용을 고려하며 읽었던 스펙 파일럿(spec pilot)[20]이 있었다. 참신한 아이디어로 가득했지만, 글이 단조롭고 '목소리'가 들어있지 않아서 잠재력마저 망쳐 버리는 느낌이 들었다.

---

20 작가가 자신의 아이디어로 기획한 TV 시리즈의 첫 회 시나리오. 자기 스타일을 보여주려고 자발적으로 쓰는 샘플 원고라고 보면 된다.

아이러니하게도, 대부분의 시나리오 작법서와 구루, 소셜 미디어 '전문가'가 권하는 방법이 바로 이런 보도형 글쓰기다. 그들은 글쓰기를 **제외한** 모든 것을 알려 준다. 언어, 문장, 표현 방식처럼 당신의 진짜 '목소리'를 이루는 요소들은 쏙 빼놓은 채 말이다.

자, 이제 시나리오에서 이야기를 단순히 보도하듯 쓴 예를 살펴보자.

INT. 레스토랑 – 밤

몽고메리는 일반 손님은 받지 않는 고급 레스토랑에서 식사를 한다. 채즈는 그의 맞은편에 앉아 그가 먹는 모습을 지켜본다.

몽고메리
좋은 소식은 안 들리던데.

채즈
거의 다 왔어. 코앞이야.

몽고메리
성공이? 실패가? 아니면 오르가슴이?

괜찮아 보이는데 뭐가 문제냐고? 수천 편의 다른 시나리오와 똑같이 읽힌다. 그게 문제다. '목소리'가 없다. 스토리텔링도 없다. 단순히 보도할 뿐이다.

이제 '이야기를 생생하게 들려주는' 아래의 사례와 비교해 보자.

킬 더 도그

INT. 멜리스 레스토랑 - 로스앤젤레스 - 밤

몽고메리는 미슐랭 스타 레스토랑을 통째로 빌렸다.

그는 7코스 요리 중 네 번째 메뉴, 커피 크러스트를 입힌 소노마산 양고기를
맛볼 차례다.

맞은편에 앉은 채즈가 그 광경을 지켜본다.

몽고메리
좋은 소식은 안 들리던데.

채즈
거의 다 왔어. 코앞이야

몽고메리가 음식을 한 입 맛본다. 커피의 풍미가 확실히 느껴진다. 채즈는
그 모습을 보며 자신이 저녁으로 먹은 칠리 도그를 떠올린다.

몽고메리는 2016년산 폴 홉스 벡스토퍼 투 칼론 키베르네를 한 모금 마신다.

몽고메리
성공이? 실패가? 아니면 오르가슴이?

어느 버전이 마음에 더 와닿는가?

어느 버전이 독자로서 당신을 더 끌어당기는가?

어느 버전이 머릿속에 더 선명히 그려지는가?

어느 버전이 감정적 반응을 불러일으키는가?

구루들은 두 번째 버전을 비난할 것이다. 그들은 채즈가 칠리 도그를 떠올리는 부분처럼 화면에 보이지 않는 것은 절대 쓰지 말라고 주장하기 때문이다. 하지만 그건 잘못된 생각이다. 윌리엄 골드먼, 토니 길로이, 그리고 현역 프로 시나리오 작가 클럽의 모든 회원이 이 점을 증명한다.

구체적으로 쓰는 것은 '목소리'를 구성하는 또 다른 핵심 요소다. 그냥 '저녁을 먹는다'라고만 쓰지 말고 무엇을 먹는지 묘사하라. 혹시 '너무 구체적으로 쓰면 감독이나 프로듀서, 소품팀이 싫어하지 않을까?'라는 생각이 든다면, 누군가가 당신의 시나리오를 사서 영화로 만드는 중이라는 뜻이다! 그 시나리오가 팔린 이유는 **읽는** 사람에게 감정적 반응을 일으켰기 때문일 가능성이 크다.

내 말이 무슨 뜻인지 이제 감이 오는가?

그렇다면 다시 토니 길로이가 쓴, 마이클 클레이튼과 말들이 등장하는 장면으로 돌아가 보자.

한번 상상해 보라. 똑같은 장면인데 길로이가 한 것처럼 이야기를 들려주는 대신, 내면의 생각과 아름다운 감정의 이미지를 그리는 대신, 책이나 구루들이 시키는 대로 단순히 보도하듯 쓴다면 어떻게 될까?

EXT. 들판 - 새벽

마이클이 차에서 내려 안개 낀 들판에 선다.

그는 말 몇 마리를 발견하고, 말들을 향해 걸어간다.

　킬 더 도그

아까 내가 자낙스라고 했던가? 아니다. 이 정도면 딜라우디드(Dilaudid)[21]라고 해야겠다.

분명 같은 장면인데, 길로이는 그 순간의 이야기를 생생하게 들려준다. 반면, 지금 본 구루 버전은 화면에 보이는 것만 건조하게 전달할 뿐이다.

어느 쪽이 더 나은가? 어느 쪽이 인물과 우리를 연결해 주는가? 어느 쪽이 독자에게서 감정적 반응을 끌어내는가?

곳곳에 널린 자칭 전문가들은 이렇게 말한다. 시나리오에는 화면에 보이지 않는 것은 절대 넣지 말라고. 내면의 생각도, 과도한 묘사도 쓰지 말고 관객이 화면에서 볼 수 있는 것만 정확히 쓰라고 말이다. 만약 그 말이 옳다면, 내가 곧 소개할 시나리오 작가들은 지금까지 시나리오를 엉망으로 써 온 셈이다.

윌리엄 골드먼
토니 길로이 및 댄 길로이
에린 크레시다 윌슨
숀다 라임스

---

21 자낙스보다 강력한 효능의 진통 · 마취제.

쿠엔틴 타란티노

빌리 레이(Billy Ray)

폴 토마스 앤더슨(Paul Thomas Anderson)

존 로저스(John Rogers)

존 오거스트(John August)

존 리들리(John Ridley)

셰인 블랙(Shane Black)

애런 소킨(Aaron Sorkin)

아킬라 쿠퍼(Akela Cooper)

노라 에프런(Nora Ephron)

벡 앤 우즈(Beck & Woods)

배리 젠킨스(Barry Jenkins)

피비 월러브리지(Phoebe Waller-Bridge)

코엔 형제(The Coen Brothers)

콴 앤 셰이너트(Kwan & Scheinert)

스티브 제일리언(Steve Zaillian)

사이먼 킨버그(Simon Kinberg)

미케일라 코얼(Michaela Coel)

크레이그 메이진(Craig Mazin)

엠마 톰슨(Emma Thompson)

리처드 윙크(Richard Wenk)

데이미언 셔젤(Damien Chazelle)

데이비드 매밋(David Mamet)

폴 해기스(Paul Haggis)

자칭 전문가들의 말이 사실이라면, 이들은 시나리오 작가로 결코 성공하지 못했을 것이다. 그렇다면 차라리 현역 프로 시나리오 작가 클럽의 회원 자격을 잃었거나 애초에 회원이 아닌 사람들의 조언을 따르는 편이 나을지도 모르겠다.

우리는 **스토리텔러**다. 스토리 리포터가 아니다.

물론 인정한다. 프로 시나리오 작가로 성공하는 유일한 방법 같은 건 없다. 누군가는 이 책에서 말하는 모든 것과 정반대로 행동하고도 성공할 수 있다. 가능성은 낮지만 불가능한 일은 아니다. 내가 하려는 일은 성공 가능성을 높이는 최선의 방법을 알려주는 것이다. 가능성을 높이는 방법이 있는 것처럼 가능성을 크게 떨어뜨리는 방법도 있으니까.

구루들의 지시를 따르기만 하면서 당신만의 '목소리'로 신선하고 재미있고 독창적인 시나리오를 쓸 확률은… 복권에 두 번 당첨될 만큼 낮다. 하지만 아예 없는 일은 아니다.

반대로 자신을 믿고, 쓰고 또 쓰고, 고쳐 쓰고 또 쓰면서, 글을 써 본 적 없는 사람들이 내는 잡음은 과감히 무시하고 당신만의 '목소리'로 신선하고 재미있고 독창적인 시나리오를 쓸 확률은 복권에 당첨될 확률보다 훨씬 높을 것이다.

이렇게 생각해 보자. 당신은 백만 달러를 벌고 싶다. 매주 복권을 사면서 당첨되길 바랄 수도 있다. 아니면 어떤 일에 매진하면서 열심히 돈을 모으고 현명하게 투자할 수도 있다. 두 가지 방법 모두 백만 달러를 벌 가능성이 있다. 어느 쪽을 택하면 가능성이 더 높을까? 사기꾼들은 복권만이 유일한 길이라고 당신을 설득하려 할 것이다. 내가 말해 주고 싶은 것은 똑똑하게 행동하고 열심히 노력하는 것도 백만 달러로 가는 또 하나의 길이라는 점이다.

선택은 당신의 몫이다.

라이언 존슨(Rian Johnson)에 대해 이야기해 보자.

라이언 존슨은 훌륭한 시나리오 작가이자 감독이다. 그는 《로버트 맥키의 스토리》라는 책을 좋아한다. 하지만 나를 비롯한 수많은 현역 프로 시나리오 작가는 그 책을 별로 좋아하지 않는다. 스토리텔링을 필요 이상으로 복잡하게 만든다고 보기 때문이다. 게다가 이 책은 프로 시나리오 작가가 되려다 실패한 사람이 쓴 책이기도 하다. 그러나 존슨의 두뇌는 상상력보다 공학적 사고에 더 강하다. 따라서 먼저 스토리를 설계한 다음 구조적 관점에서 '꼬리가 개를 흔든다'는 식의 접근 방식이 그에게 잘 맞는다.

존슨은 공학자의 두뇌와 예술가의 영혼을 겸비한 드문 창작자다. 그는 이 둘을 결합해 자신만의 독특한 '목소리'로 훌륭한 시나리오를 만들어 낸다. 하지만 그를 따라 하려면, 먼저 스스로를 솔직하게 들여다보고 존슨의 방식이 과연 당신에게도 잘 맞는지 판단해야 한다. 존슨이 자신만의 방식으로 큰 성공을 거두었다고 해서, 그대로 따라 하면 당신도 성공한다는 보장은 없다. 흥미롭게도 존슨이 시나리오 작

     킬 더 도그

법에 대해 말하는 걸 들을 때마다 느끼는 것이지만, 그는 초반에 공학적인 작업에 관해서만 이야기하다가 결국에는 늘 이렇게 말한다. "그런데 막상 글을 쓰기 시작하면, 그런 공학적인 것들은 다 사라져요." 그러니 당신에게 라이언 존슨급의 재능이 있다고 생각한다면 마음껏 따라 해 보시라.

쿠엔틴 타란티노를 따라 하려는 사람들이 이런 결정을 내리는 모습을 종종 본다. 타란티노를 창조의 신으로 여기는 시나리오 작가 지망생들은 그의 방식을 그대로 따르면 자신도 타란티노 제국이라는 '약속된 땅'에 도달하리라 믿는다.

하지만 그건 착각이다. 미국에서 〈펄프 픽션〉이 개봉한 1994년 10월 14일 이후로 수천 명의 실패한 시나리오 작가가 이 진실을 증명한다. 세상에 쿠엔틴 타란티노는 단 한 명이다. 할리우드는 이미 수없이 모방을 시도했다. 〈펄프 픽션〉이 나온 후 몇 년 동안, 극장가에 어설픈 타란티노 아류작들이 얼마나 넘쳐났는지 기억하는가? 그 작가 중 그 후에도 꾸준히 일한 사람이 얼마나 되던가?

라이언 존슨이 훌륭한 시나리오 작가인 이유는 맥키의 책에서 무언가 대단한 걸 얻었기 때문이 아니다. 크레이그 메이진이 훌륭한 이유도 그런 책들을 거부해서가 아니다. 그들이 훌륭한 이유는 자신만의 '목소리'로 글을 쓰기 때문이다.

다시 말하지만, '목소리'는 시나리오 작업의 핵심이며, 당신에게 가장 큰 기회를 가져다주는 요소다. 쿠엔틴 타란티노의 시나리오를 읽어 보라. 혹은 피비 월러브리지나 찰리 카우프만의 작품도 좋다. 그들의 엄청난 성공은 존재하지도 않는 규칙에 집착했기 때문이 아니라, 그들만의 '목소리'로 글을 쓴 덕이다.

'목소리'는 당신의 시나리오를 다른 사람의 시나리오와 차별화할 수 있는 최고의 방법이다. 에이전트, 프로듀서, 제작자가 주말에 몰아 읽는 수많은 시나리오 중에서 눈에 띄는 방법이다. 이 세상 그 누구도 당신과 같은 '목소리'를 가질 수 없다. 오직 당신만이 가지고 있다. 믿어라.

남들이 쓰는 방식과 똑같이 써야 한다는 거짓말을 더는 믿지 마라. 훌륭한 시나리오를 만드는 건 '글쓰기' 그 자체다. 비주얼, 로그라인, 제목, 발단이 되는 사건, 서식은 중요하지 않다. 중요한 건 **이야기를 어떻게 글로 표현하느냐**다. '목소리'가 없다면 다른 요소가 아무리 훌륭해도 소용없다. 그걸로 끝이다.

여기서 흔히 듣는 반론이 있다. "그 사람들이야 A급이니까 자기 마음대로 쓸 수 있는 거죠. 신입은 규칙을 따라야 해요."

이해한다. 하지만 지금부터 그 주장을 완전히 끝장내 보겠다. 다음번에 누군가가 A급 시나리오 작가는 원하는 대로 해도 된다는 터무니없는 주장을 내세우거든, 내가 말하는 내용을 마음껏 써먹길 바란다.

타란티노, 소킨, 숀다, 길로이 형제, 코엔 형제가 원하는 대로 시나리오를 쓸 수 있는 이유가 그들이 A급이기 때문일까? 만약 그렇다면, 그들이 시나리오 작가로 일을 시작했을 때는 지금과 다르게 썼다는 뜻이 된다. 즉, 처음에는 구루나 책에서 말하는 대로 똑같이 쓰다가, A급 작가가 되고 나서 시나리오 쓰는 방식을 바꿨다는 뜻이다.

정말 그렇게 믿는가? 그들의 초기작이 자신의 '목소리'도, 독창성도

 킬 더 도그

없이 규칙만 곧이곧대로 따르면서 쓴 시나리오였다고? 그런 시나리오가 정말 존재한다면, 한 편만이라도 내게 보여 달라. 정말 읽어 보고 싶다.

A급 시나리오 작가들이 A급이 된 뒤에야 글쓰기 방식을 바꿨다는 주장은 너무 어이없고 무지한 생각이라 참을 수가 없다.

그들이 A급 시나리오 작가가 된 이유는 처음부터 언제나 자신만의 목소리로 글을 써 왔기 때문이다!

"알겠어요, 기오. 그럼 도대체 나만의 '목소리'는 어떻게 찾는 거죠?"

좋은 질문이다. 답은 그리 마음에 들지 않겠지만.

정답을… 아니 진실을 말하면, 당신의 '목소리'는 글을 쓰면서 찾아야 한다.

글을 쓰고, 또 쓰고, 계속 쓰면서.

하지만 책에서 쓰라는 대로 쓰면 안 된다. 당신만의 방식으로 써야 한다. 그렇게 해야만 당신의 '목소리'를 발견할 수 있다. 책에서 시키는 대로, 매번 같은 방식, 같은 규칙으로 시나리오를 쓰면서 어떻게 자신만의 '목소리'를 찾을 수 있겠는가?

규칙이라 불리는 것 따위는 생각하지 말고 글을 쓰고 또 쓰다 보면, 당신만의 '목소리'를 찾을 수 있을 것이다. 장담한다.

진실을 또 하나 이야기하면… 처음부터 자기 '목소리'를 가진 사람은 없다. 글을 충분히 써 보지도 않았는데 어떻게 가질 수 있겠는가?

오늘날 시나리오 세계에서 자신의 '목소리'를 찾기가 더 어려운 이유는, 구루나 웹사이트, 소셜 미디어에서 쏟아지는 화이트 노이즈가 우리를 끊임없이 흔들기 때문이다. 그 잡음은 강력한 빌런이다. 마블에서 '화이트 노이즈'라는 이름의 악당을 만들면 좋겠다. 화이트 노이즈의 초능력은 그가 우리 근처에 있기만 해도 내 생각조차 들을 수 없게 만드는 것이다. 내가 처음 시나리오 작가 일을 시작했을 때 소셜 미디어나 유튜브가 없었던 건 큰 행운이었다. 그런 것들이 있었다면 나는 지금 이 책을 쓰지 못했을 것이다. 패스트푸드점 카운터에서 당신에게 "감자튀김 추가하시겠어요?"라고 묻고 있었을 것이다.

나는 스콧 로젠버그의 시나리오를 정말 좋아했다. 단언컨대 그는 내가 가장 좋아하던 시나리오 작가였다. 그래서 내가 초기에 쓴 작품들은 모두 어설픈 스콧 로젠버그 팬 픽션이었다. 나는 나만의 '목소리'를 지니고 있지 않았지만, 내가 어떤 스타일의 글을 좋아하는지는 알고 있었기에 그의 작품을 따라 했다. 의식적으로 베낀 게 아니었다. 그저 최선을 다해 그때 내가 최고라고 믿었던 시나리오의 결을 닮으려 했을 뿐이다.

나는 쉬지 않고 썼다. 젊은 시절 스탠드인(stand-in)[22]으로 일하며 영화 세트장에서 아무 일 없이 몇 시간씩 시간을 보낼 때면, 그냥 쓰고 또 썼다. 그리고 읽고 또 읽었다. 시나리오뿐만 아니라 소설도, 시도 읽었다. 작가로서의 영혼에 영양분을 준 것이다. 그리고 변화가

22　조명, 카메라 앵글 세팅 등을 위해 주연 배우 대신 자리에 서는 사람.

　킬 더 도그

일어나기 시작했다.

글을 쓰면 쓸수록, 내 글은 가짜 로젠버그 스타일에서 벗어나 점차 기오 스타일이 되어 갔다. 그렇게 나만의 '목소리'를 찾기 시작했다. 이외에 '목소리'를 찾을 수 있는 다른 방법은 정말 없다.

나는 내 '목소리'를 찾아가고 있다는 사실조차 깨닫지 못했다. 그때는 '목소리'가 무엇인지도 몰랐다. 아무도 '목소리'에 대해 이야기해 주지 않았으니까.

나는 쿠엔틴 타란티노가 등장하기 전부터 홍콩 영화의 팬이었다. 그래서 타란티노가 떠오르는 신예 감독으로 주목받을 때 크게 감탄하지 않은 몇 안 되는 사람 중 하나였다. 왜냐하면 그가 '영감을 받은' 원조 작품들을 나는 이미 잘 알고 있었기 때문이다. 그래도 그의 '목소리'는 업계에서 가장 강렬하고 독창적인 것으로 손꼽힌다. 덕분에 그의 작품은 실제보다 훨씬 독창적으로 느껴진다.

일단 내 '목소리'를 찾고 나자, 내 글은 한 단계 도약했고, 일자리도 어렵지 않게 찾을 수 있었다. 롭 토머스(Rob Thomas)라는 작가는 내게 첫 유급 일감을 줬다. 〈스눕스(Snoops)〉라는 드라마의 에피소드를 프리랜서로 쓰게 해 준 것이다. 그리고 그 에피소드가 방송되기도 전에 JJ 에이브럼스(JJ Abrams)가 나를 〈펠리시티(Felicity)〉의 작가로 채용했다. 둘 다, 쇼러너가 내가 쓴 〈뉴욕 경찰 24시(NYPD BLUE)〉 스펙 에피소드(spec episode)[23]를 읽은 후에 생긴 기회였다.

---

23 기존 TV 프로그램의 가상 에피소드.

그리고 〈펠리시티〉 인터뷰 자리에서 나는 처음으로 '목소리'라는 단어를 들었다.

JJ는 〈뉴욕 경찰 24시〉 스펙 에피소드에 나만의 '목소리'가 뚜렷하면서도 실제 드라마 에피소드처럼 느껴진 부분이 인상 깊었다고 말했다.

나는 고개를 끄덕이며 고맙다고 인사했지만, 사실 그가 하는 말을 전혀 이해하지 못했다.

이 일화를 듣고 나면 분명 이렇게 묻는 사람이 있을 것이다.

"엄연히 다른 사람의 TV 프로그램인데 어떻게 나만의 '목소리'로 쓴다는 거죠? 쇼러너의 '목소리'로 써야 하는 거 아닌가요?"

이건 할리우드에 널리 퍼진 근거 없는 믿음 중 하나다. TV 작가가 되려면 쇼러너의 '목소리'로 글을 써야 한다는 통념.

사실이 아니다.

당신이 갖춰야 할 능력은 글을 잘 쓰는 것이다. 그리고 글을 잘 쓰는 능력에는 쇼러너의 목소리가 아니라 해당 프로그램의 목소리로 쓸 수 있느냐가 포함된다. 쇼러너나 수석 작가는 당신의 대본을 자기 스타일로 고쳐 쓸 것이다. 그러니 당신이 해야 할 일은 오직 하나, 글을 잘 쓰는 것뿐이다. 좋은 스토리를 어떻게 전달할지, 매력적인 캐릭터를 어떻게 만들지, 시나리오 작가가 해야 할 모든 일을 어떻게 당신의 '목소리'로 해낼지에 집중하라.

그리고 사실… 애초에 당신은 쇼러너의 '목소리'로 글을 쓸 수 없

　　　　　　　킬 더 도그

다. 우리는 모두 각자의 '목소리'를 지닌 작가다. 누군가를 흉내 내는 건 가능하지만(내가 로젠버그를 따라 팬 픽션을 썼던 것처럼), 진짜 **그 사람의 목소리**로 쓰는 것은 불가능하다.

당신이 남의 프로그램에서 작가로 글을 쓰든, 누군가가 당신에게 엄청난 보수를 주고 파일럿 대본을 맡기고 총괄 프로듀서 다섯 명이 어깨 너머로 당신을 지켜보든, 정해진 틀을 지키며 글을 써야 하든, 작품 안에 자신을 녹여낼 수 있다. 아니 그래야 한다. 그 방법이 바로 당신의 '목소리'로 쓰는 것이다.

쇼러너가 작가를 그저 받아쓰기 로봇처럼 다룬다는 무시무시한 소문이 도는 TV 프로그램에 참여하게 되더라도, 쇼러너의 스타일에 맞게 당신의 글을 억지로 바꾼다면 비참한 실패를 겪게 되리라.

쇼러너들은 훌륭한 '목소리'를 가진 작가들을 원한다. 매슈 와이너(Matthew Weiner), 데이비드 E. 켈리(David E. Kelley), 애런 소킨 같은 까다로운 쇼러너도 마찬가지다. 그런 대단한 작가들이 당신을 고용하는 이유는, 당신이 그들처럼 글을 쓸 수 있어서가 아니라, 당신만의 '목소리'가 있기 때문이다. 그들의 '목소리'와 전혀 달라도 상관없다. 어차피 그들은 당신의 글을 고칠 테니까. 중요한 건, 그들이 당신을 좋은 작가로 인정했다는 사실이다.

데이비드 E. 켈리가 제작하는 TV 프로그램에서 대본을 쓸 때의 일이다. 첫 대본을 제출하자 공동 총괄 프로듀서인 하트 핸슨(Hart Hanson)이 좋은 소식이 있다며 나를 사무실로 불렀다. "좋은 소식이에요. 데이비드가 당신 대본을 마음에 들어했어요! 90퍼센트만 고쳤

대요!" 핸슨은 농담을 하거나 비꼬는 게 아니라 진지했다. 켈리가 내 글의 10퍼센트를 그대로 남겨 뒀다는 건 엄청난 성공이었고, 내가 이 일을 할 능력이 있음을 증명하는 신호였다.

장담하건대, 훌륭한 쇼러너는 '목소리' 없는 평범한 글을 쓰는 작가는 절대 고용하지 않는다. 그들은 진짜 작가를 원한다. 자기 '목소리'를 가진 작가. 당신이 그런 TV 프로그램에 합류해 그들처럼 쓰려고 애쓰면, 그들은 당신의 글을 고쳐 주지 않을 것이다. 그냥 해고할 것이다.

내가 공동 총괄 프로듀서로 있던 프로그램에 신인 작가가 합류했다. 그의 스펙 파일럿엔 훌륭한 목소리가 있었다. 덕분에 그는 미팅 기회를 얻어 채용될 수 있었다. 하지만 프로그램에 합류한 후로 그가 쓴 대본들은 모두 밋밋하고 평범했다. 그 프로그램의 쇼러너처럼 쓰려고만 하다가 자신의 '목소리'를 잃어버렸다.

훌륭한 잠재력을 지니고 있던 작품이 최종 단계에서 무너지는 이유도 마찬가지다. 회사는 모두가 기대하는 좋은 시나리오를 가지고 일을 시작한다. 참신하고 독창적이며 '목소리'가 있고 감정이 살아 있는 시나리오. 그런데 개발 단계에서 돈줄을 쥔 이들이 과도한 '지혜'와 편집증을 휘두르며 시나리오를 희석시킨다. 모두에게 어필하는 이야기를 만들겠다며 이것저것 뜯어고치다 결국 누구에게도 어필하지 못하는 글이 되고 만다. 관점이 사라졌기 때문이다.

당신의 '목소리'를 없애 버렸기 때문이다.

시나리오 작가라면, 편집증에 사로잡힌 스튜디오 임원처럼 글을 써

 킬 더 도그

서는 안 된다.

내가 예전에 쓴 〈펠리시티〉의 에피소드와 그로부터 20년 후에 쓴 〈NCIS: 뉴올리언스(NCIS: New Orleans)〉의 에피소드 – 누군가가 수정하기 전의 초고 – 를 나란히 놓고 보면, 내 '목소리'를 보고 듣고 느낄 수 있을 것이다. 세월이 흘러 글쓰기 실력은 늘었지만, '목소리' 는 그대로다. 지금 이 글에서 느껴지는 것이 바로 그 '목소리'다. 의식 적으로 내 '목소리'를 작품에 넣으려고 애쓴 적은 없다. 그저 내가 읽 고 싶은 글을 썼을 뿐이다. '목소리'는 만들려고 애쓴다고 만들어지지 않는다. 구루들이 가르치는 대로 다른 사람처럼 쓰려고 할 때가 아니 라, 자신을 믿고 자신을 위해 글을 쓸 때 '목소리'는 자연스럽게 드러 난다.

〈저징 에이미(Judging Amy)〉의 바버라 홀(Barbara Hall)이 나, 〈레버리지(Leverage)〉와 〈더 라이브러리언(The Librarians)〉 의 존 로저스(John Rogers)와 함께 작업할 당시 특히 만족스러웠 던 점이 있다. 두 쇼러너는 자신감이 있었고 자기 스타일에 대한 확신 도 강했다. 그래서 작가진이 에피소드에서 각자의 '목소리'를 드러내 도록 격려해 줬다. 홀과 로저스는 TV 시리즈 전체에 일관된 목소리를 유지하기 위해 쇼러너의 스타일을 흉내 내거나 모든 시나리오를 똑 같아 보이게 만들 필요는 없다는 사실을 충분히 이해하는 영리한 사 람들이었다. 〈저징 에이미〉의 한 편만 봐도 그게 홀의 에피소드인지, 배리 오브라이언(Barry O'Brien)이나 라일라 올리버(Lyla Oliver) 의 것인지 구분할 수 있었다. 로저스의 드라마도 마찬가지였다. 제프 손(Geoff Thorne), 에이미 버그(Amy Berg), 베키 커시(Becky Kirsch) 중에서 누가 쓴 에피소드인지 알 수 있었다. 물론 쇼러너로서 캐릭터에 맞게 약간의 수정은 하지만, 프로그램의 목소리는 일관되게 유지하면서도 작가 개인의 '목소리'를 존중했다. 그게 가능한 일이냐고? 가능하다.

나는 빈스 길리건(Vince Gilligan)의 작품에 참여한 적은 없다. 하지만 길리건도 같은 방식일 거라 생각한다. 그의 작품을 보면 그가 쓴 에피소드인지, 아니면 조지 마스트라스(George Mastras)나 제니퍼 허치슨(Gennifer Hutchinson)이 쓴 에피소드인지 구분할 수 있었기 때문이다. 그래도 모든 에피소드는 그 프로그램 자체였다.

그러니 제발, TV 작가는 자기 자신을 바꾸거나 글 쓰는 방식을 바꿔서라도 쇼러너를 모방해야 한다는 통념을 버려라.

내가 홀이나 로저스만큼 자신감 있는 쇼러너와 일하지 못했을 때, 내 글쓰기 방식을 바꿨을까? 내 '목소리'를 바꾸려고 애썼을까?

아니다.

다르게 했다면 표현을 살짝 조절했을 뿐이다. 나다움은 조금 덜어내고, 쇼러너가 원하는 받아쓰기 기계에 가까워 보이도록. 하지만 그건 쇼러너의 '목소리'로 쓰려는 것과 다르다. 쇼러너의 '목소리'로 한 번 써 보라. 곧바로 해고당해 구직 사이트를 뒤지게 될 것이다.

내가 또 짜증 나게 한다고? 하긴, 이런 말을 들으려고 시나리오 쓰는 법에 관한 책을 사는 건 아니니까.

"내 말이 그 말이에요, 기오. 글 잘 쓰는 요령은 어디 있죠? 공식은

 킬 더 도그

요? 차트나 그래프, 원형 도표 같은 건 없나요?"

미안하다. 그런 게 필요하면 다른 책을 보라. 이 책은 프로 시나리오 작가로 성공하고 싶은 사람들을 위한 책이다.

06

F로 시작하는 단어

포맷팅(Formatting).[24]

자칭 구루들이 입에 침이 마르도록 설교하는 내용이 있다면, 바로 포맷팅을 갖추라는 것이다. 그들은 시나리오를 '적절하게' 포맷팅하는 것이 절대적이고 도덕적인 의무라고 말한다. 그들이 말하는 적절한 포맷팅은 사실 이런 뜻이다.

정확히 이 방식으로만 작성해야 하며, 조금이라도 어긋나선 안 된다. 한 치라도 벗어나면 할리우드 문턱에도 못 갈 것이다!

---

24 시나리오(대본)에서 장면 제목, 행동, 대사, 지시문 등 모든 요소를 정해진 규칙에 따라 배열하는 작업이다. 이는 읽는 사람이 내용을 효율적으로 파악할 수 있도록 돕는 시각적 기준으로, 실제 영상 제작 과정에서 필수적인 역할을 한다. 예를 들어, 다음과 같은 것들이 있다.
-장면 헤더(Scene Heading): 장면의 장소와 시간대(INT. COFFEE SHOP – DAY와 같이 대문자로 표기)를 알리는 것.
-액션 라인(Action Line): 인물의 행동 및 배경 묘사를 현재 시제로 서술하는 것.
-인물 이름과 대사(Character & Dialogue): 인물 이름은 대문자로 중앙에서 좌측에, 대사는 중앙 정렬로 배치하는 것.

포맷팅에 관한 몇 가지 진실을 알려주겠다.

우선, 시나리오의 포맷팅을 알고 싶다면 굳이 책 사는 데 돈을 쓸 필요가 없다. 이미 제작된 시나리오를 읽어라. 인터넷에서 쉽게 찾을 수 있다. 두세 편만 읽어 보면 포맷팅에 관해 알아야 할 모든 것을 배울 수 있다. 그것도 공짜로.

시나리오를 구성하는 다른 요소들과 달리, 포맷팅에는 일정한 '규칙'이 있다. 하지만 그 규칙은 당신이 들은 것만큼 많지 않고, 당신이 생각하는 것과도 좀 다르다. 이 책을 읽고 있다는 건 당신이 적어도 한 번쯤은 전문 시나리오를 읽어 봤다는 뜻이다. 당신이 좋아하는 바리스타가 쓴 시나리오 말고, 실제로 제작된 프로 작가가 쓴 시나리오. 'INT.'나 'EXT.', '(V.O.)' 같은 표현이 들어간 진짜 시나리오 말이다.

시나리오 포맷팅에 기본적인 틀이 있기는 하지만, '규칙'이라고 할 것은 몇 개 안 된다. 가장 익숙한 것들부터 살펴보자.

슬러그라인(SLUGLINES)

슬러그라인은 보통 'INT.'나 'EXT.'로 시작하는 줄을 말한다. 이 줄은 장면이 실내(INT.)에서 일어나는지 실외(EXT.)에서 일어나는지를 알려 준다. 슬러그라인은 실제 제작 과정에서 참고하도록 넣어 두는 요소다. 즉, 프로듀서나 촬영 스태프가 이 장면을 실내에서 찍을지, 실외에서 찍을지 파악하게 돕는 역할을 한다. 스펙 시나리오에서 슬러그라인을 쓰는 이유는 단순히 오래된 전통 때문이다. 고전적인 아디다스 '스탠 스미스' 운동화처럼 말이다. 하지만 이것은 반드시 지

  킬 더 도그

켜야 하는 **규칙은 아니다.**

규칙이 아니라고?

놀랄 필요 없다. 이제 설명해 주겠다.

다음은 전통적인 슬러그라인 예시다. 낮에 어느 레스토랑 주방에서 벌어지는 장면이다.

INT. 레스토랑 – 주방 – 낮

이 예는 고전적인 슬러그라인이지만, 규칙은 아니다. 윌리엄 골드먼, 그레타 거윅(Greta Gerwig), 배리 젠킨스, 그리고 모두가 좋아하는 쿠엔틴 타란티노 같은 작가들이 쓴 대본을 보면 알 수 있다.

중요한 것은 독자가 장면의 배경을 정확히 이해할 수 있느냐다. 예를 들어, 레스토랑 주방 장면이라면, 다음과 같이 여러 가지 변형 중 하나를 써도 무방하다. 굳이 전통적인 슬러그라인 포맷팅에 얽매일 필요는 없다.

INT. 레스토랑/주방/낮

INT. 레스토랑. 주방. 낮

INT. 레스토랑 – 주방

INT. 레스토랑 내 주방

레스토랑 주방

KITCHEN
주방

레스토랑 주방 안

레스토랑 뒤쪽 주방 안

위에 소개한 변형 중 어떤 방식을 써도 괜찮다. **모두 허용된다.**

슬러그라인에 밑줄을 긋든, 혹은 눈에 띄게 볼드체나 이탤릭체를 쓰든 그 방식은 전혀 상관없다. '낮'이나 '밤', '아침' 같은 시간 정보를 추가해도 되고 생략해도 된다. 대시(−), 슬래시(/), 마침표(.) 등을 넣어도 무방하다. 심지어 시나리오의 기본 공식처럼 여겨지는 'INT.'나 'EXT.'를 빼 버려도 된다. 독자가 장면을 이해할 수 있다면 문제없다. 당신의 시나리오가 팔려서 실제 제작 단계로 넘어가면, 'INT.'와 'EXT.'는 알아서 추가된다.

            킬 더 도그

중요한 건, 독자에게 잘 전달되는 방식으로 당신만의 리듬을 찾는 것이다.

여기서 잠깐. 아마 공모전에 도전해 본 사람이나, 돈을 내고 피드백을 받는 웹사이트를 이용해 본 사람들은 이렇게 말할 것이다.

"거기서는 반드시 올바른 포맷팅을 지켜야 한다던데요. 그렇지 않으면…."

거기까지만 하자. 사실 공모전은 시간 낭비인 경우가 많다. 그리고 돈을 받고 작품을 평가해 주는 사이트도 마찬가지다. 전문 시나리오 작법에 대해 조금이라도 아는 사람이라면 포맷팅이 중요하지 않음을 잘 알 것이다. 남들이 잘 쓰지 않는 슬러그라인을 사용했다고 당신의 작품을 저평가하는 곳이라면, 그런 사이트에서 당장 도망쳐라. 그들은 당신의 경력에 도움을 줄 수도, 줄 의지도 없다. 오히려 해가 될 뿐이다. 프로 시나리오 작가로 활동하지 않는 사람에게 받는 피드백은, 당신의 경력을 마이클 베이(Michael Bay)가 모니터 걷어차는 속도보다 더 빨리 망칠 수 있다. 나는 실제로 봤다. 경력을 망치는 것도, 모니터를 걷어차는 것도. 그러니 그런 곳에 돈을 갖다 바치는 일은 이제 그만하길 바란다.

다시 포맷팅 이야기로 돌아가자.

나는 시나리오를 쓸 때마다 독자가 어떤 느낌을 받길 원하는지에 따라 포맷팅을 조정한다. 좋은 글에는 리듬이 있다. 나는 시나리오가 음악처럼 읽히길 바란다. 결국 중요한 건 리듬과 톤이며, 포맷팅은 그 리듬과 톤을 결정짓는 데 큰 영향을 미친다.

한 번은 스케일이 크고 화려한 하이스트 장르(heist genre)[25]의 대본을 쓴 적이 있다. 그 대본에 어울리는 음악은 확실히 재즈라고 느꼈다. 그래서 재즈의 리듬을 떠올리며 문장을 썼고 포맷팅도 그렇게 구성했다.

슬러그라인에는 밑줄과 볼드체를 함께 썼고, '낮'이나 '밤'을 한 번 표시한 뒤 같은 시간대가 이어지는 장면에서는 시간 정보를 생략했다. 문장과 문장 사이의 공백도 한 칸만 넣었다. 흔히 두 칸이 규칙이라고들 하지만, 사실 그런 규칙은 없다. 공백이 한 칸이든 두 칸이든 중요하지 않다. 전적으로 작가의 선택이다.

포맷팅을 살짝 바꿨을 뿐인데 왜 내 대본이 재즈처럼 느껴졌을까? 나도 모르겠다. 작가로서 그렇게 느꼈다. 그리고 작가의 직감을 믿는 건 언제나 좋은 선택이다.

최근에는 어두운 분위기의 한국 액션 영화를 각색할 일이 있었는데, 원작의 어둡고 침울한 톤에 맞추고 싶었다. 그래서 문장을 짧게 끊어 쓰고, 줄임표(…)를 많이 사용했다. 이때는 문장 사이에 공백을 두 칸 넣었다. 왜냐고? 스토리 자체가 황량하고 쓸쓸했기 때문이다. 글을 읽으며 그 황량함을 독자도 함께 느끼길 바랐다. 슬러그라인에는 밑줄을 그었지만, 이번엔 볼드체는 쓰지 않았다.

앞서 말한 하이스트 대본은 내용이 가볍고 재미있어 읽는 사람도

---

25 범죄 영화의 하위 장르로, 등장인물들이 치밀한 계획하에 팀을 이뤄 어떤 대상을 훔치거나 강탈하는 과정을 중심으로 전개된다.

　　　　킬 더 도그

그렇게 느끼도록 신경 썼다. 반대로 이 액션 대본은 독자가 느끼는 리듬과 톤이 재즈 드러머 치코 해밀턴(Chico Hamilton)보다는 영화 음악 감독 모그(Mowg)의 분위기에 가깝기를 원했다.

2019년에 코미디 스펙 파일럿을 쓴 적이 있다. 그런데 어느 목요일 한 방송 네트워크에 팔렸다가 다음 주 월요일 판매가 취소되었다(방송사 대표가 주말에 남편과 헤어졌기 때문이다). 당시 나는 슬러그라인에 볼드체나 밑줄을 사용하지 않았고, 문장 끝에 공백은 한 칸만 넣었으며, 장소와 시간 사이에는 대시(−) 기호를 두 개 넣었다. 이유는 단순하다. 그 순간 그렇게 쓰고 싶었고, 그 모양과 리듬이 마음에 들었기 때문이다. 다른 사람이 만들어 놓은 기준이 맞다 틀렸다를 떠나 그냥 신경 쓰지 않았을 뿐이다.

새로운 장소가 나올 때는 슬러그라인 대신 장소 이름을 대문자로 표기했다. 그 대본의 리듬과 톤은 마치 1980년대 영국 록 밴드인 플레시 포 룰루(Flesh for Lulu), 러브 앤 로켓츠(Love and Rockets), 에코 앤 더 버니멘(Echo & The Bunnymen)의 음악 같았다. 나는 그 음악의 분위기를 시나리오에 담고 싶었다.

여기서 잠깐, 시나리오 포맷팅에서 지켜야 할 몇 안 되는 '규칙'을 짚어 보자. 이 규칙들을 어긴 시나리오를 몇 번 본 적 있는데, 대부분 읽는 흐름에 도움이 되지 않는다. 그리고 읽는 데 도움이 안 되는 것은 결국 해가 된다.

소지문

소지문(小地文) 즉, 괄호 지문은 등장인물의 대사에 붙는 짧은 부가 설명이다. 보통은 등장인물 이름 아래에, 그리고 첫 번째 대사 위에 들어가지만, 경우에 따라 중간에 넣기도 한다. 예를 들면 다음과 같다.

래리
(딴생각하며)
물론, 할 수 있어.

또는 이렇게…

래리
물론, 할 수 있어.
(고개를 들며)
뭐라고 했어?

소지문은 인물의 대사가 진행되는 동안 말투나 태도를 작가가 직접 지정하고 싶을 때 사용한다. 하지만 자주 사용하면 오히려 의존하게 되므로 꼭 필요할 때만 사용하는 것이 좋다. 초보 작가들이 가장 흔하게 저지르는 실수는 부사를 남발하는 것이다. 이는 작가가 자신의 글에 자신감이 없다는 신호다.

만약 대사에 '슬프게', '질투하며', '화나서' 같은 소지문을 잔뜩 넣었다면, 다음과 같은 문제가 발생할 수 있다.

- 글이 감정을 충분히 전달하지 못할까 봐 불안해한다.
- 캐릭터 개발이 부족해 등장인물의 관점이 흐릿하다.
- 각 등장인물 고유의 목소리가 드러나지 않는다. (자세한 내용은 '대사' 챕터 참조)

소지문은 반드시 해당 대사를 말하는 인물과 연결되어야 한다. 대사와 무관한 설명에 사용하면 안 된다. 다음은 **잘못된** 예시다.

래리

기억 안 나?

(밖에 차 한 대가 멈춰 선다)

우리가 라자냐를 먹은 밤이었잖아.

여기서 '차가 멈춰 선다'는 내용은 별도의 액션 라인으로 분리해야 한다. 앞에서처럼 작성하면, 래리가 라자냐 이야기를 꺼낸 이유가 차가 멈췄기 때문이라는 어색한 뉘앙스를 준다. 이건 말이 안 된다.

래리의 대사와 차가 멈춘 것을 연결하고 싶다면 다음과 같이 구분해서 써야 한다.

래리

기억 안 나?

(밖에 차 한 대가 멈춰 선다)

라자냐가 왔나 보네.

소지문의 위치는 시나리오에서 꼭 지켜야 할 몇 안 되는 포맷팅 '규칙' 중 하나다. 대사와 같은 줄에 소지문을 넣어서는 안 된다.

래리
기억 안 나? (밖에 차 한 대가
멈춰 선다) 라자냐가 왔나 보네.

절대 이렇게 쓰지 말자. 읽는 흐름이 끊긴다. 독자는 잠시 읽기를 멈추고 괄호 안의 내용이 대사와 무관하며, 사실은 대사 사이에 끼어든 액션 라인이라는 점을 인식해야 하기 때문이다. 이런 실수는 아마추어가 쓴 시나리오라는 증거가 되기도 한다.

소지문은 반드시 대사와 구분된 줄에 넣어야 한다.

(V.O.) 및 (O.S.)

소지문처럼 괄호 안에 삽입해 사용하는 표기로는 '보이스 오버(Voice Over, V.O.)'와 '오프 스크린(Off Screen, O.S.)'이 있다. '오프 스크린' 대신 '오프 카메라(Off Camera, O.C.)'를 쓰기도 하는데, 개인적으로는 '오프 스크린'을 더 선호한다. 참고로 '오프 카메라'는 주로 시트콤 대본에서 많이 사용한다.

'오프 스크린'과 '보이스 오버'는 분명히 다른 개념이지만, 이를 혼동하는 경우가 많다. 서로 다른 용어지만, 등장인물 이름 오른쪽에 배치하는 점은 같다. 대사 안에 넣거나 별도의 줄로 빼는 방식은 잘못된 사용이다.

 킬 더 도그

먼저 '오프 스크린'을 올바르게 사용한 예를 살펴보자.

래리
기억 안 나?

브렌다 (O.S.)
잘 안 들려!

이는 브렌다가 장면 안에는 있지만 카메라에 잡히지 않고 있음을 의미한다. 마침표는 찍어도 되고 생략해도 된다. (OS)나 (O.S.) 모두 가능하다.

잘못된 사용 예는 다음과 같다.

래리
기억 안 나?

브렌다
(O.S.)
잘 안 들려!

잘못된 위치에 넣는다고 해서 치명적인 문제가 생기는 것은 아니다. 글이 훌륭하면 아무도 신경 쓰지 않는다. 하지만 글이 좋지 않으면, 이런 작은 오류도 독자를 불쾌하게 만들 수 있다.

'보이스 오버'도 '오프 스크린'처럼 등장인물 이름 오른쪽에 붙지만, 의미는 전혀 다르다. '오프 스크린'은 인물이 장면 안에 있지만 화면에는 보이지 않음을 의미하며, '보이스 오버'는 인물이 장면에 아예 존재하지 않는다는 뜻이다.

'보이스 오버'는 화자가 전지적 시점에서 내레이션을 통해 이야기를 풀어갈 때 주로 사용한다. 자칭 구루들은 보이스 오버 내레이션을 사용하지 말라고 한다. 쉽게 의존하는 도구니, 진부한 클리셰니 하며 깎아내린다. 하지만 진실을 말하면… 클리셰인지 아닌지는 아이디어 자체보다, 그것을 어떻게 풀어내느냐에 달렸다.

짐 울스(Jim Uhls)의 〈파이트 클럽(Fight Club)〉 시나리오나, 프랭크 다라본트(Frank Darabont)를 오스카 각색상 후보에 올린 〈쇼생크 탈출〉 시나리오를 살펴보자. 이 작품들에 보이스 오버 내레이션이 없었다면 훨씬 나았을까?

'보이스 오버'를 올바르게 사용한 예는 다음과 같다.

래리

기억 안 나?

브렌다 (V.O.)

난 다 기억하지.

이 예에서 브렌다는 죽었거나, 미래에 있거나, 과거에 있을 수도 있다. 혹은 어떤 남자의 조카와 함께 밴에 타고 있는 평범한 상황일 수도 있다. 브렌다가 어디에 있든, 이 장면 안에는 없다. 보이스 오버는 래리나 독자, 또는 둘 다가 브렌다의 목소리를 듣고 있음을 나타낸다. 이는 실제 장면에서 벌어지는 일이 아니다. 물론 초자연적인 이야

 킬 더 도그

기라면 래리가 오래전에 죽은 연인의 목소리를 듣는 설정일 수 있지만, 이는 매우 특별한 경우다.

'보이스 오버'는 등장인물의 내적 독백을 표현할 때도 자주 쓰인다. 다음은 그 적절한 예다.

래리
기억 안 나?
(V.O.)
그녀가 기억한다는 걸 안다.

이렇게 하면 등장인물인 래리의 생각을 독자가 듣는 것처럼 느끼게 할 수 있다.

'보이스 오버'와 '오프 스크린'이라는 기술을 어렵게 생각할 필요는 없다. 올바른 사용법과 피해야 할 실수만 알면 충분하다.

전환(TRANSITIONS)

전환은 말 그대로 장면이 바뀌는 것을 의미한다. 장면 전환 용어는 전통적으로 페이지 오른쪽에 배치하지만, 왼쪽에 써도 무방하다. 주로 시간의 흐름이나 상황의 변화를 강조할 때 사용한다. 다음 예를 보자(이해를 돕기 위해 해당 부분을 볼드체로 표시했다).

INT. 주방 – 낮

래리와 브렌다가 테이블에 앉아 있다.

래리

기억 안 나?

브렌다는 아무 말도 하지 않는다. 둘은 빗방울이 지붕을 두드리는 소리를 듣는다.

래리

(미소 지으며)

딱 오늘 밤 같은 밤이었어.

브렌다가 불편해하며 자세를 바꾼다.

래리

네가 말할 때까지 나 안 움직일 거야.

디졸브 투:(DISSOLVE TO:)[26]

INT. 주방 – 밤

브렌다와 래리가 그 자리에 앉아 있다. 둘 다 꼼짝도 하지 않는다. 비조차 그쳤다.

장면 전환의 또 다른 방법은 '잠시 후(LATER)'라고 표기하는 것이다. 이 경우에는 페이지 왼쪽에 배치하는 것이 일반적이다.

---

26 한 화면이 서서히 사라지는 동시에 다음 화면이 서서히 나타나는 전환 기법이다.

> 래리
> 기억 안 나?
>
> 브렌다는 그저 멍하니 바라본다 . . .
>
> 래리
> 네가 말할 때까지 나 안 움직일 거야.
>
> 잠시 후(LATER)
>
> 브렌다와 래리가 그 자리에 앉아 있다. 둘 다 꼼짝도 하지 않는다. 비조차 그 쳤다.

또 하나의 대표적인 전환 방식은 '컷 투:(CUT TO:)'다. 초보 작가들이 과도하게 사용하는 용어이기도 하다. 설령 당신이 쓰는 시나리오 작성 소프트웨어에서 추천하는 방식이라 하더라도, 모든 장면 사이에 '컷 투:'를 넣을 필요는 없다. 그렇게 하면 불필요하게 지면을 낭비하고, 읽는 흐름까지 방해할 수 있다.

나는 한 장면이 다음 장면으로 '부딪치듯' 전환되는 효과를 내고 싶을 때 '스매시 컷 투:(SMASH CUT TO:)'를 사용한다. 특히 극적이거나 코믹한 순간을 강조할 때 효과적이다.

> 브렌다가 불편해하며 자세를 바꾼다.
>
> 래리

> 젠장, 브렌다, 무슨 말이라도 해 봐!
>
> 스매시 컷 투:(SMASH CUT TO:)
>
> 래리가 가슴에 도끼가 박힌 채로 바닥에 쓰러져 있다:

바로 앞의 예시는 대본의 톤에 따라 극적이거나 코믹하게 해석될 수 있다. 코엔 형제의 작품이라면 둘 다 가능할 수도 있겠다.

일부 작가들은 이런 종류의 전환에 '점프 컷(JUMP CUT)'[27]을 사용하지만, 나는 '스매시 컷'의 시각적 효과와 느낌을 더 선호한다. 어느 것을 사용해도 무방하다.

내가 진짜 절대적이라고 믿는 '포맷팅 규칙'은 단 하나다. 모든 시나리오는 12포인트 쿠리어(Courier) 폰트로 작성해야 한다는 것. 정확히 말하면, 인쇄해서 제출하는 시나리오는 12포인트 쿠리어 폰트여야 한다. 혼자 읽는다면 어떤 폰트든 상관없지만, 누군가에게 보여 주거나 제출할 때는 12포인트 쿠리어 폰트를 사용해야 한다. 이것만큼은 예외 없이 지켜야 할 규칙이다. 절대 어기지 마라. 물론 쿠리어 뉴(Courier New), 쿠리어 프라임(Courier Prime), 또는 전통적인 쿠리어 등 다양한 버전을 자유롭게 선택할 수 있다.

그렇다고 대본 안에서 폰트를 단 하나만 써야 한다는 뜻은 아니다.

---

27 시간적, 공간적 연속성 없이 장면이 갑자기 전환되는 것. 장면이 자연스럽게 연결되는 게 아니라 끊어진 것처럼 느껴진다.

 킬 더 도그

필요에 따라 다른 폰트를 섞어 쓰는 것도 가능하다. 실제로 많은 프로 작가들이 그렇게 한다. 댄 길로이가 〈나이트크롤러〉 대본에서 보여 준 방식이 대표적인 예다. 충분히 허용되고 인정되는 방식이다.

내가 어떤 대본을 쓰든 반드시 지키는 것이 하나 있다. 페이지가 넘어갈 때 문장이 잘리지 않게 하는 것이다. 한 번도 어긴 적 없다. 하지만 이는 규칙이 아니라 순전히 나만의 취향이다. 설명이든 대사든, 무엇이건 간에 나는 항상 모든 페이지를 마침표로 끝낸다. 참고로 슬러그라인 끝에는 마침표를 찍지 않는다. 그리고 슬러그라인 바로 다음에는 액션 라인이 나오는데, 슬러그라인을 페이지 끝에 배치하고 그다음 페이지에 액션 라인이 이어지게 해서는 안 된다. 그렇게 하면 아마추어처럼 보인다.

페이지 수(PAGE COUNT)

자칭 구루들과 엉터리 전문가들이 목청껏 강조하는 또 하나의 포맷 팅 요소가 있다. 바로 페이지 수다. 그들은 이렇게 말한다.

"장편 영화 대본은 무조건 120페이지 이내여야 한다. 그렇지 않으면 쇼 비즈니스 업계에서 영원히 쫓겨날 것이다!"

"드라마 스펙 파일럿 대본은 무조건 61페이지 이내로 작성해야 한다. 그 렇지 않으면 어떤 스트리밍 서비스도 당신의 작품을 받아주지 않을 것이다!"

이런 거짓말을 듣느니 차라리 녹슨 포크에 눈을 찔리는 게 덜 괴로울 것 같다.

이처럼 터무니없는 '조언'은 많은 시나리오를 망치는 데 기여했을 뿐, 도움이 된 적은 거의 없다.

지금 우리 사회는 평균과 무난함을 강요하는 비극에 빠져 있다. 그래서 이렇게 당연한 사실까지 짚고 넘어가야 한다.

물론, 장편 영화 대본을 246페이지나 쓰거나 1시간짜리 드라마 스펙 파일럿을 119페이지나 쓰고도 사람들이 놀라지 않길 기대해서는 안 된다.

하지만 당신이 흡입력 있고 재미있는 장편 시나리오를 썼다면, 그것이 120페이지를 넘어가더라도 괜찮다. 글이 훌륭하면 말이다. 69페이지짜리 스펙 파일럿이라 해도 글이 좋으면 역시 전혀 문제가 되지 않는다.

가끔 아주 적은 예산 조건을 충족할 시나리오를 찾는 독립 프로듀서도 있다. 이럴 때는 페이지 수가 중요하다. 이런 경우, 뛰어난 130페이지짜리 시나리오보다 그냥 무난한 98페이지짜리 시나리오가 투자받기 쉬울 수 있다.

주류인 할리우드 산업에서는 당신의 글이 뛰어나기만 하면 페이지 수는 문제가 되지 않는다. 반대의 경우도 마찬가지인데, 구루들이 주장하는 논리가 완전히 무너지는 지점이 바로 여기다. 당신의 글이 형편없다면, 군더더기 없이 깔끔한 54페이지짜리 스펙 파일럿도, 간결한 101페이지짜리 장편 영화 시나리오도 소용없다. 형편없는 글은 형

킬 더 도그

편없는 글일 뿐이다. 100페이지가 안 되는 장편 영화 시나리오인데 글이 너무 엉망이라 마치 184페이지를 힘들여 읽는 느낌을 받은 적이 있다. 그런가 하면 140페이지짜리 장편 영화 시나리오인데 글이 너무 좋아서 100페이지보다 짧게 느껴진 경우도 있었다.

결국 중요한 건 **글의 질**이다.

페이지 수를 특정 숫자에 맞추는 데 집중하는 작가는 정작 대본의 완성도에는 집중하지 않는다. 그런 태도는 글에서 고스란히 드러난다. '규칙'이나 누군가가 정해 놓은 틀에 매달리지 말고 좋은 글을 쓰는 데 집중하라.

프로 시나리오 작가들이 리라이팅 과정에서 페이지를 줄인다고 말할 때, 중요한 건 페이지 수 자체가 아니다. 더 잘 읽히는 글을 만들다 보니 불필요한 단어가 빠지고, 결과적으로 분량이 줄어드는 것뿐이다. 나는 '114페이지가 117페이지보다 낫다'는 생각으로 글을 고치지 않는다.

그건 어리석은 짓이다.

나는 최대한 읽기 좋은 글이 되도록 만들 뿐이며, 페이지 수는 그 결과일 뿐이다. 만약 최종본이 120페이지인데 마지막 페이지가 8분의 2 정도밖에 차지 않는다면, 나는 시나리오를 119페이지로 줄인다. 다시 말하지만, 페이지 수를 줄이기 위해서가 아니라 전체적인 모양새와 느낌을 위해서다. 만약 초고가 102페이지고 마지막 페이지가 8분의 2 정도 찬다면, 그 역시 줄일 것이다. 나는 마지막 페이지에 텍스트가 절반 이하로 차는 것을 원하지 않는다. 그냥 나만의 독특한 작업 습관이다. 당신의 방식과 다를 수 있다.

덧붙임: 영화 제작 단계에서는 시나리오 한 페이지를 8등분한다. 원래 대본 한 페이지의 길이가 일반적으로 8인치였기 때문에, 제작 과정에서 촬영 시간이나 일정을 1인치 단위로 나누어 생각하면서 '8등분' 단위가 사용되기 시작했다. 다른 이유는 없다. 오늘날에도 이 방식을 사용하는 이유는 단지 전통 때문이다.

아직도 페이지 수 규칙을 지켜야 한다는 거짓말에 흔들린다면 이렇게 생각해 보자…. 만약 페이지 수가 자칭 구루들과 엉터리 전문가들이 주장하는 것처럼 정말 중요하다면, 다음과 같은 상황이 실제로 벌어질 것이다.

프로듀서나 스튜디오 임원이 당신의 132페이지짜리 시나리오를 읽었다. 그리고 이렇게 말한다.

"이건 내가 최근에 본 대본 중 최고예요. 캐릭터도, 스토리도, 무엇보다 당신의 목소리도 놀랍습니다. 하지만 페이지 수가 12쪽이나 초과됐네요. 아쉽지만 거절해야겠군요. 12쪽만 줄였어도 오스카는 물론 스튜디오 계약과 비서 자리까지 따라왔을 텐데요. 규칙은 규칙이니까요."

혹은 이럴 수도 있다.

"솔직히 이 대본은 지루하고 캐릭터도 똑같아요. 그런데, 와! 페이지 수가 딱 101쪽이네요! 페이지 규칙을 완벽히 지켰으니 수백만 달러를 투자하겠습니다. 구스타프, 캘리한테 차 좀 빼 달라고 전해요!"

둘 중 어느 하나라도 현실에서 일어날 수 있다고 믿는다면 지금 당

 킬 더 도그

장 이 책을 덮고 시골로 내려가 흰족제비나 키우면서 살길 바란다. 당신이 프로 시나리오 작가로 성공할 확률은 로또에 두 번 당첨될 확률보다 낮으니까.

할리우드는 돈을 벌기 위해 존재하며, 그리고 그 기반은 좋은 글이다. 좋은 글은 어떤 이유로도 무시당하지 않는다.

당신의 글이 뛰어나면, 101페이지든 140페이지든 반드시 주목받는다. **당신**도 함께 주목받을 테고, 아마도 프로 시나리오 작가로 데뷔할 기회를 얻을 것이다. 반대로 당신의 글이 별로라면, 페이지 수는 결코 당신을 구해줄 수 없다.

다음으로 이야기하고 싶은 건 '불필요한 단어를 생략하라'이다. 이는 내가 글을 쓸 때 지키는 나만의 규칙인데, 내가 멘토링하는 사람들에게도 강조한다. 불필요한 단어를 생략하는 이유는 페이지 수를 줄이려는 의도가 **전혀 아니다.**

내게는 '불필요한 단어를 생략하라'는 문구가 새겨진 티셔츠도 있다. 그 정도로 이 원칙을 신봉한다. 하지만 당신이 생각하는 이유 때문은 아니다. 내가 '불필요한 단어를 생략'하는 이유는, 그렇게 하면 글이 한층 좋아지고 결과적으로 읽기도 훨씬 수월해지기 때문이다.

다음 예를 살펴보자. 불필요한 단어로 가득하다.

INT. 주방 – 낮

래리가 주방 테이블 앞 의자에 앉아 손에 커피잔을 들고 있다. 그는 브렌다를 기다리는 중이다.

그는 커피를 한 모금 마시고 잔을 내려놓는다. 그는 시계를 들여다보고 시간을 확인한다.

다음 예와 비교해 보자.

INT. 주방 – 낮

래리가 커피를 한 모금 마시고… 시계를 들여다보고… 브렌다를 기다린다.

두 예시의 읽는 느낌이 어떻게 다른지 알겠는가? 불필요한 단어를 생략하면 감정을 만들어 낼 수 있다. 서스펜스, 긴장감, 기대감 같은 것들 말이다.

앞의 두 예시는 같은 내용을 전달한다. 하지만 두 번째 예시는 단어를 훨씬 덜 사용하면서도 읽는 동안 긴장감을 더한다. 줄임표는 긴장감을 높이는 데 쓰이며, 불필요한 단어를 뺄 때 그 자리를 자연스럽게 메워 준다.

요즘 아이들은 불필요한 단어를 생략하는 걸로도 모자라 무조건 줄임말을 사용한다. 사실 말도 잘 하지 않는다. 그냥 어떤 남자가 덤불 흉내 내는 영상을 보느라 바쁘다.

나는 초고를 쓸 때 이 작업을 전혀 신경 쓰지 않는다. 불필요한 단어를 없애는 건 리라이팅, 즉 고쳐 쓰는 과정에서 한다. 이 작업은 읽는 리듬과 톤과도 연결된다. 불필요한 단어는 흐름을 느리게 하고, 심하면 글의 리듬을 깨뜨린다.

　　　　　　　킬 더 도그

불필요한 단어를 줄이는 일이 얼마나 중요한지 보여주는 예가 있다. 흔히 어니스트 헤밍웨이가 썼다고 알려졌지만, 실제로는 1945년 애리조나주 투손의 지역 신문에 실린 광고 문구다.

판매함. 아기 신발. 신은 적 없음.

단지 몇 개의 단어로 시작, 중간, 결말이 모두 담긴 이야기 한 편을 완성했다. 무엇보다 글쓰기의 본질인 읽는 이에게 감정을 불러일으키는 일을 해냈다. 만약 원래 문구가 이렇게 쓰였다면 지금처럼 널리 전해졌을까?

판매함. 지금껏 한 번도 신은 적 없는 새 아기 신발 한 켤레.

어느 쪽이 더 시선을 끌고 마음을 건드리는가?

불필요한 단어를 생략하라.

하지만 시나리오에는 절대적인 규칙이 없다. 이번에는 단어를 많이 써서 글이 더 좋아지는 경우를 보자. '목소리' 챕터에서 예로 든 〈마이클 클레이튼〉 대본을 떠올려 보라. 앞으로 돌아가 다시 읽어도 좋다.

때로는 더 많은 단어, 심지어 훨씬 많은 단어를 써야 글이 더 풍부해지고 읽는 맛이 살아난다. 이 챕터의 핵심은 이것이다. 시나리오를 **읽기** 좋은 글로 만드는 데 필요하다면 무엇이든 하라.

07

S로 시작하는 단어

스트럭처(Structure).

이 챕터에서는 '스트럭처(구조)'에 대해 이야기해 보자.

구조는 시나리오 작법에서 가장 자주 언급되는 주제지만, 동시에 가장 **오해받기** 쉬운 개념이기도 하다.

자칭 구루부터 엉터리 전문가, 작가 지망생, 아마추어, 대학 교수, 그리고 숙련된 전문가까지 모두가 구조에 대해 말한다. 그런데 놀랍게도, 내가 보기에 구조를 언급하는 이들 중 최소 90퍼센트는 사실 구조에 대해 제대로 말하고 있는 것이 아니다. 자신들이 구조에 대해 말한다고 믿지만, 실제로는 그렇지 않다.

나의 이런 주장과 이 챕터의 내용이 어떤 이들에게는 충격적일 수 있다. 특히 〈지오스톰〉의 공동 각본가 입에서 나온 말이라는 점에서 더욱 그럴 수 있다. 그래서 본격적인 논의에 앞서, 나보다 훨씬 뛰어나고 성공한 시나리오 작가들의 통찰을 먼저 빌려오고 싶다.

〈쉰들러 리스트(Schindler's List)〉, 〈위대한 승부〉, 〈머니볼
(Moneyball)〉, 〈아이리시맨(The Irishman)〉 등의 각본을 쓰고 오
스카상을 수상한 스티브 제일리언은 이렇게 말했다.

"나는 구조에 신경 쓴 적이 단 한 번도 없다. 영감에 의존했을 뿐…
구조는 자연스럽게 따라온다고 생각했다. 내가 했던 작업들을 되돌아
보면, 그때는 인식하지 못했지만 분명 구조가 존재했다. 좋은 스토리
텔링에는 그 자체로 자연스러운 구조가 있다는 생각이 든다."

〈마이너리티 리포트(Minority Report)〉, 〈로건(Logan)〉, 〈퀸스
갬빗(The Queen's Gambit)〉을 비롯해 수많은 각본을 쓰고 오스카
상 후보에 오른 스콧 프랭크(Scott Frank)는 이렇게 말했다.

"시나리오의 핵심이 구조라는 생각은 착각이다. 구조만 제대로 갖
추면 좋은 이야기가 만들어진다는 생각은 틀렸다."

그렇다. 착각이다.
이제 구조가 무엇인지 확실히 말하겠다. 어릴 적 잠자리에서 처음
들은 동화부터 가장 최근에 개봉한 마블 영화까지, 모든 이야기는 정
확히 똑같은 구조를 가지고 있다.
시작. 중간. 결말.
그게 전부다.

 킬 더 도그

이 말이 사실이 아니라고 당신을 설득하려는 사람도 많을 것이다. 왜일까? 당신이 진실을 알게 되면, 더는 그들이 파는 책이나 강의에 의존하지 않을 테니까.

나는 심지어 현역으로 활동하는 전문 시나리오 작가들이 '3막 구조'가 여러 유형의 구조 중 하나일 뿐이라고 주장하는 것도 들은 적 있다. 나는 텔레비전용 영화 대본을 쓰는 사람을 아는데, 그는 시나리오 작법에 8가지 다른 구조가 있다고 주장한다. 하지만 그 사람도, 그리고 수많은 다른 이들도, 가짜 구조와 진짜 구조를 혼동한다.

학자들은 셰익스피어의 5막 구조를 말한다. 정말일까? 셰익스피어의 작품 중 시작, 중간, 결말이 없는 작품이 있던가? 있다면 한번 읽어 보고 싶다. 실패한 전문가들('스토리'에 대해 거창하게 떠드는 이들 말이다)은 셰익스피어 5막 이론을 마음대로 가져와 '5부 구조'라고 부른다. 어떤 이들은 '22단계 구조'가 있다며 당신을 설득하려 든다. 그렇게 온갖 구조가 끝없이 등장한다.

다 거짓이다.

"아니요, 기오. 사람들이 말하는 건 이거예요. 이야기가 시작, 중간, 결말로 흘러가는 과정 안에 기복과 갈등, 놀라움이 있는 다양한 장면과 시퀀스가 들어 있어야 한다는 거죠!"

흠, 그건 물이 젖어 있는 것만큼이나 당연한 소리다.

이야기가 평범하고 재미없거나, 반대로 흥미롭고 흡입력 있고 짜릿하고 웃기거나 가슴 아픈 것은 사람들이 신화처럼 떠받드는 '구조' 덕이 아니다. 그것은 **글쓰기** 덕이다.

30분짜리 TV 에피소드든, 2시간 30분짜리 장편 영화든, 시나리오의 성패는 구조 때문이 아니라, 글의 질에 달려 있다. 글이 좋으면 구조는 자연스럽게 따라온다.

내 친구 크레이그 메이진의 말이 이를 잘 설명해 준다. 그는 에미상을 수상한 뛰어난 각본가로, 드라마 〈체르노빌(Chernobyl)〉, 〈더 라스트 오브 어스(The Last of Us)〉, 그리고 여러 장편 영화를 썼다.

크레이그는 구조에 대해 다음과 같이 말했다. 나도 전적으로 동의한다.

- 구조는 그야말로 함정이다.
- 구조란 '이 페이지에서 이 사건이 일어나고, 저 페이지에 저 사건이 일어나고, 여기가 중반이다'라고 알려주는 것이 아니다.
- 구조는 도구가 아니라, 글을 잘 쓰면 저절로 생겨나는 부수적인 결과다.
- 구조는 잘 써야 하는 대상이 아니라, 잘 쓰면 저절로 따라오는 것이다.

마지막 문장을 한 번 더 강조해 보자.

구조는 잘 써야 하는 대상이 아니라, 글을 잘 쓰면 저절로 따라오는 것이다.

 킬 더 도그

이 문장은 거의 모든 시나리오 작법서, 자칭 구루와 엉터리 전문가, 시나리오 작법 교수, 시나리오 관련 소셜 미디어 계정, 그리고 구조를 논하는 대부분의 사람들이 왜 틀렸는지를 잘 보여 준다.

메이진의 또 다른 말을 빌리면, 구조는 '개가 아니라 개의 꼬리'다.

구조에서부터 시작되는 게 아니다.

구조는 생겨난다.

구조는 현상이다. 좋은 이야기를 썼을 때 따라오는 결과다.

앞에서 언급한 메이진의 첫 번째 문장을 다시 한번 떠올리면서 확실히 짚고 넘어가자.

구조는 그야말로 함정이다.

이제 감을 잡았는가? 아직도 반발심이 드는가? 그렇다면 제일리언, 프랭크, 메이진, 그리고 내 의견에 동의하는 현역 프로 시나리오 작가 클럽 회원들보다 당신이 시나리오 작법을 더 깊이 이해하는지 스스로에게 물어보라.

구조에는 단 두 가지 종류만 있다.

'동사형 구조(구조를 짜는 행위)'와 '명사형 구조(이야기의 구조)'다. 여기서 당신이 집중해야 하는 것은 명사형 구조다. 이 구조는 이야기가 잘 쓰였을 때 드러나고, 잘못 쓰였을 때는 드러나지 않는다.

하지만 많은 경우 사람들은 실제로는 동사형 구조를 말하면서 자신들이 명사형 구조를 논하고 있다고 **착각**한다. 더 나쁜 경우, 두 가지가 전혀 다르지 않다고 믿는다.

그러나 구조의 **명사형과 동사형은, 거짓말을 하다**(Telling a LIE)**와 드러눕다**(To LIE down)만큼이나 완전히 다르다.

명사형 구조에 초점을 맞춰야 하며, 이 구조는 글을 쓴 후에 생겨난다. 글을 쓰는 도중이나 쓰기 전에는 존재하지 않는다. 메이진은 구조를 먼저 정하고 시나리오를 쓰려는 것을 부검의가 분만실에서 아기를 받는 일에 비유한다. 물론 부검의도 의사이니 일이 잘 풀릴 수도 있다. 하지만 분만실에서 원하는 의사가 정말 부검의일까?

시나리오를 쓸 때 당신은 무(無)에서 시작한다. 빈 페이지에서. 당신은 상상력을 발휘해 창작한다. 그런데 '이 사건은 여기에, 이 요소는 이 자리에 들어가야 해' 같은 생각으로 시작하면, 상상력에 불필요한 제약이 생긴다. 그러면 자유롭게 글을 쓸 수 없고, 결과물도 좋지 않다.

구조는 자연스럽게 생겨나는 것이다.

어젯밤에 있었던 일을 이야기하려고 친구를 만나 커피나 차를 마신다고 해 보자. 친구에게 말을 꺼내기 전에 이야기의 구조적 요소나 발단 사건, 전환점 같은 것을 계산하는가? 당연히 아니다. 그냥 이야기한다. 좋은 이야기라면 구조는 자연스럽게 만들어진다. 시작, 중간, 결말이 생기고, 고조와 저조와 반전이 있으며, 예상치 못했거나 당연한 결말로 이어진다. 이야기를 정말 잘 풀어냈다면 놀랍고도 당연한 결말이 만들어질 것이다.

그런데 왜 시나리오만 다르게 쓰려고 하는가?

시작. 중간. 결말.

　킬 더 도그

이 표현이 마음에 들지 않는다면, '3막 구조'라고 부르거나, '설정-갈등-해결'이라고 불러도 좋다. 그냥 '이야기 구조'라고 불러도 되고, '마법의 구조 요정 완다' 같은 이름을 지어 불러도 된다. 어떻게 불러도 상관없다. 중요한 건 그 정도가 이야기를 쓰기 전에 알아야 할 전부라는 것이다. 그 이상을 고민하는 순간 상상력은 방해받는다. 겉보기에 구조화가 잘된 시나리오를 만들어낼 수는 있겠지만, 장담하건대 그 결과물은 밋밋하고 독창성이 없을 것이다.

누군가는 지금 이렇게 말하고 싶을 것이다.

"잠깐. 이야기를 구조화(동사)하는 건 구조(명사)만큼이나 중요하지 않나요? 작가라면 구조화하는 법을 정확히 배워야 하는 거 아닌가요?"

흠, 미안하지만…

아니다.

기억해 두자.

구조화(동사)는 작가마다 다르다.

시나리오 작가가 이야기를 구조화하는 방법은 작가마다 다르다.

시나리오 작법서나 구루들이 뭐라고 주장하든 구조화하는 방법에는 정답도 오답도 없다.

내가 이야기를 구성하는 방법은 에릭 헤이저러, 이사 레이, 콴 앤 세이너트의 방법과 다르다. 앨린 브로시 매케나가 자신의 이야기를 설계하는 방법은 스틸린 하조나 찰리 카우프만의 방법과 다르다. 나는 애런 소킨이 자기 이야기를 어떻게 구조화하는지 아주 자세히 설명하는 것을 들은 적이 있다. 하지만 나는 그의 방식대로 할 수 없다. 내 머릿속과 나라는 사람, 그리고 스토리텔러로서의 정체성이 소킨의 그것과 근본적으로 다르기 때문이다.

물론 우리가 노점 한편에 모여 앉아 영혼이 탈탈 털릴 정도로 가혹했던 거절 경험담을 주고받을 때면, 우리가 작업하는 과정에 몇 가지 비슷한 부분이 있음을 서로 발견하기도 한다. 하지만 완전히 똑같을 수는 없다.

이것이 바로 자칭 구루들이 **방법**에 대해 떠드는 소리가 별 도움이 되지 않는 이유다. 우리는 모두 자신만의 개성을 지닌 예술가이자 스토리텔러다. 다른 사람의 방식을 따라 이야기를 짜고 만들려 하면 불필요하게 힘만 든다.

좋은 시나리오 작법이 수학 공식 같다고 믿는 사람들이 있다. 공식만 따르면 된다고 믿는다. 나는 그들이 틀렸다고 본다. 시나리오의 성패를 가르는 건 수학적 구조가 아니다. 시나리오에 담긴 감정, 진심, 상상력, 그리고 글쓰기다.

어떤 작가는 수학적으로 생각해야 머리가 잘 돌아갈 수도 있다. 그렇다면 그 사람에게는 좋은 방법이다. 하지만 그런 경우는 소수에 불과하다.

나는 구조의 동사형을 말할 때 구조화한다는 표현을 되도록 쓰지 않으려 한다. 대신 ‘구축하다’, ‘만들다’, ‘설계하다’ 같은 표현을 쓴다. 그게 더 명확하기 때문이다. 나는 이야기를 구축할 때 항상 단순한 아이디어에서 시작한다. 그 아이디어는 캐릭터일 때도 있고, 상황이거

　　　　　　킬 더 도그

나 경험일 때도 있고, 어떤 딜레마일 때도 있다. 대부분은 '만약 ~라면?'이라는 가정에서 출발한다. 하이스트 장르처럼 수학적 요소가 많이 필요한 시나리오를 쓸 때조차, 나는 항상 캐릭터의 단순한 감정 변화부터 먼저 잡아 놓는다. 모든 건 캐릭터에 달려 있기 때문이다. 캐릭터 없이는 플롯도 존재할 수 없다(그레이엄 요스트의 〈스피드〉의 경우는 예외지만). 그러므로 정말 멋진 '플롯'을 작동시키려면 캐릭터들이 그 플롯을 겪어내는 매력적이고 흥미로운 관계가 있어야 한다.

TNT 채널에서 〈레버리지〉를 쓰고 제작할 때, 우리는 에피소드마다 강도나 사기극을 넣었다. 우리 쇼러너 존 로저스의 뛰어난 재능 덕에, 매우 복잡하고 '수학적 계산'이 많이 필요한 플롯을 구현할 수 있었다. 그러나 캐릭터들과 그들 사이의 관계가 없었다면 어떤 에피소드도 성공하지 못했을 것이다. 결국 이야기를 이끌어 간 건 캐릭터였다.

아이디어 구상부터 아웃라인을 짜고 글을 쓰는 과정까지, 어느 단계에서도 나는 발단 사건, 중간 전환점, 점진적 복잡화, '결정적 승부' 같은 것을 생각하지 않는다. (솔직히 이제 이런 단어들을 말하는 것 자체가 지겹다) 실력 있는 프로 시나리오 작가는 그렇게 하지 않는다. 그런 요소들은 글을 제대로 쓰면 저절로 따라온다.

구조는 자연스럽게 생겨난다.

발단 사건, 중간 전환점, 점진적 복잡화를 어디에 배치할지 고민하는 것은 잠시 접어두어도 괜찮다. 그것은 당신이 작품을 완성하고 그 작품이 모든 상을 휩쓴 후에 구루들과 교수들이 당신의 시나리오를 정밀 분석할 때나 필요한 이야기다.

스토리 안에서는 당연히 어떤 일이 일어나고, 캐릭터와 그들의 관계에도 변화가 생긴다. 하지만 그 사건과 변화가 당신이 생각한 대로 발생할 가능성은 거의 없다. 월리스 숀(Wallace Shawn)과 앙드레 그레고리(Andre Gregory)가 각본을 쓰고 주연을 맡은 1981년 영화 〈앙드레와의 저녁 식사(My Dinner with Andre)〉를 보라. 108분 동안 두 남자가 저녁을 먹으며 대화하는 게 전부다. 그런데도 그 안에는 다양한 변화, 고조와 저조, 반전과 놀라움이 모두 담겨 있다. 인기 있는 근육질 배우가 출연한 할리우드 최신 액션 스릴러 못지않다.

잠깐, 뭐라고? (참고로 당신의 대본에는 '잠깐, 뭐라고?' 같은 표현을 절대 쓰지 말 것. 진부하고, 촌스럽고, 게을러 보인다.)

〈앙드레와의 저녁 식사〉의 대본을 읽으면, 발단 사건이나 중간 전환점 같은 구루들이 필요하다고 주장하는 요소들이 하나도 없다고 생각하기 쉽다. 하지만 실제로는 존재한다. 다만 구루들이 말하는 것과 다른 형태로, 다른 위치에 존재할 뿐이다. 그리고 더 중요한 건 애초에 그런 요소들을 의식하며 쓴 글이 아니라는 점이다. 저녁 식사 자체가 사건의 발단이고, 이야기가 끝날 무렵 주인공 월리는 시작할 때와 다른 사람이 되어 있다. 이는 월리와 다른 캐릭터 사이의 관계가 변했기 때문이다. 이 영화를 보면 알 수 있듯이, 이야기의 고조나 저조, 변화가 반드시 거대한 사건일 필요는 없다. 나는 오히려 그런 변화가 작을수록 더 친밀하고 감정적으로 와닿아 좋다고 생각한다.

내가 여기서 말하고자 하는 것은 스티브 제일리언, 크레이그 메이

 킬 더 도그

진, 피비 월러브리지 등도 똑같이 강조해 온 내용이다. 이야기의 흐름, 우여곡절, 반전과 전환을 '여기에 하나 넣어야 하고, 저기에도 하나 넣어야 해' 같은 생각으로 배치하는 것이 아니라, 캐릭터들이 서로 감정적 여정을 겪는 과정에서 자연스럽게 발생하도록 해야 한다. 변화를 억지로 끼워 넣으면 주객이 전도되어 꼬리가 개를 흔드는 글이 된다. 스토리텔링의 예술을 하기 전에 구조 분석이라는 수학에 매달리는 순간, 당신의 시나리오는 평범하고 뻔해진다.

내가 '만약 ~라면?'이라고 떠올린 순간이 큰 사건으로 이어질 때조차, 나는 '이게 사건의 발단이다'라고 의식하며 글을 쓰지는 않는다. 그보다는 항상 캐릭터, 캐릭터가 느끼는 감정, 캐릭터들 사이의 관계를 먼저 생각한다.

아마도 구조에 관한 내 주장을 쉽게 받아들이기는 어려울 것이다. 어떤 이들은 내 필모그래피를 보고 '애개, 겨우 이런 작품을 쓴 사람이 하는 소리야?'라고 생각할 수도 있다. 이해한다. 그래서 나는 스콧 프랭크의 말을 인용한다.

"구조만 잘 갖춰 놓으면 좋은 이야기가 저절로 만들어진다는 생각은 착각이다."

이야기가 좋으면 구조는 저절로 갖춰진다.

구조는 자연스럽게 생겨난다.

이제 다음 이야기에 집중해 보자.

모든 시나리오 작법 웹사이트와 구루들이 빠짐없이 하는 말이 있다. "첫 10페이지 안에 독자를 사로잡아야 한다!" 그렇지 않으면 시나리오를 읽다 덮어버린다는 것이다. 요즘은 우리가 집중할 수 있는 시간이 짧아진 탓에 "첫 5페이지 안에 독자를 사로잡아야 한다!"로 바뀌었다.

하지만 10페이지든 5페이지든, 둘 다 틀렸다.

지금까지 알려지지 않은 진실을 내가 밝히겠다. 시나리오 초반에 독자를 사로잡는 비법은 이것이다.

좋은 글쓰기.

폭발적인 장면이나 충격적인 반전, 놀라운 전개가 펼쳐질 필요는 없다. 글이 좋으면 독자는 페이지를 계속 넘긴다. 나는 수많은 대본을 읽어봤다. 초반에 인상적인 장면을 넣은 시나리오를 많이 봤지만, 내 관심을 끌지는 못했다. 글이 별로였기 때문이다. 시나리오 초반에 어떤 폭발이나 충격적인 사건이 전개되든, 글이 좋지 않으면 아무 소용 없다. 발단 사건, 반전, 전환, 고양이 구하기 법칙 등이 저절로 좋은 글을 만들지는 않는다. 좋은 글을 더 좋게 만들 수는 있지만, 좋은 글 자체가 거기서 태어나는 것은 아니다.

나는 이야기를 구축할 때 캐릭터들과 그들 사이의 관계에 집중하며, **'감정적 여정'**을 가장 흥미롭고 매력적이고 재미있고 흡입력 있게 표현하는 방법이 무엇인지를 고민한다. 이 과정을 무시하고 썼던 글은 결국 실패로 돌아갔다.

내가 이야기의 구조를 짤 때 가장 논리적으로 접근하는 부분이 있다면, 그것은 인물이 맞닥뜨리는 딜레마, 갈등, 선택이다. 그러니 전체 구조를 '설정-갈등-해결'이라고 말하는 것도 타당한 표현이다.

킬 더 도그

이 챕터에는 더 많은 내용이 있지만, 만약 당신이 온라인에서 만난 어떤 프로듀서에게 피치 데크(pitch deck)를 보여주기 위해 한 시간 안에 그레이트 화이트 카페에 가야 한다면, 다음 요약을 기억해 두자.

너무 깊이 생각하지 마라. 솔직히 말하면, 차라리 아무 생각도 하지 마라.

이소룡 주연의 〈용쟁호투〉를 본 적 있는가? 각본가로 이름을 올리지는 않았지만, 이소룡은 이 영화의 절반 이상을 직접 썼고 그중 몇 장면은 지금 말하는 시나리오 쓰기와도 연결된다. 내가 가장 좋아하는 장면은 이소룡이 제자에게 말하는 부분인데, 마치 무술에 대해서가 아니라 시나리오 작성에 대해 말하는 것처럼 들린다.

"생각하지 말고 느껴라. 그건 달을 가리키는 손가락과 같은 것이다. 손가락에 집중하면 하늘의 경이로움은 모두 놓치게 된다."

그러니 프로듀서에게 보여줄 피치 데크[28]에 집착하지 말고, 눈 앞의 식사를 즐겨라.

사람들은 훌륭한 시나리오를 쓰는 '비결'을 알고 싶어 한다. 수십 년 동안 어떤 비밀스러운 요령이 **존재한다고** 세뇌되어 왔기 때문이다. 하지만 진실을 말하면, 좋은 이야기를 전달하는 데 필요한 건 자신만의 '목소리'로 글을 쓰고 또 노력하는 것뿐이다.

---

28 영화, 드라마 등에 관한 아이디어를 간결하게 소개하는 프레젠테이션 자료.

시나리오 작법을 필요 없이 복잡하게 만드는 이들은, 우리가 스토리텔러로서 자연스럽게 하는 일을 마치 이케아 가구 조립 설명서와 나바호족 언어 교본을 합쳐놓은 것처럼 만들어 버린다. 시나리오 작법을 알려주는 책이 거의 다 이런 식이다. 그들은 시작, 중간, 결말이라는 단순한 체계를 쓸데없이 복잡한 과정으로 바꿔 놓는다. 스토리에 20개가 넘는 단계를 억지로 끼워 넣고, 특정 시점에 특정 행동을 배치하라며 특별한 비법이 있는 것처럼 포장한다. 그리고 돈을 내면 그 비법을 알려주겠다고 한다.

세계 최고의 셰프들에게 요리 비법을 물어보면, 대부분 재료가 적을수록 결과가 더 훌륭하다고 말할 것이다.

시나리오의 질이 구조에 달려 있다는 말은 거짓이다. 모든 것은 글쓰기에 달렸다.

흥미로운 캐릭터와 관계를 잘 담아내 훌륭한 이야기를 쓴다면, 그 이야기는 딜레마와 갈등, 반전과 전환, 놀라움, 그리고 독자에게 감정적 반응을 일으키는 모든 요소를 자연스럽게 갖추게 될 것이다. 그렇게 쓰인 작품은 결국 구조가 잘 짜인 작품으로 평가받는다.

그러려면 어떻게 해야 할까? 글을 쓰고, 다시 쓰고, 고쳐 쓰고, 또 고쳐 써라.

이제 심호흡을 해 보자. 지금부터 내가 말할 내용은 당신이 지금까지 배운 모든 원칙에 반할 뿐만 아니라, 어느 작법서에서도 읽은 적 없고, 어느 구루에게서도 들은 적 없는 진실이다. 준비되었는가?

구조를 짜나가는(동사) 방식이 작가마다 제각각이듯, 구조(명사)

 킬 더 도그

또한 사실 작가마다 천차만별이다.

정말이다. 그렇게 중요하게 여겨지는 '3막 구조', '시작, 중간, 결말', '구조는 생겨난다'라는 개념 등은 작가마다 다르다.

"뭐라고요? 설마요, 기오!"

진짜다.

모든 작가는 각자 다른 방식으로 이야기를 구축한다. 그래서 결과물 역시 모두 다르다. 프로 시나리오 작가 10명에게 같은 로그라인을 준 다음 시나리오를 쓰게 하면, 10편의 전혀 다른 시나리오가 나올 것이다. 각 시나리오의 구조(명사)도 당연히 다를 것이다. 이야기의 시작이 중간으로 넘어가는 지점, 중간이 결말로 넘어가는 지점이 제각각일 것이다. 놀라움이나 갈등, 딜레마의 순간은 각각 다른 지점에서 다르게 나타날 것이다.

그런데 정말 놀라운 사실은 이것이다. 바로 그렇기 때문에, 똑같은 이야기를 읽어도 사람마다 구조(명사)를 다르게 느낀다는 점이다.

이쯤 되면 조금 당황스러울 수 있다. 하지만 계속 집중해 주길 바란다.

우리가 이야기를 쓰는 방식은 우리만큼이나 제각각이다. 훌륭한 시나리오 작가는 자기만의 방식과 '목소리'로 이야기를 쓴다. 반면 평범한 작가는 다른 사람의 방식을 흉내 내며 쓴다. 하지만 그들이 실제로 좋은 시나리오를 써 본 적은 거의 없다.

아직 내 말이 이해하기 어렵다면 이렇게 해 보길 바란다. 누구한테든 〈죠스(Jaws)〉에서 1막이 끝나는 지점이 어디인지, 또는 〈대부(The

Godfather)〉 1편이나 2편에서 1막이 끝나는 지점이 어디인지 물어보자(다른 영화도 상관없다). 곧바로 논쟁이 벌어질 것이다.

왜냐하면 그건 딱 잘라 구분할 수 있는 문제가 아니라, 감정의 문제이기 때문이다.

어떤 사람은 〈죠스〉에서 1막이 끝나는 지점을 키트너라는 소년이 상어에 희생되는 사건이라고 생각한다. 또 어떤 이는 물 공포증이 있는 보안관이 상어의 존재를 알게 되는 순간이 1막의 끝이라고 확신한다. 심지어 프로 시나리오 작가들끼리도 이런 문제로 토론을 벌인다. 우리가 모이면 음식 이야기 다음으로 즐겨 하는 대화 주제다. 이처럼 같은 영화나 시나리오를 보고도 관객이나 독자가 저마다 다르게 느끼는 이유는, 작가가 제삼자가 정한 '구조적 규칙'에 얽매이지 않고 자신만의 방식으로 글을 썼기 때문이다.

내가 하고 싶은 말은, 구조적 규칙이 그리 중요한 문제가 아니라는 것이다. 물론 중요하지만, 당신이 생각하는 방식과는 다르게 중요하다.

그냥 당신의 이야기를 써라. 계획을 세우든, 자료 조사를 하든, 스케치를 하든, 비트 시트(beat sheet)[29]를 만들든, 혼자 그레고리오 성가를 부르든, 아웃라인을 작성하든, 아니면 아무것도 하지 않든, 당신의 방식대로 하면 된다. 감정적 여정을 생각하라. 캐릭터와 그들 사이의 관계에 어떤 딜레마를 만들지, 설정-갈등-해결의 흐름을 어떻게 풀어갈지 생각하라. 당신의 이야기를 이끄는 중심 메시지를 생각하

---

29 중요한 사건이나 장면을 정리한 목록.

  킬 더 도그

라. 시나리오의 언어, 문장 구성, 표현 방식을 생각하라. 글쓰기 자체를 생각하라. 그리고 무엇보다, 당신이 왜 그 이야기를 쓰는가를 생각하라.

그런 다음 컴퓨터에 '페이드 인:'을 입력하라. 그리고 '페이드 아웃(FADE OUT)'[30]을 입력할 때까지 계속 써라.

구성점[31]이나 발단 사건, 또는 몇 페이지에 무슨 일이 일어나야 할지 같은 생각에 파묻히지 마라. 그러면 창의성이 죽어버린다. 당신의 직감, 마음, 영혼을 따라 '페이드 아웃'을 입력할 때까지 써라. 글이 형편없다고 느끼는 순간이 와도 계속 써라. 물론, 그럴 때는 정말로 형편없을 것이다! 그래도 계속 써나가라.

사람들은 '초고를 토해 내듯 쓰라'고 말한다. 가능한 한 빨리 초고를 쓰라는 것이다. 나는 이 표현을 좋아하지 않는다. 준비 작업을 전혀 하지 않았다는 의미이기 때문이다. 만약 셰프들이 하는 '미 장 플라스(mise en place)'[32]처럼 준비 작업을 제대로 했다면, 초고가 이야기를 토해 내는 것처럼 느껴지지 않을 것이다. 초고는 언제나 형편없다. 하지만 고쳐 쓰는 과정에서 멋진 이야기가 탄생한다. 그리고 준비 작업을 제대로 했다면, 고쳐 쓰는 작업이 훨씬 쉬울 것이다.

초고를 끝내면 원고에서 잠시 떨어져 있어라. 시간이 지난 뒤 다시

---

30 마지막 장면이 끝나고 화면이 서서히 어두워질 때 사용하는 표현.

31 이야기가 전환되는 지점. 플롯 포인트(plot point)라고도 한다.

32 요리하기 전에 필요한 재료와 도구 등을 준비하고 정리해 두는 것.

읽어 보고, 글이 어떻게 느껴지는지 확인하라. '고양이를 구하는' 장면이 적절한 위치에 들어갔는지 확인하지 말고, 글이 어떻게 **느껴지는지**를 확인해야 한다. 감정적으로 공감이 가는지? 언어가 흥미롭고 매력적인지? 수학적인 부분은 모두 잊어라. 할리우드의 존경받는 시나리오 작가 앨빈 사전트(Alvin Sargent)[33]의 시나리오에 대고 맹세하건대, 그 부분은 글을 다듬는 과정에서 자연스럽게 해결된다.

지금 이 글을 읽으며 충격을 받은 사람도 있으리라. 숨을 고르고 진정하라. 수십 년 동안 완전히 반대되는 생각을 주입받아 왔다면 새로운 생각을 받아들이기가 쉽지 않을 것이다. 하지만 단 하나만 명심하라. 시나리오 작성에 관한 조언을 들을 때는 그 출처를 먼저 확인하라. 그 조언이 실패한 사람의 조언인지, 잠깐 성공을 맛본 뒤 그 자리를 지키지 못한 사람이 하는 조언인지, 시나리오를 써본 적도 없으면서 전문가 행세를 하는 이의 조언인지, 아니면 스티브 제일리언, 스콧 프랭크, 크레이그 메이진처럼 매년 꾸준히 돈을 받고 시나리오를 써 왔으며, 지금도 여전히 활발히 활동하는 이들의 조언인지.

투우장의 황소들, 기억하는가?

자칭 구루들은 시나리오 작성이 복잡하고 어려운 일이라고 믿게 만든다. 그래야만 당신이 두려움을 느끼고, 그들이 내미는 가이드와 규칙을 찾게 될 테니 말이다.

그들은 자신들의 의견이 맞다는 증거로, 완성된 시나리오나 영화를

---

33 할리우드의 존경받는 시나리오 작가. 아카데미 각색상과 각본상 등을 수상했다.

 킬 더 도그

사후에 분석한 결과물을 내민다. 완성된 작품을 잘게 쪼개어 22단계나 고양이 구하기 장면, 또는 그들이 맹신하는 어떤 이론을 찾아내는 것이다. 다시 말하지만, 그런 방식으로 탄생한 훌륭한 시나리오는 단 한 편도 없다. 반대로 그런 방식으로 탄생한 형편없는 시나리오는 수백만 편이다.

글쓰기는 직접 써 보면서 배우는 것이다. 한 페이지, 한 장면, 한 편의 대본을 쓸 때마다 당신의 글쓰기 실력이 향상된다. 차트나 공식, 그래프를 아무리 따라 해도 실력은 늘지 않는다.

"기오, 아직도 이해가 안 되나 본데, 그 책들은 프로 작가에게는 몰라도 초보자에겐 꽤 유용해요!"

아니다. 오히려 해롭다. 이유는….

한 번만 더 골프에 비유해 보자. 잘못된 방법으로 골프를 배우고, 엉망으로 스윙하며 일 년 동안 매일 연습한다면, 결코 더 나은 골퍼가 될 수 없다. 오히려 잘못된 습관이 굳어져 돌이킬 수 없게 된다.

시나리오를 쓰는 일도 마찬가지다. 실패자와 허세꾼이 가르치는 방식대로 글을 쓰면, 잘못된 습관만 익히게 된다. 하지만 당신만의 '목소리'를 찾고, 그것을 표현하는 데 집중하면서 매일 글을 쓴다면, 시작할 때보다 훨씬 나은 작가가 되어 있을 것이다.

어떤 사람은 이렇게 말할지도 모른다.

"그럼 댄 하먼(Dan Harmon)의 스토리 서클은요? 그 사람은 당신보다 훨씬 성공했잖아요. 그리고 그 8단계 구조에 따라 글을 쓰잖아요!"

여러 번 말했듯이, 절대적인 것은 없다. 댄 하먼에 대해 말하면, 나는 그를 개인적으로 알지 못하고 만난 적도 없다. 댄을 아는 사람들에게 여러 번 들었다. 스토리 서클이라는 이야기 구조 이론은 사실 댄이 스튜디오 임원들의 잦은 간섭에 맞서, 일종의 반항으로 만들었다고 한다. 물론 댄이 글을 쓸 때마다 스토리 서클을 사용할 수도 있다. 아니면 임원들에게 대본을 이해시키기 위한 설명 도구로 사용할 수도 있다. 하지만 내가 확실히 아는 건, 댄에게 영향을 준 작가들은 절대로 꼬리가 개를 흔드는 식으로 글을 쓰지 않았다는 사실이다.

댄 하먼이 말하는 그 원형 차트에 따라 글을 쓰고 싶다면, 그렇게 하라. 행운을 빈다. 댄이 지닌 엄청난 재능 중 일부라도 당신에게 있다면 말이다. 그게 아니라면 힘겨운 일이 될 것이다.

나는 댄만큼의 재능이 없는 사람들(나도 포함)을 돕고 싶다. 우리가 할 수 있는 가장 좋은 방법은 차트나 그래프, 공식 같은 건 잊고 상상력과 영감, 신념, 그리고 자기 자신에 대한 신뢰로 마음을 가득 채운 후 글을 쓰는 것이다. 그런 다음 고쳐 쓰고, 또다시 고쳐 쓴다.

"좋아요, 기오. 그러면 구조와 관련한 것들은 어떻게 해요? 글을 쓸 때 구조에서 시작하지 않는다면, 대본의 구조가 잘 짜였는지(동사) 어떻게 알 수 있죠?"

자전거에 관한 오래된 격언이 하나 있다.

"날씨가 자전거 타기에 괜찮은지 알려면 어떻게 해야 할까? 나가서 자전거를 타라. 돌아오면 알게 된다."

당신의 방식대로 대본을 써라. 다 쓰고 나면 구조가 제대로 짜였는지 알 수 있다. 대본의 구조가 탄탄한지 확인하는 좋은 방법이 있다.

        킬 더 도그

당신이 '구조'를 의식하지 못했다면, 구조화가 잘되었다. 구조는 눈에 띄면 안 된다.

시드니 루멧은 나와 함께 나이아가라 폭포를 바라보며 이런 말을 했다.

"내 영화를 보다가 연출이 눈에 띄면, 나는 스토리텔러로서 실패한 거야."

구조도 마찬가지다.

구조가 제대로 작동하지 않는다면, **당신의 이야기** 자체가 제대로 작동하지 않는다는 뜻이다. 그러니 다시 돌아가서 고쳐야 한다. 하지만 특정 페이지에 발단 사건을 끼워 넣거나, 중간 전환점과 어떤 포인트 사이에 두 번째 구성점을 박아 넣는 식으로는 해결되지 않는다. 느낌에 따라, 톤에 따라, 리듬에 따라, 감정에 따라, 언어에 따라 고쳐 써야 한다. 흥미롭고 매력적으로 쓰였는지 확인하며 고쳐 써야 한다.

초보 시나리오 작가들이 구조에 지나치게 집착하는 또 다른 이유는, 현직 프로 작가들이 팟캐스트나 영상에서 자신들이 쓴 영화나 시리즈에 대해 이야기하는 내용을 들었기 때문이다. 예를 들어, 3막에 문제가 생겨 촬영 직전에 고쳐야 했는데, 그 문제가 실제로는 1막의 문제였음을 깨달았고, 문제를 해결하기 위해 응급 처치하듯 '구조'를 고쳐야 했다는 식이다.

(문장이 조금 길었다.)

현역 프로 시나리오 작가들은 인터뷰에서 종종 구조화(동사)에 대한 이야기를 한다. 인터뷰를 듣거나 읽은 사람들이 구조(명사)와 혼동하리라고는 생각하지 않기 때문이다. 그들은 자신들이 하는 일을 명확히 알기 때문에 그렇게 말할 수 있다. 나도 다른 시나리오 작가들과 하루 종일 구조 이야기를 나눌 수 있다. 감독이나 프로듀서, 스튜디오 임원들과도 마찬가지다. 동사로서의 구조에서 명사로서의 구조로, 다시 동사로 자연스럽게 넘나들며 말할 수 있다. 우리 대부분이 그렇다.

하지만 우리는 말하는 방식대로 글을 쓰지는 않는다. 그런 건 업계 용어일 뿐이다.

스튜디오 시스템 안에서 영화 시나리오를 쓰는 일은 당신이 처음으로 스펙 시나리오를 쓰던 때와는 전혀 다르다. 스튜디오 임원이나 감독, 프로듀서와 소통하려면 특정한 언어를 구사해야 한다. 그건 일종의 마술쇼다. 권력을 가진 이들을 위해 기계적이고 상상력 없는 언어를 쏟아낸 다음, 다시 책상으로 돌아가 우리 방식대로 글을 쓰는 것이다.

구조는 자연스럽게 생겨난다.

한 가지 분명히 하자. 만약 당신이 '구조 규칙'을 따르기로 하면, 시나리오 쓰기는 확실히 더 쉬워진다. 정해진 지침을 따르는 게 스스로 길을 개척하는 것보다 항상 더 쉬우니까. 결과는 둘 중 하나다. 구조가 잘 짜인 형편없는 시나리오를 쓰게 되거나, 다른 시나리오 수백 편과 똑같아 보이는 그저 그런 시나리오를 쓰게 될 것이다. 하지만 어느 쪽 시나리오도 당신을 현역 프로 시나리오 작가 클럽에 들어가게 할 수는 없다.

물론 이해한다. 첫 번째 시나리오를 겨우 완성하려고 애쓰는 중이고, 모든 게 낯설고 혼란스러울 때, 어떤 책에서 이 단계 혹은 이 공

 킬 더 도그

식만 알면 시나리오를 쓸 수 있다고 말한다. 그대로 따라 했더니 정말 손에 완성된 시나리오가 들려 있다! 정말 대단한 책이다! 시나리오를 완성하는 데 도움이 됐을 수 있다.

하지만 첫 작품을 완성했다는 만족감과 작품의 좋고 나쁨은 별개다. 자신만의 '목소리'와 방식으로 쓴 첫 번째 초고가, '해야 할 것'과 '하지 말아야 할 것'을 철저히 따라 쓴 사람의 네다섯 번째 초고보다 대체로 더 낫다.

시나리오를 완성했는데도 어딘가 부족한 느낌이 들면, 캐릭터와 그들 사이의 관계를 살펴보라. 그리고 이야기를 어떻게 풀어내고 있는지 봐야 한다. 구조로 풀어내는 것이 아니라 언어로 풀어내야 한다. 이야기가 어떻게 **쓰여 있는가?** 액션 라인이 평범하고 지루하며 이야기를 보고하듯 전달만 하고 있는가, 아니면 생동감 있고 감정을 불러일으키며 독자를 끌어들이는가? 글이 캐릭터들 사이의 관계, 그리고 그 관계가 이야기에 어떤 식으로 반영되고 영향을 미치는지에 초점을 맞추고 있는가? 감정적 여정이 존재하는가? 대사가 사실적이고 흥미로우며 숨은 의미로 가득한가, 아니면 너무 노골적이고 경직되어 있고 설명만 가득한가? 부사를 남발한 소지문에 너무 의존하지는 않았는가?

시나리오가 잘 풀리지 않을 때, 정말 중요한 문제는 따로 있는데도 엉뚱한 걸 고치라고 하는 사람이 많다. 하지만 내가 함께 일해 본 최고의 쇼러너들(바버라 홀, 존 로저스, 하트 핸슨)은 항상 작가에게 글쓰기 자체를 통해 스토리에 집중하라고 했다. 그들은 중간점이나 2막의 전환점 같은 것에 대해 한 번도 이야기하지 않았다. 항상 글을 더 좋게 만드는 데 집중했다. 묘사 방식을 조금 바꾸거나 캐릭터의 시점을 살짝 바꾸기만 해도 그 장면, 나아가 스토리 전체가 훨씬 좋아진다. 인물의 서사가 클라이맥스에서 별다른 감흥을 주지 못할 때도 도입부나 발단 사건으로 돌아가기보다 글 자체를 다시 살폈다. 대사가 제 역할을 하는가? 캐릭터의 행동과 반응이 스토리의 감정적 여정과 일치하는가?

앞서 말했듯이, 나는 '구조'가 탄탄하고 좋은데도 읽기에는 끔찍한 시나리오를 숱하게 읽어봤다. 그런 시나리오들은 글쓰기 자체가 좋지 않았다.

구조는 자연스럽게 생겨난다.

1막(시작)은 길어도 짧아도 된다. 2막(중간) 역시 이야기의 전개 방식이나 장르에 따라 아주 길거나 아주 짧아도 된다. 3막(결말)은 도입과 갈등을 만족스럽게 풀어내기만 하면 5페이지든 35페이지든 상관없다. 시나리오만 좋으면 원하는 대로 구성해도 된다.

'3막이 5페이지여도 되고 35페이지여도 된다'라고 말하면, 자칭 구루나 엉터리 전문가는 끔찍한 일이라며 비명을 지를 것이다. 1막이 50페이지에서 끝나도 된다고 말해도 마찬가지다. 하지만 내가 앞서 말한 내용을 잊지 마라. 구조는 작가마다 다르고, 독자마다 다르다.

언어와 글쓰기에 집중하라. 수학은 잊어라. 그러면 글은 더 좋아지고, 당신은 더 빨리 좋은 작가가 될 수 있다.

그리고 또 하나의 충격적인 진실이 있으니… 당신은 이미 그 모든

 킬 더 도그

것을 할 줄 안다는 사실이다!

당신은 평생 서사를 흡수하며 살아왔다. 스토리를 새로 배울 **필요가 없다**. 당신이 본 모든 TV 에피소드, 영화, 읽은 소설, 친구나 가족에게 들은 이야기, 당신이 남에게 들려준 이야기. 그 모든 것이 서사다. 스토리에 관한 모든 것은 이미 당신의 머릿속에 들어 있다. 부모님이 당신에게 《잘 자요 달님》 동화를 읽어 주던 그 순간부터, 당신은 스토리를 평가하고, 해석하고, 흡수해 왔다. 《잘 자요 달님》은 그림책 계의 〈대부 2〉와 같은 작품이다. 구조가 허술하게 짜였음에도 아주 잘 먹힌다.

당신은 무엇이 먹히고 무엇이 안 먹히는지 알고 있다. 드라마 네 편을 몰아 보고 "딱 하나만 더 보자!"라고 말하게 되는 이유를 안다. 반면에 5~10분쯤 보다가 채널을 돌려 버리는 이유, 혹은 어떤 영화를 다 보고 나서 "에잇, 두 시간 버렸네!"라고 말하게 되는 이유도 안다.

작법서와 구루들은 스토리를 매력적이고 재미있게 만드는 필수 요소를 늘어놓는다. 솔직히 말하면 대체로 맞는 말이다. 기승전결도 필요하고, 놀라움과 반전도 필요하고, 이야기를 흥미롭게 만드는 여러 요소도 분명히 필요하니까. 하지만 그런 요소들로 가득 찬 마차를 '스토리'라는 이름의 말보다 앞에 두면, 당신은 결국 형편없는 글을 쓰게 된다.

비법이 있다는 믿음을 버려라. 요령 같은 건 없다.

"스토리 구조"

또 하나 당신이 자주 듣게 될 용어는 '스토리 구조'다. 사람들은 시나리오 이야기만 나오면 마치 그냥 '구조'와 전혀 다른 것인 양 '스토리 구조'라는 용어를 내뱉는다. 다음에 누가 스토리 구조를 논하거든, 그 안에 글쓰기와 관련된 내용이 얼마나 들어가는지 주의 깊게 들어 보라. 사실 스토리 구조는 우리가 이미 이야기한 '구조'와 다르지 않다. 그냥 좀 더 근사해 보이는 단어일 뿐이다. 그런데 왜 여기저기서 스토리 구조를 자주 언급할까? 구조를 자주 언급하는 이유와 같다. 구조만 잘 알면 글을 잘 쓸 줄 몰라도 괜찮다고 생각하기 때문이다.

스토리는 글쓰기의 일부다. 당연하다. 그래서 나는 좋은 작가일수록 좋은 스토리텔러라고 확신한다. 물론 댄 브라운(Dan Brown)이나 콜린 후버(Colleen Hoover) 같은 사람들도 있다. 책을 수천만 부 팔았지만, 문장력이 썩 뛰어나지 않은 작가도 있다.

하지만 그들은 확실히 **스토리텔링** 능력이 뛰어나다. 나도 콜린 후버처럼 이야기를 쓸 수 있다면 정말 좋겠다.

안타깝지만 시나리오 세계는 소설 세계와 많이 다르다. 훌륭한 스토리와 평범한 글솜씨로 한 번쯤 현역 프로 시나리오 작가 클럽의 회원 카드를 얻을 수 있을지 몰라도, 그 카드를 오래도록 지니지는 못할 것이다. 실권을 쥔 사람들이 당신의 대본을 사더라도 곧바로 당신을 해고하고 '글 잘 쓰는' 작가로 교체할 것이기 때문이다. 당신은 다른 일을 얻을 수도 있고, 평범한 글솜씨로 훌륭한 스토리를 담은 대본을 한 편 더 팔지도 모른다. 하지만 또 같은 일이 반복될 테고, 어느새 툴루카 레이크의 스타벅스 한구석에 앉아 현역 프로 시나리오 작가 클럽에 속했던 짧은 시절을 추억할 것이다.

 킬 더 도그

‘고양이 책’을 쓴 작가가 완성된 시나리오보다 피치(아이디어)를 더 많이 판 데에는 이유가 있다.

좋은 작가가 아니어도 좋은 이야기를 들려줄 수는 있다. 매년 추수감사절에 나타나서는, 친구랑 투자해서 거의 대박이 날 뻔했는데 몇 가지 변수가 생겨 실패했다는 이야기를 늘어놓는 그 친척처럼 말이다.

좋은 스토리는 가치 있다. 시나리오에 담긴 좋은 스토리도 가치 있다. 그런데 글을 잘 쓴 시나리오에 좋은 스토리까지 담겨 있다면, 그야말로 **황금의 가치**와 같다.

또 다른 진실. 스토리는 좋아 보여도 글이 엉망인 시나리오보다는, 스토리는 조금 빈약해도 글이 좋은 시나리오가 업계 미팅을 잡거나 성공하는 데 훨씬 유리하다.

다시 한번 말하지만, 나는 당신이 무언가를 팔 수 있게 도우려는 것이 아니다. 프로 시나리오 작가로 **경력**을 쌓을 기회를 얻는 데 도움을 주고 싶을 뿐이다.

비선형 스토리텔링(NONLINEAR STORYTELLING)

사람들이 똑똑해 보이고 싶을 때 자주 꺼내는 말이 있다. 바로 ‘비선형 스토리텔링’이다. 비선형 구조, 비선형 서사… 뭐라고 부르건 말이다. 무지한 사람들은 비선형 시나리오를 예로 들며 구조에 대한 내 주장이 틀렸다고 반박한다. 그들은 〈펄프 픽션〉, 〈바바리안(Barbarian)〉, 〈시민 케인〉, 〈오펜하이머(Oppenheimer)〉, 그리고 크리스토퍼 놀란의 시나리오 대부분을 ‘전통적인 구조 규칙을 깬 시나리오’로 여긴다.

틀렸다.

한번 따져 보자. 앞에서 언급한 작품들 가운데 시작, 중간, 결말이 없는 작품이 있는가? 설정-갈등-해결의 순서를 따르지 않은 작품이 있는가?

스토리를 비선형적으로 구성한다고 해서 이야기의 구조(명사)가 달라지는 것은 아니다. 〈오펜하이머〉에 적절한 도입, 중간의 갈등, 마지막의 결말이 없었나?

비선형 스토리텔링은 구조의 유형이 아니라 **스토리텔링** 방식의 한 가지일 뿐이다.

영웅의 여정(THE HERO'S JOURNEY)

구루들이 특히 사랑하는 게 있다. 바로 '영웅의 여정'이다. 그들은 숨 쉬는 것만큼 중요하게 생각하고, 타코만큼이나 좋아한다. 여기서 진실을 몇 가지 말하자.

'영웅의 여정'은 구조가 **아니다.** 특정한 신화적 이야기에 적용할 수 있는 템플릿(공식)이다. 이는 조지프 캠벨(Joseph Campbell)이 1949년에 쓴 《천의 얼굴을 지닌 영웅》이라는 책을 통해 대중화되었다. 이 책이 원래 글쓰기 안내서가 아니라 종교 분석에 가까운 책이었다는 점도 흥미롭다.

여기서 크리스 보글러(Chris Vogler)가 등장한다. 보글러는 1980년대에 디즈니의 하급 임원이었다. 당시 디즈니의 상급 임원들이 메

 킬 더 도그

모 문화를 장려하자, 보글러는 그들의 관심을 끌기 위해 '사람들이 캠벨의 책을 읽어야 한다'라는 내용의 메모를 작성했다. 그 메모에서 여러 문화권 신화에 일정한 템플릿(구조가 아님)이 있다는 점을 언급했다. 사실상 《천의 얼굴을 지닌 영웅》을 고등학생 독후감처럼 요약한 수준이었다. 그런데 이 메모가 업계에서 큰 인기를 끌며 스토리텔링의 혁신처럼 떠받들어졌다. 보글러는 그 영향력이 엄청났다고 주장했지만, 실제로 검증된 바는 없다.

1990년대 초에 보글러는 자신의 독후감을 발전시켜 책으로 냈다. 제목은 《작가의 여정: 스토리텔러와 시나리오 작가를 위한 신화적 구조》였다. 제목에 '구조'라는 단어가 포함되어 있지만, 정작 그가 판 것은 구조가 아니었다. 글쓰기에 대한 그의 무지를 드러내는 대목이다. 책이 팔리지 않자, 몇 년 뒤 제목을 《작가의 여정: 작가를 위한 신화적 구조》로 바꿔 시나리오 작가뿐 아니라 일반 독자들까지 타깃으로 삼았다. 이번엔 전략이 통했고, 책은 베스트셀러가 되었다. 문제는 여기서부터다. 사람들이 이 책을 모든 이야기를 구조화하는 데 사용하기 시작했다. 심지어 영웅의 여정과 아무 상관 없는 이야기에도 적용했다. 결과는 어땠을까? 당연히 좋을 수가 없었다. 그런 식으로 쓴 시나리오가 뛰어날 리 없었고, 결국 누구의 경력에도 도움이 되지 않았다.

사람들은 '영웅의 여정'에 대해 지겹도록 이야기한다. 그들은 이미 완성된 영화를 사후에 분석하면서, 자신들이 만든 도식에 억지로 끼워 맞추고는 이것이 바로 시나리오가 쓰인 **방식**이라고 주장한다. 신인 시나리오 작가들은 그게 진짜 질 좋은 시나리오를 쓰는 방법이라고 믿는다. 하지만 안타깝게도 전혀 그렇지 않다.

토니 길로이는 이렇게 말했다.

"나는 원형(原型, archetypes)을 기준으로 생각하지 않는다. 절대로. 나는 사람을 생각한다. 진짜 사람을. 원형 같은 건 없다."

원형은 원래 칼 융이 꿈 분석에서 제시한 개념이다. 캠벨은 이를 문화와 종교에 적용했고, 보글러는 이를 글쓰기에 적용했다. 만약 당신이 먼저 '영웅의 여정'을 염두에 두고 시나리오를 쓰고 싶다면 그렇게 해도 된다. 하지만 스스로를 훨씬 힘들게 만들 뿐 아니라, 결과도 그리 좋지 않을 것이다.

왜

이 내용을 '구조' 챕터에 넣을지 말지 고민했다. 어딘가 다른 챕터에 있어야 할 것 같다는 느낌이 들었기 때문이다. 하지만 곰곰이 생각해 보니, 구조에 관한 기술적 논의와 직접적으로 연결되어 있음을 깨달았다.

자칭 구루들은 **어떻게(HOW)**에만 집착한다. 어떻게 시나리오를 써야 하는지, 어떻게 구조를 짜야 하는지, 어떻게, 어떻게, 어떻게…. 하지만 그 누구도 **왜(WHY)**에 대해서는 말하지 않는다. 왜 이 대본을 써야 하는가? 왜 이 대본을 쓰고 싶은가? 왜 이 톤이나 리듬으로 써야 하는가? 왜 이 캐릭터들이 이 스토리에 존재하는가? 왜 그 캐릭터들이 그런 선택을 하는가? 왜 이 스토리가 세상에 전해져야만 하는가?

'왜'는 우리의 스토리텔링과 직접 연결되어 있지만, 이를 이해하지 못하는 사람은 그 연결고리를 의식하지 못한다. 그들은 시나리오 쓰기를 이분법적 시각으로 바라보며 표면적인 부분, 수학적 계산, 선형적 구조만 본다. 그들은 빙산의 일각, 즉 완성된 작품만을 보고 그것이 전부라고 생각한다. 하지만 우리는 안다. 〈타이타닉(Titanic)〉의 로즈와 잭이 알았던 것처럼, 빙산에서 가장 크고 중요한 부분은 수면 아래에 숨겨져 있다는 점을.

수면 위로 드러난 5퍼센트가 스크린에 상영되는 완성작이라면, 나머지 95퍼센트는 아이디어가 처음 떠오른 순간부터 시작해 모든 과정을 포함한다. 조사, 스케치, 비트 시트, 아웃라인, 캐릭터와 그들 사이의 관계, 왜 그런 대사를 하고 행동하는지, 말하지 않는 것은 무엇이고 왜 말하지 않는지까지. 갈등, 딜레마, 당신이 사용하는 언어, 시선과 묘사 방식, 단어의 리듬과 톤.

글을 읽는 사람이 감정적으로 반응하게 만드는 작가만의 방식. 글쓰기, 그리고 고쳐 쓰기.

'왜'가 없이는 어떤 감정도 일으킬 수 없다. 당신은 왜 이 이야기를 쓰는가? 당신의 캐릭터들은 왜 그런 선택을 하는가? 이 장면은 왜 이 장소에서 벌어져야 하는가? 왜 이 시점을 배경으로 하는가? 이 이야기는 왜 당신에게 의미가 있는가? 그리고 왜, 당신은 이 이야기를 들려주고 싶은가?

'왜'에 집중하면 당신은 한발 앞서 나갈 수 있다. 자신 안에서 감정적 반응을 불러올 수 있다면, 당신의 시나리오가 독자의 감정적 반응을 불러올 가능성도 높아진다.

나는 글을 쓸 때마다 나만의 선언문을 작성한다. 이 프로젝트를 하는 '이유'를 적고, 왜 이 모든 시간과 노력, 좌절을 감수할 가치가 있는지를 정리한다. 그 선언문은 나에게 큰 힘이 된다. 자기혐오나 가면증후군에 시달릴 때, 내 아이디어보다 못난 것은 내 재능이라고 느껴질 때 나는 선언문을 꺼내 본다. 그리고 길을 잃었을 때 나만의 진북(眞北, True North)을 확인한다.

'액트 브레이크(ACT BREAKS)', TV 대본 작성에서 골치 아픈 요소

텔레비전 프로그램에서 말하는 '액트 브레이크'는 실제 '막 전환'이 아니다. 오직 광고 시간을 판매하기 위해 존재한다. 시트콤이든 1시간짜리 드라마든 상관없다. 액트 브레이크는 철저히 인위적으로 만드는 것일 뿐, 대본 작성, 스토리텔링, 혹은 3막 구조와는 아무 관련이 없다. 단지 에피소드를 최종 편집하는 과정에서 광고를 끼워 넣기 위해 설정하는 '일시 중지 구간'일 뿐이다.

TV 작가 채용 면접이라도 보려면 TV 스펙 에피소드를 작성하는 게 유일한 방법이던 시절이 있었다. 여기서 잠깐.

'스펙(spec)'이라는 단어에는 두 가지 의미가 있다.

첫 번째이자 가장 일반적인 의미는 '스펙 시나리오'로, 누군가에게 보수를 받지 않고 혼자 쓴 시나리오를 의미한다. 스펙은 추측(speculation)의 약자다. 이 시나리오가 충분히 좋다면 누군가가 구매하거나 당신을 시나리오 작가로 고용할 거라는 추측하에 작성하는 시나리오다. '스펙 판매'라는 표현은 이러한 방식으로 작성된 시나리오가 프

　　　　킬 더 도그

로듀서나 스튜디오에 판매되었다는 뜻이다.

두 번째 의미의 '스펙'은 TV 업계에서만 사용하는 용어로, 이미 방영 중인 프로그램의 스펙 에피소드를 뜻한다. 몇 년 전까지만 해도 작가가 TV 시리즈의 스태프로 합류할 기회를 얻는 주요 방법은 현재 방영 중인 프로그램 하나를 골라 '스펙 에피소드', 즉 가상 에피소드를 쓰는 것이었다. 이때 작가는 해당 프로그램을 세세히 분석해 익숙해진 상태에서 자신만의 아이디어로 에피소드 한 편을 작성했다. 그리고 등장인물의 행동과 말투를 통해 그 프로그램이 지닌 톤과 분위기를 최대한 잘 살리려고 노력했다.

내가 할리우드에서 처음으로 주목 받은 대본은 인기 TV 시리즈 〈뉴욕 경찰 24시〉의 스펙 에피소드였다. 각본가를 꿈꾸던 젊은 시절에는 그 드라마에 거의 집착하다시피 하며 빠져 있었고, 하늘의 뜻인지 모르겠지만 에피소드로 쓸 훌륭한 아이디어가 떠올랐다. 캐릭터들도 꽤 괜찮게 그려냈다. 그 덕에 다른 대본을 쓸 기회를 얻었고, 대본을 쓰고 몇 년이 지나서도 여전히 업계에 회자되며 미팅과 피칭 기회로 이어졌다.

오늘날에는 작가가 기존 TV 프로그램의 스펙 에피소드를 작성해도 써먹을 일이 없다. 유일한 용도는 스튜디오나 네트워크에서 운영하는 다양한 펠로우십(작가 육성 프로그램)에 지원할 때 정도다. 요즘 쇼러너들은 기존 프로그램의 스펙 에피소드를 읽는 데 별 관심이 없다. 그들이 가장 원하고 또 찾는 시나리오 작가의 자질은 바로 '목소리'다. 쇼러너들과 똑똑한 임원진들은 작가만의 독창적인 목소리를 느낄 수 있는 스펙 파일럿이나 연극 대본을 보고 싶어 한다. 작가가 좋은 이야기를 들려주고 캐릭터를 발전시키는 능력이 있는지를 판단할 수 있기 때문이다.

자, 무슨 이야기를 하고 있었더라? 아, 가짜 '액트 브레이크'….

TV 작가 채용 면접이라도 보려면 TV 스펙 에피소드를 작성하는 게 유일한 방법이던 시절에, '액트 브레이크'는 중대한 문제였다. 그래서 방송사나 기본 케이블 TV용 프로그램의 스펙 에피소드를 쓸 때는 '액트 브레이크'까지 완벽하게 배치해야 했다.

어떤 프로그램은 에피소드 한 편당 액트 브레이크가 네 번 있었고, 어떤 프로그램은 다섯 번 있었다. 내가 작업했던 시리즈의 어느 시즌에서는 에피소드당 액트 브레이크가 다섯 번 있었는데, 다음 시즌에 방송 네트워크에서 광고 시간을 더 팔았다고 통보해 오는 바람에 에피소드 한 편에 무려 '여섯 번'의 액트 브레이크를 넣어야 했다.

솔직히 말해, 이는 글을 쓰는 데 아무 도움이 되지 않는다. 이야기의 흐름을 끊어가며 액트 브레이크를 넣어야 한다는 것은 작가에게 고역이다. 이것이 바로 요즘 TV 작가 관련 상들이 점점 스트리밍이나 프리미엄 케이블 시리즈 쪽으로 쏠리는 주된 이유 중 하나다. 물론 지상파나 기본 케이블 프로그램에도 훌륭한 대본이 많지만, 대본을 여러 번 억지로 멈추지 않아도 될 때 스토리텔링이 얼마나 수월해지는지는 말로 다할 수 없다.

여기서는 1시간 분량 드라마에 한정해 이야기하겠다. 지상파 방송 프로그램의 에피소드 한 회 대본을 살펴보면, 스토리의 실제 1막(시작)에서 2막(중간)으로 넘어가는 시점에 이미 두 번, 많게는 세 번이나 광고가 들어감을 알 수 있다. 그리고 네트워크는 시청자들이 광고 시간에 채널을 돌릴까 봐 너무 두려운 나머지, 작가들에게 가짜로 클리프행어(cliffhanger)[34]를 만들라고 강요한다. 이는 스토리 전개에 더 많은 문제를 일으킨다.

나도 전해 들었기 때문에 사실인지 확인할 수는 없지만, 매슈 와이너(Matthew Weiner)의 일화를 알려주고 싶다. 소문에 따르면 와이너는 〈매드맨(Mad Men)〉을 제작할 당시 작가들에게 대본에 가짜 액트 브레이크를 넣지 말라고 지시했다고 한다. 가짜 액트 브레이크는 작가의 실제 글쓰기 과정에 포함되지 않으므로 편집실에서 결정하도록 맡겼다는 것이다. 이 소문이 사실이길 바란다. 사실이든 아니든, 〈매드맨〉 시리즈를 보면 가짜 액트 브레이크가 어느 지점에 들어갈지 전혀 신경 쓰지 않았음을 알 수 있다. 광고가 말 그대로 장면 한가운데에 그냥 들어가는 경우도 있다. 한 캐릭터가 말하고 다른 캐릭터가 대답하기도 전에 광고로 넘어가고, 광고가 끝나면 바로 그 장면으로 돌아온다. 또는 한 장면이 끝난 뒤에, 클리프행어나 '다음에 무슨 일이 일어날까?'와는 아무 상관 없는 지점에 광고가 들어간다. 이것이 〈매드맨〉의 대본이 순수했던 이유이자, 내가 시청자로서 그 드라마를 사랑했던 이유다.

그렇다면, 이 모든 정보가 아직 TV 작가로 일해 본 적 없는 이들에

34　결정적 순간에 이야기를 끊어 긴장감을 더하고 다음 내용을 궁금하게 만드는 기법.

게는 어떤 도움이 될까?

나는 항상 작가 지망생들에게 스펙 파일럿을 쓸 때 가짜 액트 브레이크를 절대 넣지 말라고 이야기한다. 1시간짜리 드라마든, 30분짜리 싱글 카메라 코미디든, 액트 브레이크는 넣지 않는 편이 훨씬 낫다.

'콜드 오픈(cold open)'[35]도, '티저(teaser)'도, '액트 4'도, 아무것도 넣지 마라.

그 이유는 다음 세 가지다.

첫째, 요즘 텔레비전 콘텐츠는 대부분 스트리밍이거나 광고가 없는 형태로 제작하는 추세여서, 가짜 액트 브레이크는 구시대적인 형식이 되었다. 당신의 스펙 파일럿 대본이 시대에 뒤떨어져 보이길 바라지는 않을 것이다.

둘째, 당신의 대본을 읽고 글솜씨를 평가하는 쇼러너나 관계자들이, 당신이 가짜 액트 브레이크를 넣은 위치에 동의하지 않을 수도 있다. 그러면 그들은 당신이 흐름을 따라가지 못한다고 생각할 것이다. 그들이 당신 대본의 다른 부분은 괜찮다고 느꼈더라도 독자의 머릿속에 부정적인 인상을 남길 수 있다.

셋째, 스토리 속에 액트 브레이크를 억지로 집어넣는 일은 당신의 글을 해친다. 당신을 채용하거나 경력에 도움을 줄 사람이 읽기 전에 당신은 우선 대본을 최상의 품질로 만들어야 한다. 가짜 액트 브레이크를 넣는 일은 대본을 최고로 만드는 데 아무런 도움이 되지 않는다.

---

35 시청자의 관심을 끌기 위해 타이틀을 띄우기 전에 스토리부터 먼저 짧게 보여주는 기법.

당신이 쓰는 스펙 파일럿이 CBS 같은 지상파 스타일이라고 생각하더라도, HBO 같은 프리미엄 케이블이나 넷플릭스 같은 스트리밍 플랫폼을 위한 스펙 파일럿을 쓴다고 상상하라.

인생에는 장담할 수 있는 일이 별로 없지만, 이것만은 내가 절대적으로 장담할 수 있다.

제대로 된 프로듀서나 쇼러너가 당신의 대본을 읽고 그 대본과 당신의 글솜씨를 마음에 들어 한다면, 그 사람이 이렇게 말하는 일은 없을 것이다.

"이 작가 정말 괜찮네. 하지만 대본에 액트 브레이크를 넣지 않았으니, 굳이 만날 필요는 없겠어."

그런 일은 결코 생기지 않는다.

생겨나는 건 따로 있다.

'구조는 생겨난다.'

08

대사

이 챕터의 내용은 그리 길지 않을 것이다. 좋은 대사를 쓰는 일은 가르친다고 되는 것이 아니기 때문이다. 책이나 구루가 가르칠 수 있는 것도 아니며, 현역 프로 시나리오 작가도 가르칠 수 없다. 대사를 기막히게 잘 쓴다고 느껴지는 작가들을 일컬어 '귀가 있다'고들 표현한다. 이는 어디에서 비롯된 표현일까? 훌륭한 대사를 쓰는 작가는 최고의 청자이기 때문이다. 그러니 대사를 잘 쓰고 싶다면, 듣는 능력을 먼저 키워야 한다.

시나리오를 쓰든 소설을 쓰든, 작가는 기본적으로 관찰자다. 삶을 관찰하고, 사람을 관찰한다. 그들의 행동, 움직임, 그리고 대화까지. 그렇게 들은 것들이 우리 안에 자연스럽게 흡수되고 작가로서의 필터를 거쳐 훗날 대본 안에 표현된다.

훌륭한 대사를 쓰는 방식은 다양하다. 예를 들어, 애런 소킨이나 쿠엔틴 타란티노 같은 작가가 쓰는 대사는 '극화된 현실' 스타일이다.

실제 사람들은 그들 작품 속 캐릭터처럼 말하지 않지만, 그들이 쓴 대사는 보편적으로 호평을 얻는다.

또 다른 예는 스콧 로젠버그 스타일이다. 내가 로젠버그의 글에 반한 건 그가 대사를 쓰는 방식 때문이다. 물론 실제 사람들은 그의 캐릭터처럼 말하지 않지만, 그의 대사는 정말 끝내준다. 로젠버그의 뛰어난 대사 작법과 그만의 '목소리' 때문에 할리우드에서는 그의 대사를 '스콧스피크(Scottspeak)'라고 부르기도 한다. 그의 캐릭터들은 우리가 실제로 하고 싶은 멋진 말들을 대신 해준다. 그들은 우리가 누군가와 대화를 나눈 지 3주쯤 지난 어느 날, 샤워를 하다가 '아, 그때 이렇게 말해야 했는데' 하며 스무 번쯤 곱씹는 그런 주옥같은 대사를 술술 내뱉는다.

쿠엔틴 타란티노 역시 대사로 유명하다. 좋아하든 싫어하든, 그의 대사에는 놀라운 면이 있고 무엇보다 100퍼센트 그만의 독창적인 '목소리'가 담겨 있다. 수많은 이들이 그의 대사 스타일을 흉내 내려 했지만, 누구도 성공하지 못했다. 예전에는 로젠버그가 타란티노를 따라 한다는 말도 있었는데, 터무니없는 소리다. 만약 스콧의 영화가 타란티노의 영화만큼 돈을 벌었고, 반대로 타란티노의 영화가 그렇지 못했다면, 모두 타란티노가 스콧을 흉내 내려 한다고 말했을 것이다. 시나리오에 대해 조금이라도 아는 사람이라면, 두 사람이 쓴 대사가 전혀 다르다는 것을 잘 안다. 왜냐하면 그들의 '목소리' 자체가 완전히 다르기 때문이다. 누군가가 내게 이 두 사람의 차이가 무엇인지 물은 적이 있다. 내 대답은 이러했다.

"로젠버그는 문학적 지성과 인간 행동에 대한 이해를 바탕으로 글을 쓴다. 반면 타란티노에겐 두 가지 다 없다."

타란티노를 비난하려는 뜻은 전혀 없다. 타란티노는 훌륭한 작가고, 그의 대사는 그가 지닌 가장 강력한 무기다. 하지만 그가 글을 쓰는 지점은 로젠버그가 글을 쓰는 지점과 전혀 다르다. 타란티노는 영화를 통해 성장했고, 로젠버그는 문학을 통해 성장했다. 이 차이는 그들의 글에 명확히 드러난다.

진짜처럼 들리는 대사, 실제로 사람들이 말하는 것처럼 들리는 대화가 어떤 것인지 알고 싶다면 데보라 칸(Debora Cahn), 토니 길로이, 폴 토마스 앤더슨의 시나리오를 읽어 보길 바란다.

숀다 라임스의 대사도 빼놓을 수 없다. 극화된 표현과 놀랍도록 현실적인 말투를 동시에 담고 있다.

애런 소킨의 극화된 대사든, 토니 길로이나 데보라 칸의 현실감 있는 대사든, 두 스타일에는 공통된 특성이 있다. 모든 훌륭한 대사와 평범한 대사를 구분 짓는 요소이기도 하다.

그 핵심은 바로 '서브텍스트(subtext)'[36]다.

서브텍스트 없이는 훌륭한 대사가 존재할 수 없다. 우리가 평소에 서브텍스트를 담아 소통하기 때문만은 아니다. 암묵적으로 전달되거나 표면 아래에 숨겨진 의미, 즉 말로 표현되지 않는 것이 말로 표현되는 것보다 훨씬 흥미롭고 설득력 있기 때문이다.

---

36 인물의 대사나 행동에 직접 드러나지 않지만, 그 이면에 깔려 있는 숨은 의미나 감정을 뜻한다.

대사에서는 서브텍스트가 전부다. 당신의 캐릭터가 미사여구로 가득한 시적인 말을 하든, 무식하고 문법이 엉망인 말을 하든, 대사의 질을 최대한 높이려면 그 안에 서브텍스트가 존재해야 한다.

그렇다면 이야기 전개상 캐릭터가 설명해야 하는 상황이라면 어떻게 해야 할까? 그런 상황을 잘 풀어내는 게 작가의 몫이다. 특히 TV 대본에서 중요하다. '모자 쓴 남자'(뒤에 나오는 '업계 용어' 챕터 참고)를 등장시켜 독자에게 무슨 일이 일어나는지 대놓고 설명하는 대신, 설명을 설명처럼 들리지 않게 전달하는 방법이 있다. 그중 가장 효과적인 방법은 대사 대신 행동을 통해 전달하는 것이다.

예를 들어, 어떤 남성 캐릭터가 아내를 두고 바람피울 생각을 한다고 가정해 보자. 독자에게 그 사실을 알려주고자 당신은 이런 장면을 쓸 수도 있다. 해당 캐릭터가 바에서 친구와 술을 마시며 "여자가 내 옆을 지나갈 때마다 그 여자랑 자고 싶다는 생각이 들어"라고 말하는 장면.

그렇게는 쓰지 마라.

대신 대사 없이 써라. 두 남자가 바에 앉아 대화를 나누는데 한 여자가 지나간다. 외도를 생각하는 남자가 몸을 뒤로 젖혀 기대며 여자를 훑어본다. 여자가 뒤를 돌아보고 둘의 시선이 마주친다. 그러면 우리는 그가 무엇을 생각하는지 알게 된다.

두 남자가 바에서 나누는 대화에 서브텍스트가 깔려 있다면 보너스 점수를 얻을 수 있다. 이를테면 둘이 스포츠 이야기를 하고 있다고 치자. 아내를 배신하려는 남자가, 오랫동안 팀의 스타였지만 요즘은 예

 킬 더 도그

전처럼 활약하지 못하는 선수가 있다는 말을 꺼낸다. 그리고 그 선수를 정리하고 재능 있는 어린 선수를 데려오면 팀이 하위권에서 벗어날 수 있을 거라고 말하는 식으로 말이다.

방금 쓴 내용을 보니 조금 고치고 싶다. 남자가 여자와 눈을 마주칠 필요도 없을 듯하고… 여자가 지나가는 모습을 바라보기만 해도 충분하지 싶다.

내가 영화 역사상 진정으로 위대한 장면이라고 생각하는 것은 1996년 영화 〈빅 나이트(Big Night)〉의 마지막 장면이다. 스탠리 투치(Stanley Tucci)와 조셉 트로피아노(Joey Tropiano)가 각본을 쓴 작품이다. 이들은 영화의 마지막 5분 동안 단 한 마디의 대사도 넣지 않은 채, 영화 전체의 설정과 갈등을 완벽하게 해결한다. 많은 작가들이 이 장면에서 무언가를 말해야 한다고 느꼈을 테고, 모든 스튜디오 임원은 대사를 넣으라고 강력히 요구했을 것이다. 그것도 아주 많이 넣으라고. 하지만 투치와 트로피아노는 가장 아름답고 우아하며 진정성 있는 서브텍스트로 영화의 스토리를 마무리했다. 이 장면을 보고 나서 시나리오를 읽어보라. 그들이 대본에 쓴 것과 쓰지 않은 것이, 화면에 보이는 장면과 완벽하게 일치한다.

앞서 말했듯이, 불필요한 단어를 생략하라.

대사 작성에 대해 내가 해줄 수 있는 최고의 조언은, 지금까지 구조나 다른 요소들에 대해 말한 것과 똑같다. 생각하지 마라. 좋은 대사를 쓰려고 노력하지 마라. 멋진 것을 쓰려고 노력하지 마라. 써야 한다고 생각하는 것을 쓰려고 노력하지 마라.

히피의 말처럼 들릴지 모르지만, 당신의 캐릭터가 자기 대사를 직접 쓰게 하라. 만약 당신이 입체적이고 진정성 있고 매력적인 캐릭터를 만들었다면, 캐릭터가 당신을 이끌어 줄 것이다.

어떤 대본을 읽을 때 작가의 실력이 아직 한참 부족하다고 느껴지는 순간이 있다. 바로 대본 속 여러 캐릭터가 하는 말이 전부 똑같이 들릴 때다. 각 캐릭터의 대사가 잘 구별되는지 판단할 때 내가 자주 활용하는 방법은, 로버트 타운이 실천했다고 알려진 방법이다. 그는 이렇게 말한 바 있다.

"대사 위에 적힌 등장인물의 이름을 가리고 대사를 읽어도, 어느 인물이 하는 말인지 알 수 있어야 한다."

나도 대본을 고쳐 쓸 때 이 테스트를 해 본다.

너무 많은 작가가 또다시 구루들이 제시하는 틀에 얽매인 채, 대사에는 신경 쓰지 않고 그저 이야기를 보도하듯 전달하는 데에만 집중한다. 그들은 느낌표를 붙이거나 괄호 안에 지시문을 넣는 일이 캐릭터 작업이라고 생각한다.

당신의 대본을 보라. 등장인물의 이름을 가리고 읽었을 때 누가 말하는 대사인지 전혀 모르겠다면, 당장 이 책을 내려놓고 대본부터 고쳐야 한다.

각 캐릭터에게 고유한 목소리를 부여하는 것은 한 명에게 보스턴 억양을 주고 다른 한 명에게 영국 억양을 준다는 의미가 아니다. 그것은 게으른 글쓰기다. 각 캐릭터에게 내면의 목소리를 부여하고 그것이 대사에 드러나게 하라는 뜻이다.

    킬 더 도그

당신의 친구들과 동료들을 한번 떠올려 보라. 인종과 성별, 학력, 심지어 종교적 배경까지 비슷한 사람들이 몇 명 있을 것이다. 하지만 그들 중 누구도 똑같이 말하지 않으며, 똑같이 들리지 않는다. 음색만 다른 게 아니라 말하는 방식 자체가 다르다. 그들이 쓰는 관용구, 즐겨 쓰는 표현, 말버릇도 다르다. 기분이나 상황에 따라 목소리 톤이 어떻게 변하는지도 다르다. 대사도 그렇게 써야 한다. 피를 나눈 가족이라 해도 스토리의 중요한 포인트가 아닌 한 가족의 말투가 똑같이 들리면 안 된다.

대사를 잘 쓰는 최고의 방법은 우선 잘 듣는 사람이 되는 것이다. 나는 늘 귀를 열고 다닌다. 사람들과 대화할 때도, 모르는 사람들 속에서 무언가를 엿들을 때도. 잘 듣는 사람이 될수록 대사를 잘 쓰는 작가가 될 가능성도 높아진다. 애런 소킨의 캐릭터처럼 극화된 방식으로 말하길 원하든, 스콧 프랭크의 캐릭터처럼 지역적·교육적 특징이 드러나는 방식으로 말하길 원하든, 일단은 듣는 연습이 가장 좋은 훈련이다.

사람들이 말하는 방식을 들어 보라는 의미는, 단순히 그들이 무슨 말을 어떻게 하는지를 똑같이 받아 적으라는 뜻이 아니다. 물론 유용할 때도 있다. 나도 어떤 대사나 말투를 귀에 들리는 그대로 기록한 적이 있다. 하지만 잘 듣는다는 건, 들은 내용을 작가의 '목소리'라는 필터를 거쳐 소화한다는 의미다. 좋은 청자가 되려고 노력하다 보면 대사 쓰는 실력이 놀랍도록 빠르게 성장할 것이다.

나는 지금 가르치기 어려운 무언가를 당신에게 전해주려고 최선을 다하는 중이다. 훌륭한 대사를 쓰는 방법에 대해 수많은 구루의 의견을 읽어봤지만, 사람들이 하는 대화를 잘 들으라는 조언을 제외하고는 모두 별로였다. 구루들은 좋은 대사란 어떤 스토리 포인트를 표현하거나 플롯을 진전시키는 것이라고 말한다. 아니다. 그것은 나쁜 대사다. 믿기지 않는다고? 소킨이나 타란티노, 또는 당신이 좋아하는 작가의 시나리오를 읽어보라. 좋은 대사 중에 플롯 전개와 아무 관련이 없는 대사들이 얼마나 많은지 알게 될 것이다.

왜냐하면 대사는 수학이 아니기 때문이다.

좋은 대사는 사람에 관한 것이다. 캐릭터에 관한 것, 관계에 관한 것이다.

글쓰기와 관련된 여러 말 중에 나는 토니 길로이(Tony Gilroy)가 한 말을 가장 좋아한다. 내 직업에 대해 이보다 더 진실되게 표현한 말은 없다고 생각한다.

"당신이 쓰는 글의 수준은 당신이 인간 행동을 얼마나 이해하느냐에 달려 있다. 인간에 대해 아는 것 이상으로 글을 쓸 수는 없다."

길로이가 한 말이 무슨 뜻인지 잘 이해되지 않는다면, 미안하지만 솔직히 말해야겠다. 당신이 시나리오 작가로 성공하려면 아직 갈 길이 멀다.

내가 인간 행동을 깊이 이해할수록 내 글쓰기 실력도 확실히 성장했다. 사실 나는 오랫동안 망가진 인간으로 살았다. 나 자신을 이해하는 자기 인식이 생기기 전까지는 사람들이 하는 행동을 이해할 수 없었다. 자신을 제대로 이해해야 타인을 이해할 수 있다. 자기 인식은 훌륭한 시나리오 작가가 되는 열쇠다. (물론 쿠엔틴 타란티노는 그런 것 없이도 훌륭하지만.)

나는 진정으로 자기 인식을 하게 되었을 때 비로소 자아실현을 할 수 있었다. 참고로 자아실현은 '자아상 실현'과는 전혀 다르다. 많은 사람이 자기가 자아를 실현하는 중이라고 생각하지만, 실제로는 다른 사람에게 보이고 싶은 이미지를 자신에게 투영하고 있을 뿐이다.

나 자신을 더 잘 알게 될수록 다른 사람을 더 잘 이해하게 된다. 우리는 자신만의 프리즘을 통해 다른 사람을 바라본다. 그 프리즘이 흐릿하거나 금이 갔거나 깨져 있다면, 시야도 그만큼 왜곡된다.

인간 행동을 이해하는 능력은 좋은 대사를 쓰는 데에 엄청난 자산이 된다.

내가 해줄 수 있는 말은 이게 전부다.

09

시나리오 작법 교수들이 《킬 더 도그》를
추천하지 않는 이유

시나리오 작법은 가르칠 수 없다… 배울 수 있을 뿐이다.

출판사에서는 이 챕터를 살짝 불편해했다. 책이 대학이나 대학원 커리큘럼의 추천 도서나 필독서로 지정되면 판매량이 늘어날 수 있기 때문이다. 하지만 이 책이 한 권 팔리든(고마워, 조시!), 백만 권 팔리든 나는 진실을 알리는 데 충실할 생각이다.

나는 늘 무언가를 돌려주는 데 관심이 많았다. 내가 잘하는 일은 몇 가지 안 되는데, 시나리오 쓰는 일이 그중 하나다. 골프도 제법 치고, 올드 패션 칵테일도 괜찮게 만들 줄 알고, 저질 체력에 비해 자전거를 타고 언덕도 꽤 잘 오른다. 그건 그렇고.

시나리오 작법을 다루는 학계의 큰 문제점은 모든 게 사후 분석이라는 점이다. 경제학이나 생물학을 가르칠 때는 이런 방식이 통할지 몰라도, 시나리오 작법에는 맞지 않는다. 시나리오 작성 노하우를 알려 준다는 많은 책이 실패하는 이유도 마찬가지다. 모두 일이 끝난 뒤에 이루어지는 정밀 분석이다.

작법서 저자들과 교수들은 영화와 TV 에피소드를 분해하고, 역설계하고, 분석하길 무척 좋아한다. 그리고 거기서 다양한 공식과 그들이 '구조'라고 잘못 알고 있는 것을 집어내곤 한다.

"봤죠? 이게 영웅의 여정이에요. 보이죠? 이게 바로 스나이더가 말하는 비트예요."

미국 전역에서 시나리오 작법을 가르치는 교수들을 조사해 보면 (나는 실제로 해봤다) 그중 실제로 프로 시나리오 작가로서 경험을 가진 사람은 10퍼센트도 안 된다. 하지만 그들 대부분은 학계에서 권위와 명성을 자랑한다. 그들은 미술학 석사(MFA)나 박사 학위를 전쟁터의 깃발처럼 휘두르며, 자신이 무슨 말을 하는지 알고 있다고 증명하려 한다. 하지만 불행히도 어떤 학위도 시나리오를 쓸 줄 아는가와는 관계가 없다. 시나리오 쓰는 법을 가르칠 수 있는가와는 더욱더 상관없다.

물론 일부 교수들은 비슷한 경험을 했을 수 있다. 이를테면 12년 전에 제작한 11분짜리 작품이 '로어노크 래피즈 단편 영화제 및 빵 바자회'에서 '관객을 가장 많이 웃긴 작품상'을 받았을 수도 있다. 혹은 어느 단체에서 무슨 일을 했는데, 그 단체가 다른 조직과 연결되고, 그 조직은 또 다른 회사와 협력했는데, 그 회사가 지미 팰런(Jimmy Fallon)이 참여한 프로젝트와 연관되었을 수도 있다. 그래서 그 교수의 이력서에 '지미 팰런과 함께 일함!'이라고 적혀 있을 수도 있다. 그것도 아니면 스칼렛 허니크리퍼라는 새의 짝짓기 습성을 주제로 만든 다큐멘터리가 어느 작은 공공 도서관 상영회에서 호평을 받았을 수도

　　　　킬 더 도그

있다. 그러면 그 교수의 프로필에 '자신의 다큐멘터리를 바탕으로 쓴 시나리오 〈스칼렛 스크리퍼의 후회〉는 칼 영화 스튜디오 겸 세차장과 옵션 계약을 맺었다'라는 내용이 나올 수도 있다.

어떤 분야에서 석사나 박사 학위를 땄든 그들에게는 실제 현장에서 프로 시나리오 작가로 활동한 경험이 전무하다.

"의견이라고 아무 말이나 해서는 안 된다. 직접 경험하고 제대로 알아야 말할 자격이 생긴다."— 할런 엘리슨(Harlan Ellison)

누군가가 화내기 전에 분명히 하자. 나는 어떤 분야에서든 고등 교육을 받은 분들을 진심으로 존경한다. 그건 헌신과 열정과 인내를 보여 주는 증거이기 때문이다. 그리고 나는 선생님들을 좋아한다. 진심으로 **사랑**한다. 좋은 교사는 한 사람의 인생에서 좋은 부모만큼 중요하다고 생각한다. 교사는 세상에서, 특히 미국에서 박봉에 시달리며 저평가받는 직업 중 하나다. 고등학교 시절에 만난 선생님 몇 분이 아니었다면, 나는 지금쯤 교도소에 있거나 더 나쁜 상황에 처해 있었을 것이다. 농담이 아니다.

다시 시나리오 작법 교수들 이야기로 돌아가자.

석사 학위는 특정 분야를 고급 수준으로 이해했다는 증표다. 이는 석사 학위를 받은 사람이 해당 주제의 이론과 응용에 대한 고급 지식을 갖추었고, 비판적 분석에 대한 고급 기술을 보유했음을 의미한다.

그것이 우리 맥락에서 무엇을 의미하는지 아는가? 그들은 완성된 영화를 분석하는 데 뛰어난 능력을 갖추었으며 (운이 좋다면) 완성된 시나리오 분석에도 능하다는 뜻이다. 시나리오를 작성하는 데 뛰어난 능력을 갖춘 것이 아니다.

석사 학위를 취득한 사람 중 일부는 내 정의를 따질지도 모르지만, 내가 말하려는 요점은 그들의 지식과 기술이 백지상태에서 무언가를 창조하는 능력과는 전혀 관련이 없다는 사실이다. 우리가 하는 일의 예술과 기술에 관해서라면, 나는 〈NCIS〉로 받는 재상영 분배금을 모두 걸고 말할 수도 있다. 시나리오 작가로 성공하기 위해 무엇이 필요한지에 관해서라면, 10년 동안 학계에서 다른 사람의 작품을 분석하고 연구해 온 사람보다 고등학교 졸업 후 다른 교육은 받지 않았어도 10년 동안 실제로 시나리오를 써온 사람이 훨씬 잘 안다.

시나리오 작법은 가르칠 수 없다. 배울 수 있을 뿐이다.

학위를 가진 사람들은 친절하고 사려 깊은 사람들이며, 자신이 최선의 방법으로 당신을 돕고 있다고 믿는다. 그 사실을 부정하는 게 아니다. 문제는 시나리오를 잘 쓰는 방법에 대한 그들의 확신이 자칭 구루들이 의견을 형성하는 방식, 즉 사후에 이루어지는 정밀 분석에서 비롯되었다는 점이다.

그들은 완성된 영화(때로는 시나리오)를 조각조각 분해한 후, 모든 조각을 다시 조합해 이것이 작가의 방식이라고 설명한다. 하지만 그건 작가가 실제로 쓴 방식이 절대 아니다.

내 생각에 가장 심각한 문제는 이것이다. 이런 학자들은 자신이 시나리오 쓰는 법을 가장 잘 안다고 주장하는데, 정작 그들은 시나리오

 킬 더 도그

한 편도 써 본 적이 없거나 (최악의 경우, 형편없는 시나리오를 써봤거나) 그저 수많은 완성작을 분해하고 분석해 논문을 썼을 뿐이다. 그들이 분해하고 분석한 영화 숫자는 수학 교수가 세기도 힘들 만큼 많다.

물론 당신이 영화사를 전공하고 싶다면 이런 방식의 교육에서 많은 것을 배울 수 있다. 편집, 사운드, 색감, 의상, 촬영, 구도 등 영화 제작의 요소들이 서로에게 어떤 영향을 미치는지도 배울 수 있다. 하지만 빈 페이지에서 시작해 시나리오를 써 나가는 데 도움이 되는 것은 아무것도 배울 수 없다.

완성된 영화나 TV 에피소드를 정밀 분석하는 일이 얼마나 유익한지 열변을 토하는 교수들의 말을 듣다 보면, 그들이 할리우드가 실제로 어떻게 돌아가는지 전혀 모른다는 사실을 금방 알 수 있다. 클린트 이스트우드가 감독한 영화 몇 편을 제외하면, 영화 역사상 작가가 쓴 시나리오 그대로 스크린에 오른 작품은 거의 없기 때문이다.

감독, 배우, 프로듀서, 촬영감독, 편집자, 음악팀, 스턴트 배우, 예산, 날씨, 운전팀, 그리고 수백 가지 요소와 상황이 최종 결과물에 (좋든 나쁘든) 변화를 가져온다. 그리고 작가는 그 변화를 통제할 수도, 그에 대해 의견을 낼 수도 없다. 당신 앞에서 교수가 완성된 영화를 바탕으로 시나리오를 분석할 때, 그는 당신을 예측 불가능한 장애물과 위험이 가득한 길로 이끄는 것과 마찬가지다. 도움이 되기보다는 오히려 해가 될 수 있다. 오만한 교수들이 특정 장면이나 대본에서 작가가 의도한 것에 대해 멋대로 비판하거나 열광하는 경우가 너무 흔하다. 그들은 〈카사블랑카(Casablanca)〉, 〈차이나타운(Chinatown)〉, 〈양들의 침묵(The Silence of the Lambs)〉, 또는 〈(여기에 전설적인 영화 제목 하나를 넣어 보라)〉과 같은 영화가 얼마나 완벽한 시나리오인지에 대해 지겹도록 이야기한다. 그리고 그 이유는 작가가 훌륭한 시나리오를 쓰는 데 필요한 모든 단계, 즉 고양이 구출, 영웅의 여정, 비트 시트, 22 시퀀스, 스토리 서클 같은 단계를 성실하게 따랐기 때문이라고 말한다.

하지만 현실을 보자. 최선의 경우, 그런 장면이나 대사는 작가와 작가가 아닌 수많은 주체가 협업한 결과물이다. 최악의 경우, 작가는 그런 장면에 전혀 관여하지 않았고, 완성된 작품을 보고서야 그런 장면이 있음을 알게 되기도 한다. 그래서 미국작가조합(WGA)은 스튜디오들과의 최저기본협정(MBA)에 '시나리오 작가는 해당 영화의 시사회에 반드시 초대받아야 한다'는 조항을 넣어야 했다. 작가가 애초에 대본을 쓰지 않았다면 존재하지도 않았을 작품인데 말이다! 그렇다. 할리우드는 작가가 완성된 영화에 거의 영향을 끼치지 않는다고 굳게 믿었기 때문에, 작가는 자기 손으로 쓴 결과물을 보려고 초대를 '강제'해야 했던 것이다.

교수들은 작가가 대본을 어떻게 구조화했는지에 대해 이야기하기를 무척 좋아한다. 학문의 기반이 되는 요소들, 즉 연구와 분해와 사후 분석에 딱 들어맞는 주제이기 때문이다. 교수들은 고전 영화 한 편을 보여주고는, 각본이 완벽하게 구조화되어 있어서 이렇게 훌륭한 작품이 나올 수밖에 없었다고 평한다. 〈차이나타운〉이 완벽하게 구조화된 대본일 수는 있다. 하지만 교수들이 분석하는 식으로 쓰이지는

     킬 더 도그

않았다. 믿기 힘들다고? 로버트 타운의 인터뷰를 찾아보라.

재미있는 건 교수들이 〈내일을 향해 쏴라〉나 〈록키(Rocky)〉처럼 규칙을 깨는 영화들을 분석할 때다. 그들은 온갖 핑계를 대며 설명을 붙이다가 결국 시대를 초월하는 교훈으로 끝을 맺는다. "규칙을 깨려면 먼저 규칙을 알아야 한다!"

그런 뻔한 격언을 다시 듣느니, 나는 차라리 오븐 장갑을 낀 애꾸눈 치과의사에게 치료를 받겠다.

규칙 같은 건 없다. 그러니 깰 것도 없다.

교수들이나 구루들의 반응을 보는 재미로 일부러 언급하곤 하는 영화가 있다. 바로 〈대부 2〉다. 이 영화는 (그리고 대본은) 역사상 최고의 작품으로 꼽히며, 심지어 1편보다 훌륭하다는 주장도 있다. 그런데 전문가들은 이 작품을 거의 다루지 않는다. 왜 그렇게 훌륭한 영화인지 이해하지 못하기 때문이다. 그들은 이 영화에서 비트와 공식과 규칙을 찾으면서 분석을 시도하면 할수록 그들의 교리와 충돌한다. 학계가 세운 구조의 법칙으로 보면, 이 시나리오는 재앙 그 자체다. 그리고 압도적으로 훌륭하다. 제대로 알지 못하는 전문가들이 오스카 각본상을 탄 〈에브리씽 에브리웨어 올 앳 원스〉의 성공을 설명하려고 온갖 궤변을 늘어놓는 소리를 당신도 들어봤을 것이다. 시나리오라는 동그란 못을 그들이 만든 사각형 구멍에 억지로 끼워 넣으려고 망치를 두드려 대는 소리가 지금도 들리는 듯하다.

역사상 최고의 시나리오로 평가받는 작품이 이른바 '시나리오 작성의 규칙'을 거의 따르지 않는 것이 정말 단순한 우연일까?

가장 어이없는 점은… 교수들이 화려한 학위를 따는 과정에서 참고하는 책들이 바로, 우리가 앞서 이야기한 자칭 구루와 엉터리 전문가가 쓴 책들이라는 사실이다. 그리고 교수들이 그 책들을 시나리오 작성 기술을 배우는 데 중요한 참고 서적으로 추천하기 때문에, 그 저자들과 그들의 잘못된 조언들이 정당성을 얻고 있다. 하면의 스토리 서클 같은 것쯤은 한입에 집어삼킬 만큼 파괴적인 악순환이다!

교수들이나 작법서들은 엄청난 성공을 거둔 완성작들을 예로 들며 그 모든 영화가 같은 규칙과 같은 구조를 따른다고 주장한다. 하지만 똑같은 규칙과 구조를 따랐음에도 실패한 영화들의 사례는 보여주지 않는다. 왜 보여주지 않을까? 모르기 때문이다. 똑같은 공식, 단계, 규칙을 따라 했는데 왜 어떤 건 훌륭하고 어떤 건 형편없는지, 그들은 모른다. 사실 답은 간단한데 말이다.

그 이유는 글의 힘 때문이다. 구조나 구성점 때문이 아니다. 감독, 배우, 음향, 음악, 편집 등등이 최종 작품에 영향을 미쳤기 때문도 아니다. 어떤 시나리오가 다른 시나리오보다 우수한 이유는 그 작품의 글이 우수하기 때문이다.

그러므로 모든 정밀 분석과 재조합은 더 나은 시나리오를 쓰는 데 도움이 되지 않는다. 어떤 시나리오가 훌륭하거나 뛰어난 시나리오가 되느냐, 아니면 특징 없고 진부한 시나리오가 되느냐를 구분 짓는 요소는 책이나 교수나 사후 분석이 절대 가르칠 수 없기 때문이다.

상상력. 기발함. 영감. 감정. 경험. 그리고 '목소리'. 이 모든 것이 한 시나리오를 다른 시나리오와 구분 짓는다. 그러나 시나리오 작법

 킬 더 도그

서 중에서도 특히 인기 있는 어떤 책은 무려 500페이지에 걸친 '규칙'을 내세우며 말한다. '그것을 모르면 상상력은 아무 소용이 없다.' 그 책은 시나리오 작가로 성공하려고 노력했지만… 실패한 사람이 쓴 책이다. 실패한 이유는 그 작법서가 (그리고 다른 모든 작법서가) 반복하는 '반드시 따라야 할 규칙'대로 썼기 때문이다.

시나리오 쓰기는 가르칠 수 있는 게 아니다. 스스로 배워야 한다. 당신은 혼자 공부해 나가야 한다. 인생을 살면서 겪는 경험에 글쓰기, 글쓰기, 그리고 또다시 글쓰기가 더해졌을 때만 배울 수 있다. 당신만의 '목소리'로. 당신만의 방식으로. 이 목표를 이루려면 '작가가 되겠다'는 열망이 결과나 성공에 대한 열망보다 강해야 한다.

당신은 결과에 대한 기대보다 글을 쓰는 것, 글을 쓰는 과정, 그리고 실제로 매일 글을 써내는 일을 더 사랑해야 한다. 아무것도 풀리지 않아 키보드에 머리를 박고 싶은 힘든 날조차, 완전히 몰입해서 타이핑 속도가 따라가지도 못할 정도로 글이 쏟아져 나오는 날만큼이나 사랑할 수 있어야 한다. 그 정도까지는 아니더라도, 그에 가깝게 사랑해야 한다.

영화 수백 편을 분석하고, 시나리오 수십 편을 읽고, 온갖 작법서를 탐독하고, 모든 시나리오 작성 수업을 듣고, 학위증을 액자에 넣어 걸어 둔 교수들의 강의를 듣는다 해도, 처음으로 영화를 보고 시나리오를 읽었을 때와 마찬가지로 실제 시나리오 작성에 관해서는 아무것도 모를 수 있다. 시나리오 쓰기를 배우는 유일한 방법은 직접 써보는 것뿐이니까. 시나리오는 예술이다. 공예 같은 것이다. 경제학이나 생물학이 아니다. 교수들도 글쓰기에 능숙해지려면 많이 써봐야 한다는 사실에는 절대적으로 동의할 것이다. 문제는 그들이 글쓰기를 가르치는 방식이다. 우리가 앞서 지겹도록 이야기했던 문제… 꼬리가 개를 흔드는 상황 말이다.

훌륭한 시나리오란, 영화나 드라마가 완성된 후 그것을 분석하는 방식으로 판단할 수 있는 것이 아니다.

그러나 여기서 분명히 밝히면, 이는 교수들의 문제가 아니다. 책임은 학계에 있다.

학문의 근간은 조사, 연구, 분석, 이론이다. 학계는 창의성을 좌뇌의 논리로 이해하려 든다. 창의성과 상상력의 마법을 이분법적 설명으로 축소시켜버린다.

안타깝게도 학계가 배제하려는 것이야말로 창작자가 만들고 불러일으켜야 하는 것이다. 바로 창의성과 상상력의 마법, 그 신비로움 말이다.

이를 이해하려면 글을 쓰고, 쓰고, 또 써봐야 한다. 당신을 시나리오 작가로 만드는 건 시나리오를 쓰는 것 그 자체다.

학자들은 시나리오나 영화를 사후에 분해하고 분석한다. 그들이 가장 잘하는 일이기도 하다. 하지만 그들은 '과정'에 대해서는 말할 수 없다. 바로 이런 이유로, 나는 대부분의 시나리오 작법서와 대학 및 대학원의 시나리오 작성 과정이 예비 작가에게 도움이 되기보다 해를 끼친다고 생각한다. 시나리오를 쓰는 데는 '과정'이 전부이기 때문이다. 그리고 그 과정에서 가장 핵심이 되는 부분은 어쩌면 성실함과 끈

 킬 더 도그

기보다 중요한 것들, 바로 상상력, 기발함, 영감, 자기만의 '목소리'다.

〈록키〉 시나리오를 보자. 거의 50년이 지난 지금도 모든 교수와 전문가가 완벽하다고 극찬하는 시나리오며, 영화 역사상 가장 성공한 프랜차이즈를 탄생시킨 작품으로 꼽힌다. 그런데 이 작품을 정밀 분석해 보면, 작법서나 교수가 내세우는 규칙들을 따르는 데 있어서는 완전한 실패작임을 알 수 있다. 일부 작법서는 이를 두고 '규칙을 깨뜨렸다'거나 '구조를 흐트러뜨렸다'는 어리석은 소리를 한다. 이런 소리를 여기에 타이핑하기도 어이없을 지경이다. 더 어처구니없는 건, 어떤 책들은 스탤론의 대본이 규칙을 따르지 않았다면서도, 성공하려면 규칙을 따라야 한다고 아직도 우긴다는 사실이다!

실베스터 스탤론은 〈록키〉 시나리오를 단 며칠 만에 써 내려갔다. 내가 장담하건대, 스탤론은 대본을 쓰는 동안 발단 사건이 언제 등장해야 하는지, 중간 전환점이 어디에 위치해야 하는지, 특정 사건이 몇 페이지에서 벌어져야 하는지 같은 사후 분석 따위에는 단 1초도 신경 쓰지 않았다.

그는 그저 마음에서 우러나오는 대로 썼다.

그래서 〈록키〉의 발단 사건은 당신이 배운 것처럼 반드시 10~15페이지 안에 등장하지 않는다. 대신 53페이지에 등장한다. 115페이지짜리 대본에서 말이다. 교수들이나 구루들 중에서 스토리 중간쯤에 발단 사건이 나와도 괜찮다고 말하는 사람이 과연 몇이나 될까?

스탤론은 시작, 중간, 결말이 뚜렷한 흡입력 있고 재미있는 스토리를 썼다. 독자가 캐릭터에 빠져들고 감정적 반응을 일으킬 수 있도록,

그 중대한 발단 사건이 등장하기 전까지 무려 50여 페이지의 여유를 두었다.

그는 자신이 **아는** 것을 썼다. 자신이 애정을 쏟고 정서적으로 연결된 캐릭터들을 자신만의 '목소리'로 썼다. 그래서 독자와 관객도 그 스토리에 애정을 품고 공감할 수 있었다.

스탤론이 그 대본을 쓰기 전에 대학교에서 시나리오 수업을 들었다면 어땠을지 상상해 보라. 우리는 〈록키〉나 그 후속작에 대해 들어 보지도 못했을 것이다. 그리고 스탤론은 엘리베이터도 없는 6층짜리 건물에 살면서 뒤가 구린 듯한 이웃에게 자신이 출연한 성인 영화 〈이탈리아 종마(The Party at Kitty and Stud's)〉의 촬영장에서 있었던 일이나 이야기하고 있었을지 모른다.

좀 더 최근 사례를 원한다면, 잭 크레거(Zach Cregger)의 2022년 히트작인 〈바바리안(Barbarian)〉을 보자. 이 작품 또한 전문가들이 '구조를 완전히 뒤집었다'고 평가한다. 정말 그랬을까? 이 영화에 시작도, 중간도, 결말도 없다는 말인가? 그렇다면 나는 다른 영화를 보고 다른 대본을 읽었나 보다. 크레거는 여러 인터뷰에서 자신이 '고양이 구하기' 이론을 좋아했고, 실제로 책에 나온 대로 몇 페이지에 어떤 일이 일어나야 한다는 지침을 정확히 따르며 시나리오를 써본 적이 있다고 밝혔다. 결과는 어땠을까? 그렇게 작성한 대본은 팔리지 않았다. 하지만 〈바바리안〉 시나리오를 쓸 때 그는 기존 지침과 규칙들을 과감히 버리고, 자신이 쓰고 싶은 이야기를 자신만의 '목소리'와 방식으로 써 내려갔다. 그 시나리오는 크레거의 할리우드 경력에 큰

킬 더 도그

전환점을 마련해주었다.

두 가지 핵심만 짚고 마무리하겠다.

1. 나는 시나리오 작법을 가르치는 교수들에게 어떤 반감도 없다. 실제로 내 지인 중에도 작법 교수가 꽤 많다. 물론 그중에는 거만하고 냉소적인 사람도 있지만, 학생들을 진심으로 아끼는 멋진 사람도 있다. 다만, 좋은 시나리오 작가가 되려면 무엇이 필요한지를 잘 모를 뿐이다.

2. 우리 시대의 위대한 작가로 꼽히는 레이 브래드버리(Ray Bradbury)는 글쓰기와 대학 교육의 관계에 대해 다음과 같이 말했다. "나는 작가가 되기 위해 대학 교육이 필요하다고는 생각지 않는다. 그건 오히려 위험한 일이다. 너무 많은 교수가 자기 의견만 고집하고, 우월감에 젖어 있으며, 지나치게 지성적이다. 그리고 지성은 창의성에 큰 위협이 된다. 무엇이든 합리화하려 들고 이유를 만들어내기 때문이다. 그보다 우리 안에 있는 본질적인 진실에, 즉 우리가 누구고, 어떤 존재며, 무엇이 되고 싶은지에 집중해야 한다. 나는 지난 25년 동안 타자기 위에 이런 문구를 붙여두었다. '생각하지 마라!' 타자기 앞에서는 결코 생각하면 안 된다. 느껴야 한다."

'느낌'은 교수도, 커리큘럼도 가르쳐 줄 수 없다.

10

작가의 벽

(창작 정체 구간)

11

시나리오 작가의 작업 과정

앞에서 우리는 하지 말아야 할 것과 어떤 사람들의 말에 귀 기울이면 안 되는지를 알아봤다. 이제 많은 사람들이 이렇게 생각하고 있을 것이다. '그럼 내가 **해야** 할 건 뭐지?'

걱정 마라, 젊은 제다이들이여. 우리는 이 길을 함께 걷고 있다.

가볍게 하는 말이 아니다. 진심이다. 작가에게는 다른 작가가 필요하다. 글쓰기는 매우 고독한 작업이기 때문이다. 그래서 나는 엉화 시나리오보다 TV 드라마 집필을 더 좋아한다. 건강하고 포용적인 작가실은 즐겁고 안전하며, 교육적이면서 재미있다. 반대로 나쁜 쇼러너가 이끄는 작가실은 유독하고 해롭다. 삶의 에너지를 빨아들이는 듯한 끔찍한 경험이다. 하루가 일주일처럼 느껴지고, 일주일이 일 년처럼 느껴진다.

당신이 건강한 작가실의 일원이 되는 행운을 얻었든, 혼자 앉아 첫 번째 시나리오를 쓰고 있든, 우리는 이 길을 함께 걷고 있는 동료다.

작가 커뮤니티는 서로를 가장 따뜻하게 지지하는 공간이다. 작가들은 서로를 응원한다.

물론, 세상에 절대적인 것은 없다. 나를 포함해 현역으로 활동하는 시나리오 작가라면, 다른 작가를 질투하며 불안과 편집증적인 행동을 보이는 작가들의 이야기를 한 번쯤은 들어봤을 것이다. 이상하게도 이런 일은 드라마나 영화보다 TV 코미디 업계에서 더 흔하다. 다른 사람의 성공에 휘둘려 무너지지 않는 가장 좋은 방법은… 트레이드 지(업계 전문지)를 보지 않는 것이다. 업계 뉴스를 훑어보는 데는 5분밖에 걸리지 않지만, 거기서 받은 상처를 극복하는 데는 5일이 걸린다. 당신이 지금 일자리가 없는 베테랑 작가라고 생각해 보자. 그런데 아무 경력도 없는 신인이 스펙 시나리오를 수백만 달러에 팔았다는 소식을 듣거나, 예전에 당신이 멘토링을 해준 작가가 두 시즌 분량의 드라마를 계약했는데 당신만 빼고 팀을 꾸렸다는 뉴스를 보게 된다면? 이래서 할리우드의 심리 치료사들은 일이 끊이지 않는다.

한마디로, 혹시 지금 자존감 문제를 겪고 있다면 트레이드 지를 멀리하라. 어차피 대부분은 진짜가 아니라 의도적으로 퍼뜨리는 뉴스다.

동료 작가들은 모두가 성공하길 진심으로 바란다. 글쓰기가 글쓰기를 낳듯, 한 작가의 성공은 또 다른 작가의 성공을 낳는다.

우리는 이 길을 함께 걷고 있다.

그렇다면 당신이 지금 읽고 있는 이 진실들을 어떻게 적용해야 할까? 정직하게 말하면…

답은 없다.

　　　　　킬 더 도그

잠깐, 책을 집어던지지 마라. 아직은.

답이 없다는 말은, 모든 시나리오 작가에게 똑같이 통하는 단 하나의 답은 없다는 뜻이다. 시나리오 작가라는 직업에서 느끼는 순수한 즐거움 중 하나는 모든 과정이 매우 개인적이고, 각자에게 고유하다는 점이다. 우리가 어떻게 쓰는지, 어디서 쓰는지, 이야기의 구조를 어떻게 짜는지, 음악이나 자연의 소리를 들으며 쓰는지, 아니면 완전한 침묵 속에서 쓰는지 등 작업 과정의 모든 부분이 작가마다 다르다. 내게 효과가 있는 방법이 당신에겐 맞지 않을 수 있다. 맬컴 스펠먼(Malcolm Spellman)에게 맞는 방법이 타이카 와이티티(Taika Waititi)에게는 맞지 않을 수 있다. 봉준호에게 맞는 방법이 그레타 거윅(Greta Gerwig)에게는 맞지 않을 수 있다.

그러니까 **당신에게** 맞는 방법을 찾아야 성공할 확률이 높아진다. 다른 사람의 방법대로 쓰려고 애쓰지 마라.

다음의 내용은 단순히 나의 과정일 뿐이다. 내가 수년 동안 프로로 일하며 개발하고 발전시켜 온 나만의 글쓰기 과정이다.

말 그대로 '내가 글을 쓰는 방법'이다.

이 챕터에서 당신은 더 생산적이고 더 나은 시나리오 작가가 되는 데 도움이 될 만한 무언가를 얻을 수도 있고, 아니면 이 챕터를 읽는 데 쓴 시간이 아깝다고 느낄 수도 있다.

나는 초등학교 5학년 때부터 이야기를 썼고, 대학 시절부터 시나리오를 쓰기 시작했으며, 지금까지 25년 동안 시나리오를 쓰며 돈을 벌어 왔다.

지금의 나는 5년 전의 나보다 조금 나아졌고, 10년이나 20년 전의 나와 비교하면 훨씬 나아졌다. 그리고 스프링 노트에 손으로 쓴 대본을 들고 처음 할리우드에 왔을 때 길 잃은 아이 같던 나와 비교하면… 나는 완전히 다른 작가다.

잠깐. 방금 한 말이 완전히 정확하지는 않다. 어린 시절부터 내 안에 있던 작가의 DNA, 어두운 사춘기와 학창 시절을 견디게 해 준 상상력과 이야기에 대한 사랑, 무언가를 창조하고 영화와 TV 대본을 쓰고 싶은 열망과 의지는 여전히 살아 있다.

달라진 건 내가 더 효과적으로, 더 즐겁게, 더 창의적으로 글을 쓰는 방법을 알게 되었다는 점이다. '수학'적인 방법을 더 잘 알게 된 것이 아니라, 오히려 그 반대다. 나 자신을 더 잘 알게 되었고, 인간 행동을 더 잘 이해하게 되었다. 그리고 스스로를 더 많이 믿게 되었다. 심지어 나 자신이 사기꾼처럼 느껴질 때, 바로 그때가 자신을 믿어야 할 가장 중요한 순간임을 알게 되었다.

언어를 다루는 능력, 표현 방식, 어휘력 등도 한층 발전하고 진화했다. 애크로님(acronym)[37]과 이니셜리즘(initialism)[38]의 차이도 알게 되었다. 'impactful'이라는 단어가 오늘날처럼 널리 쓰이게 된 이유가 모두가 게을러져 정확한 표현인 'impactive'를 제대로 사용하지 않아서라는 사실도 알게 되었다.

---

37 두문자어. NASA처럼 단어의 머리글자를 따서 만들며, 하나의 단어처럼 발음한다.

38 두문자 약어. VIP처럼 머리글자를 따서 만들지만, 각 글자를 따로 발음한다.

  킬 더 도그

내 '목소리'를 발견한 것, 삶에서 얻은 경험을 소화해 글에 활용하는 능력. 그 중요성은 헤아릴 수 없을 정도다. 이 모든 것이 나를 지금과 같은 작가로 만들었다. 그리고 무엇보다, 글을 많이 썼다. 엄청나게 많이.

나는 계속 글을 쓴다. 돈 때문이 아니라, 이 일을 사랑하기 때문이다. 나는 사람들에게 종종 말해 왔다. 내가 인스턴트 라면을 끓여 먹든, 노부(Nobu) 같은 고급 일식 레스토랑에서 식사를 하든, 나는 작가일 것이라고. 돈이 문제가 아니다. 먹고 살기 위해 고군분투하는 사람들이 이런 말을 들으면 싫어할 수도 있다는 걸 안다. 하지만 사실이다. 돈을 벌 수 있어 좋았냐고? 당연히 그렇다. 나는 지구상에서 가장 과도한 보수를 받는 업계에서 일한다. 매일 이 축복에 대해 신에게 감사한다. 나는 과잉 보상이 내게 허락한 일들을 진심으로 즐겼다. 내 시계 컬렉션만 봐도 알 수 있다. 하지만 내 소중한 세 아이를 걸고 맹세하는데, 앞으로 글을 써서 단 한 푼도 벌지 못하더라도 나는 계속 글을 쓸 것이다.

글쓰기를 향한 내 열정은 정말 뜨겁다. 그리고 나는 최고의 작가가 되고자 끊임없이 노력 중이다. 내 열정은 결과나 금전적 이득에 있지 않다. 과정 그 자체에 있다.

나는 작가다.

만약 어떤 프로 작가가 "나는 글 쓰는 게 싫어"라고 말하거든, 그 사람을 한 대 때려도 좋다. 거짓말을 하고 있으니까. 정말로 글쓰기가 싫으면 그 작가는 다른 일을 했을 것이다. 세상에는 글쓰기보다 훨씬 쉽고 경제적 안정성을 보장하는 일이 많다. 도로시 파커(Dorothy Parker)는 "글을 쓰는 건 싫지만, 쓰고 나면 너무 좋다"라고 재치 있게 말했다. 그 후로 여러 작가가 이 간결하고 함축적인 말을 빌리거나 변형해 사용하며, 파커처럼 멋져 보이려 했다. 하지만 누구도 도로시 파커만큼 멋질 수는 없다.

많은 작가가 자신은 글쓰기를 싫어한다고 말한다. 다시 말하지만, 그건 사실이 아니다. 그들이 싫어하는 건 프로 작가로서 감당해야 하는 비즈니스적인 측면일 수도 있다(그건 정말 지독하다). 또는 글을 잘 쓰기 위해 무수히 많은 노력을 해야 하는 고통일 수도 있다. 이 대목이 중요한데, 글쓰기는 글을 못 쓰는 사람보다 잘 쓰는 사람에게 훨씬 어려운 일이다. 노벨 문학상을 받은 토마스 만(Thomas Mann)도 이렇게 말했다.

"작가란 글쓰기가 남들보다 더 어려운 사람이다."

나는 글쓰기를 사랑한다. 글쓰기가 힘들 때도, 정신적으로나 감정적으로 나를 고갈시킬 때조차 글쓰기를 사랑한다. 글이 술술 풀리고 완전히 자유롭게 느껴지는 날에도 글쓰기를 사랑한다. 그런 날은 드물지만, 나는 매일 그렇게 몰입하기를 기대하며 모니터 앞에 앉는다.

이제 내 작업 과정에 대해, 그러니까 아이디어가 떠오른 순간부터 초고를 쓰고, 수정하고, 마침내 **완성**하기까지의 과정을 안내하겠다.

아이디어를 어디에서 얻나?

작가라면 이 질문을 수도 없이 들어서 이제는 '(여기에 오래된 클리

 킬 더 도그

세를 넣어 보라)'처럼 식상한 질문이 되었다. 이에 대해 작가들이 농담처럼 만들어낸 답변도 수두룩하다. 이 질문을 받으면 화가 난다는 작가들도 있다.

듣기에는 아무런 악의도 없고 합리적인 질문인데 어째서 프로 작가들을 화나게 만드는 걸까?

그 이유는 답을 모르기 때문이다. 당신이 회계사나 컴퓨터 프로그래머인데 자신의 직업에 관한 가장 기본적인 질문에 답하지 못한다고 상상해 보라. 기분이 어떨 것 같은가? 그리고 당신이 무슨 일을 하는지 알게 되는 사람마다 똑같은 질문을 계속 던진다고 상상해 보라.

그 질문을 왜 싫어하는지 이해가 간다. 그건 아마 좌절감과 두려움 때문이리라. 답을 모르기 때문에 좌절하고, 지나치게 고민하다가 창작의 흐름 자체가 끊길까 봐 두려워한다.

내 아이디어는 나의 뮤즈에게서 나온다. 크고 검은 뉴펀들랜드 종 견공인데, 카디프 억양이 약간 있다. 언제 나타날지, 내 곁에 얼마나 머물지 나도 모른다. 대체로 친근하게 굴고 나를 응원해 주지만, 때때로 조급하고 거만하게 굴기도 한다.

재미로 한 대답이다. 진짜 답은 이것이다. 아이디어는 언제 어디서든 찾아오며, 나는 아이디어를 얻으려고 의식적으로 애쓰지 않는다.

레스토랑에서 누군가가 음식을 먹는 모습을 보다가 장편 영화 시나리오나 TV 시리즈 아이디어가 떠오른 적도 있다.

딸과 함께 〈춤추는 빅베어(Bear in the Big Blue House)〉를 보다가, 작업 중이던 시리즈의 에피소드에 쓸 아이디어가 떠오른 적도 있다. 35년 된 홍콩 영화에서 어느 캐릭터를 보다가 아이디어가 떠올라 스펙 파일럿을 쓴 적도 있다. 비록 제작은 못했지만, 몇 차례 개발이 진행되기도 했다.

괴팍한 전직 신문 기자와 점심을 먹다가 떠오른 아이디어로 TV 시리즈 기획안을 쓴 적도 있는데, 그 기획안은 입찰 경쟁 끝에 판매되었다.

스펙으로 쓰는 작품이든 계약을 맺고 쓰는 작품이든, 나는 글을 쓰는 도중에 어떤 것을 보거나 듣거나 떠올린 것이 계기가 되어 창의력이 홍수처럼 밀려오고 그 결과 대본의 방향이 완전히 바뀌는 경험을 여러 번 했다.

결론부터 말하면, 아이디어는 언제나 떠오른다. 떠오르는 아이디어를 멈출 수는 없다. 우리는 아이디어를 너무 많이 얻기 때문에 모두 글로 옮기기는 불가능하다. 우리는 본질적으로 삶과 인간 행동을 관찰하는 존재다. 그래서 누군가가 **자신에게** 좋은 아이디어가 있으니 글로 써 달라고 말할 때 우리는 보통 모르는 척 눈을 굴린다. 그 사람 자체를 무시하는 건 아니다. 다만 우리에게 이미 얼마나 많은 아이디어가 있는지 안다면 그런 요청은 절대 하지 않을 것이다.

지금부터 내가 쓴 대본 두 편을 소개하겠다. 하나는 〈NCIS: 뉴올리언스〉의 에피소드고, 다른 하나는 최근에 완성한 장편 영화 시나리오다. 나만의 별난 습관과 특이한 점, 의심과 두려움, 아이디어의 작은 씨앗을 붙잡아 완성된 대본으로 만들기까지, 나만의 작업 과정을 전부 보여주려 한다.

이 장편 영화는 처음에 '영화 하나 나오겠는데!'라고 생각한 순간부

     킬 더 도그

터 최종 '페이드 아웃'까지 말 그대로 수년이 걸렸다. 물론 항상 그렇지는 않다. 어떤 아이디어는 떠오른 지 단 몇 주 만에 대본으로 완성되기도 한다. 아이디어마다 다르고, 그것을 실현하는 방식도 매번 다르다.

하지만 어떤 아이디어를 작업하든, 내 작업 과정은 늘 동일하다.

출근

나의 글쓰기 일과는 항상 같은 방식으로 시작된다. 6~7년 전쯤 내 인생 영화인 스티브 제일리언의 〈위대한 승부〉를 보고 배운 방법이다. 이 영화는 천재 소년 조시 웨이츠킨이 체스 그랜드마스터가 된 실화를 바탕으로 한다. 조시는 이후 체스를 그만두고 태극권에서도 세계 챔피언이 되었다. 완전히 다른 두 분야에서 세계 최고의 자리에 오른 그가 내 영웅이었다.

내가 글쓰기 일과를 시작하는 방법은 바로 조시에게 배웠다. 당신은 혹시 아침에 눈을 뜨자마자 휴대전화를 들어 이메일, SNS, 문자 등을 확인하지 않는가? 이렇게 하면 뇌는 즉각 '반응 상태'로 전환된다. 푹 쉬고 재충전한 뇌가 처음으로 하는 일이 외부 자극에 수동적으로 반응하는 것이라는 뜻이다. 그러면 창작에 필요한 뇌의 '능동 모드'를 불러내기가 훨씬 힘들어진다.

조시에게서 배운 것은 하루를 시작한 후 처음 90분 동안은 절대 휴대전화를 만지지 않는 것이다. 이메일, SNS, 문자, 인터넷 등 어떤 것도 확인하지 않는다. 시간을 확인하는 것 외에는 휴대전화를 아예 들여다보지 않는다. 이렇게 하면 글을 쓸 때 뇌가 가장 능동적인 상태에 놓여 최상의 집중력과 창의력을 발휘할 수 있다.

이 습관은 나를 완전히 바꿔 놓은 '게임 체인저'였다.

가끔은 눈을 뜨고 세 시간 정도는 지나야 휴대전화를 확인해야겠다는 생각이 들 정도다. 어찌 됐든 최소 90분은 반드시 지키는 절대적인 기준이다. 이 습관 덕에 창의성과 생산성이 크게 높아졌다고 자신 있게 말할 수 있다. 물론 쉬운 일은 아니다. 10년 넘게 몸에 밴 습관을 바꾸는 데 꼬박 2주가 걸렸다. 처음 일주일은 시도하고 실패하기를 반복할 것이다. 하지만 이 습관을 온전히 당신의 것으로 만들 수 있다면 창의성은 새로운 차원으로 올라설 것이다.

전환 플레이(SWITCH THE FIELD)

나는 열렬한 축구 팬이다. 그래서 축구를 '사커'가 아니라 원래 이름인 '풋볼'이라고 부른다. 미국인 친구들은 내가 굳이 '풋볼'이라고 부르는 것 때문에 살짝 짜증을 내곤 한다. 하지만 솔직히, 미국이 이름을 훔친 것 아닌가? 미식축구는 '아메리칸 풋볼'이라고 부르기보다 **핸드볼**이라고 해야 한다. 발보다 손을 훨씬 많이 쓰니까. 진짜 핸드볼 선수들은 이런 점을 별로 신경 쓰지 않을 것 같다. 그들은 꽤 괜찮은 사람들 같다.

이야기가 잠깐 샜다.

내가 축구 이야기를 꺼낸 이유는 축구 용어인 '전환 플레이'(또는 '측면 전환') 때문이다. 한쪽 측면에서 공을 몰고 공격하다가, 반대편

     킬 더 도그

으로 방향을 바꿔 공격을 전개하면 득점 확률을 높일 수 있다. '공격 지점을 변경한다'라고도 한다. 수비수들도 전환 플레이를 할 수 있지만, 이건 축구 책이 아니니 이만 넘어가겠다.

글을 쓰는 과정에서 나 역시 종종 전환 플레이를 활용한다. 바로 작업 환경을 바꾸는 것이다. 주로 일하는 집에서 창의적인 아이디어가 잘 떠오르지 않으면 장소를 옮긴다. 좋아하는 카페로 가거나, 에너지를 확 끌어올려야 할 때는 호텔로 간다. 그렇게 공격 지점을 바꾼다.

나는 호텔에서 글 쓰는 것을 정말 좋아한다. 아침형 인간이라 보통 새벽 6시부터 오전 10시까지가 가장 집중이 잘되는 시간대다. 그래서 가끔 로비나 레스토랑이 괜찮은 호텔로 가서 작업하기도 한다. 특히 중요하거나 부담이 큰 작업을 할 때는 아예 며칠 동안 호텔에 묵는다. 그럴 때면 나는 나만의 풍수 원칙에 따라 호텔 객실 가구를 재배치하곤 한다. 베벌리힐스의 페닌슐라 호텔이나 로스앤젤레스 다운타운의 인터컨티넨탈 호텔 같은 곳에서는 이제 내 행동에 익숙해져서, 체크인할 때 말을 건넨다. "또 뵙네요, 기오 씨. 이번에는 휴가차 오셨나요, 아니면 인테리어를 다시 하러 오셨나요?"

장소는 글쓰기에 엄청난 영향을 준다. 나는 어디든 사무실이 될 수 있다고 굳게 믿는다. 스티븐 킹이나 수 그래프턴 같은 작가들이 초창기에 세탁실 접이식 의자에 앉아 허벅지 위에 타자기를 올려놓고 작업했다는 이야기는 전설처럼 전해진다. 어떤 장소에서든 자리 잡고 앉아 글을 쓸 수 있어야 한다. 하지만 내 경험상 글 쓰는 장소를 바꾸는 것만으로도 글쓰기에 새롭고 긍정적인 에너지를 불어넣을 수 있다. 나는 이유 없이 장소를 바꾸지 않는다. 지금 있는 곳에서 신선한 아이디어나 새로운 영감이 더는 떠오르지 않을 때, 새로운 영감을 얻으려 전환 플레이를 한다.

전환 플레이를 하는 또 다른 경우는 여러 프로젝트를 동시에 진행할 때다. 나는 이제 규칙적인 습관을 지닌 작가가 되어, 일주일에 여섯 번은 아침 일찍 일어나 키보드를 두드린다. 어떤 날은 점심 전에 작업을 끝내고, 어떤 날은 해가 질 때까지 글을 쓰기도 한다. 단, 억지로 쓰려고 하지는 않는다. 무리해서 밀어붙이는 건 창의성에 아무런 도움이 되지 않는다는 사실을 고생 끝에 깨달았기 때문이다. 이유는 모르지만, 나는 밤이 되면 글이 잘 써지지 않는다.

여러 프로젝트를 동시에 진행할 때는 각 프로젝트를 구체적인 섹션으로 나눈 다음 번갈아 작업한다. 한 섹션을 끝낼 때까지 한 프로젝트에만 집중하는 것이다. 개인적인 스펙 시나리오 작업을 하면서, 동시에 계약을 맺은 TV 파일럿 대본[39]을 쓸 때가 있다. 이때는 당연히 계약한 프로젝트에 우선순위를 두고 작업한다. 최근에는 동시에 여러 프로젝트를 계약한 경우가 있었다. 이런 경우에는 프로젝트를 요일별로 나눈다.

예를 들어, 월요일부터 수요일까지는 프로젝트 A 작업, 목요일부터 토요일까지는 프로젝트 B 작업을 하는 식이다. 같은 날에 프로젝

---

39 이때 파일럿은 '스펙 파일럿'이 아니라, 제작사나 방송사의 의뢰로 실제 제작을 염두에 두고 만드는 첫 회 대본을 말한다.

   킬 더 도그

트를 바꿔가며 작업하는 것은 피하려 하지만, 때로는 하루 중에 프로젝트를 전환해야 할 때가 있다. 그럴 때는 축구처럼 전환 플레이를 펼친다고 생각한다. 아침에 프로젝트 A 작업부터 시작하고, 어느 시점에서 멈춘다. 노트북을 닫고, 말 그대로 하루를 새로 시작한다. 샤워를 하거나(아침에 이미 했더라도), 옷을 갈아입고 다른 공간으로 가서 프로젝트 B 작업을 한다. 아침에 집에서 프로젝트 A를 썼다면, 프로젝트 B는 호텔이나 카페에서 하는 식이다.

이렇게 하는 이유는 첫 번째 프로젝트와 관련해 머릿속에 남아 있는 흔적을 깨끗이 지우고 싶어서다. 두 번째 프로젝트에 온전히 집중하고 창의성을 제대로 발휘하도록 말이다. 나는 작업하는 프로젝트마다 전용 플레이리스트를 만든다. 운전해서 카페로 가는 동안이나, 집에서 샤워하고 새 옷으로 갈아입는 동안 프로젝트 B의 플레이리스트를 듣는다. 이상해 보일 수 있지만, 내 글쓰기 과정에는 이 방법이 잘 맞는다. 실제로 효과도 크다.

이제부터는 내가 스펙 시나리오를 쓰게 된 이야기를 들려주려고 한다. 몇 달 전에 마지막 초고를 완성했고, 이 글을 쓰는 지금은 한 대형 투자사와 이야기 중이다. 언젠가 극장에서 볼 수 있길 바란다.

인셉션 포인트(THE INCEPTION POINT)

나는 당시 CBS 시리즈 〈저징 에이미〉의 공동 프로듀서로 일하고 있었다. 다음에 내가 쓸 에피소드에 새로운 캐릭터가 등장할 예정이었고, 이후 시리즈에 고정 캐릭터가 될 가능성도 있었다. 뛰어난 능력을 지닌 쇼러너 바버라 홀이 캐릭터 콘셉트와 원하는 인물상을 내게 알려주면, 그 캐릭터를 글로 구체화하는 것이 내 몫이었다.

그 캐릭터가 개인적인 삶에서 어려움을 겪고 있었기 때문에, 그와 대조되도록 직업적인 면에서는 정밀함을 추구하는 사람으로 설정하기로 했다. 이를 표현하는 방법으로 캐릭터에게 정밀한 기계식 손목시계를 착용시키기로 했다.

당시 나는 시계에 대해 전혀 몰랐기 때문에 작가라는 직업의 큰 즐거움 중 하나인 '조사' 작업에 들어갔다.

여기서 잠깐 시나리오를 더 잘 쓰기 위한 팁을 하나 주면, 앞서 '목소리' 챕터에서 언급했듯이 구체성이 중요하다. 누군가가 반대로 말하더라도, 가능한 한 구체적으로 써야 한다.

이렇게는 쓰지 마라.

그녀는 자신의 비싼 시계를 바라본다.

이렇게 쓸 수 있다면,

그녀는 제니스 데피 랩 시계를 흘끗 본다. 그녀 자신처럼 태엽이 팽팽하게 감긴 시계.

다시 작업 과정 이야기로 돌아가자.

나는 기계식 시계에 대해 조사를 시작했다. 여기서 기계식 시계란 배터리(쿼츠)로 구동하지 않고 태엽을 감아 사용하는 시계를 뜻한다.

원래 10분 정도 진행할 예정이던 조사는 사흘이 지나도 끝나지 않았고, 결국 내 개인적인 집착으로 발전했다. 나는 하이엔드 시계의 세계 속으로 깊이 빠져들었다. 나를 찾으려면 심해 탐사 잠수함이 필요할 정도였다. 나는 기계식 시계의 세계에 완전히 사로잡혔다. 진심으로 사랑에 빠진 것이었다. 그러다 시계 전문 웹사이트를 운영하는 한 남성에게 연락했고 마침 그는 LA에 살고 있었다. 그는 내게 고급 시계들만의 비밀 세계를 보여주겠다고 했다. 비밀 세계가 있다고? 점점 더 신나는 일이 되어 가고 있었다!

에피소드 집필 작업으로 돌아왔을 때, 나는 애초에 시계를 조사한 목적이 캐릭터에게 시계를 채우기 위해서였음을 완전히 잊고 있었다. 에피소드를 완성했지만, 그 안에 시계라는 단어는 한 마디도 들어가지 않았다. 에피소드 작업이 끝나자마자 나는 '미스터 루'라는 시계 전문가를 만나러 갔다.

우리는 베벌리힐스의 한 카페에서 만났다. 그의 시계 수집에 대한 열정과 내 글쓰기에 대해 한 시간가량 이야기를 나눴다. 마치 그가 나를 시험하는 듯한 느낌이 들었다. 대화를 나눌수록 그는 점점 더 여유롭고 편안해졌고, 식사가 끝날 무렵 그는 내게 베벌리힐스의 시계 세계를 구경해 보겠느냐고 물었다.

당연히 그러겠다고 했다.

그는 나를 럭셔리 시계 매장 여러 곳에 데리고 다니며 바쉐론 콘스탄틴, 예거 르쿨트르, 오데마 피게 등 여러 브랜드를 소개해 주었다. 그리고 각 브랜드의 역사와 디자인 미학, 비즈니스 전략을 설명해 주었다. 당시 나는 대부분의 사람들처럼 롤렉스가 럭셔리 시계의 최고봉이라고 생각했지만, 실제로는 그 산의 중턱에도 못 미친다는 사실을 알게 되었다.

미스터 루는 시계 부티크에서 마주치는 모든 사람을 아는 것 같았다. 우리는 세계에서 손꼽히는 초고가 시계도 몇 점 구경했다. 그는 시계 제조의 역사를 알려주고, 10만 달러짜리 초정밀 시계와 2,000달러짜리 시계의 차이를 설명해 주었다. 공식 딜러와 소매상의 차이, 그리고 하이엔드 시계 판매 비즈니스에 관한 각종 내부 정보도 들려주었다.

그는 세상 모든 것에 블랙마켓(암시장)이 존재하며 고급 시계도 예외는 아니라고 했다. 시계 암시장도 다른 암시장과 마찬가지로 가까이해서는 안 될 곳이라고 했다. 이어서 그는 그레이마켓에 대해 알려주었다. 불법은 아니지만, 공식 딜러나 소매상에서 책정하는 높은 가격을 우회하는 방법이라고 했다. 회색시장에서는 공식 딜러나 수집가들이 새로 나온 정품 시계를 소매가보다 20퍼센트 저렴하게 판매하기도 한다고 했다.

그런 다음 그는 다크그레이마켓도 보고 싶으냐고 물었다.

뭐라고? 다크그레이?

다크그레이마켓은 고가 중에서도 고가인 시계들이 매우 높은 할인율로 거래되는 곳이다. 그레이마켓의 20퍼센트 할인율보다 훨씬 높다. 여기에 나오는 시계들은 도난품도 아니고 손상되지도 않은 완벽한 상태다. (이 책은 시나리오 작성에 관한 책이니) 시계 제조사, 공식 딜러,

킬 더 도그

소매상, 수집가들 사이에 벌어지는 내부 전쟁에 대해서는 깊게 다루지 않겠다. 다만 예시 하나만 들면, 제조사들은 종종 신제품을 한정된 수량으로 출시하며 대대적인 홍보를 한다. 그러면 잠재 고객들은 그 제품을 손목에 차려고 혈안이 되어, 악명 높은 대기자 명단에 이름을 올리려 애쓰고, 소매가의 두 배가 **훌쩍 넘는** 가격을 지불하기도 한다.

이때 다크그레이마켓이 등장한다.

미스터 루와 내가 평범한 베벌리힐스 보석 상점처럼 보이는 곳으로 들어섰을 때, 미스터 루는 카운터 뒤에 있는 사람과 친근하게 인사를 나누었다. 그 사람은 카운터 뒤쪽 공간으로 통하는 문을 열어 주었다.

나는 미스터 루를 따라 커튼을 통과해 가게 안쪽 밀실로 들어갔다. 지나가면서 보석을 다듬는 두 사람에게 가볍게 고개를 끄덕였다. 밀실 끝에는 좁은 계단으로 이어지는 문이 있었고, 우리는 그 계단을 내려갔다. 콘크리트 통로를 따라 걸으며, 나는 우리가 베벌리힐스 지하에 있음을 깨달았다.

우리는 90미터 정도를 걸은 뒤 또 다른 계단에 다다랐고, 그 계단을 올라가자 아까 봤던 밀실의 절반 크기쯤 되는 또 다른 밀실에 도착했다.

지금까지도 나는 그 밀실이 정확히 어디에 있는지, 어느 상점에 속해 있는지 전혀 모른다. 내가 그 공간에서 본 것은 차가운 콘크리트 벽에 줄지어 설치된 금속 선반, 그리고 선반 위에 가득 쌓인 다양한 크기의 플라스틱 상자들뿐이다.

밀실 구석에는 작은 책상이 하나 있었고, 그 위에는 보석을 다루는 온갖 도구가 놓여 있었다. 50대로 보이는 덩치 큰 동유럽계 남자가 책상 뒤에 앉아 손에 든 플래티넘 시계를 루페(확대경)로 들여다보고 있었다. 그는 미스터 루에게 친숙하게 인사했지만 나를 경계하는 표정이었다. 미스터 루는 내 신원을 밝히며 내가 시나리오 작가고, 자신은 내게 시계의 세계를 '가르쳐 주는 중'이라고 했다. 그제야 남자는 아주 조금 긴장을 풀었다.

두 사람 사이에 조용한 대화가 오간 뒤, 남자는 선반에서 초록색 상자 하나를 꺼냈다. 그 안에는 평범해 보이는 종이 상자가 몇 개 들어 있었다.

미스터 루는 이제 어느 제조사의 최신 한정판 제품을 보게 될 것이라고 설명했다. 딱 스무 점만 제작되었고, 구매 대기자 명단에 이름을 **올릴 수만 있다면** 부티크에서 15만 달러 정도에 살 수 있다고 했다.

전 세계에 존재하는 스무 점 중 두 점이 그 베벌리힐스 지하의 눅눅한 밀실 안에 있었다. 시계들은 눈이 부실 만큼 근사했다. 미스터 루는 내게 그중 한 점을 7만 8,000달러에 살 수 있다고 알려주었다. 소매가보다 한참 아래였다.

그 순간, 나는 이제 막 시계를 좋아하게 된 초보 애호가에서 시나리오 작가로 돌아왔다. 이 정도면 영화 한 편이 뚝딱 나오겠다고 **직감했다.** 비밀 계단? 신비로운 남자들이 있는 밀실? 종이 상자에 담긴 희귀한 시계? 이게 진짜라고?

그 후 몇 주 동안 베벌리힐스에서의 경험이 머릿속에서 떠나지 않았다. 어떤 영화로 풀어낼 수 있을지 감이 오지 않았지만, 지구상에서

극히 소수의 사람만 아는 세계를 목격했다는 사실만은 확실히 알 수 있었다.

〈저징 에이미〉의 해당 시즌을 마무리할 무렵, 나는 두 아이를 둔 유부남이었다. 아내와 나는 LA를 떠나 가정에 충실한 삶을 꾸리기로 결정했다. 우리는 아내의 고향인 미주리주 세인트루이스로 이사했고, 나는 가르치거나 소설을 써서 생계를 꾸리는 틈틈이 스펙 시나리오를 써야겠다고 막연히 생각했다. 하지만 신에게는 다른 계획이 있었다.

새집을 계약하기도 전에, 나는 스티븐 J. 커넬이 기획한 파일럿 프로그램의 대본 집필과 프로듀싱을 맡게 되었다. 그 일이 다음 해까지 내 시간의 대부분을 차지했고, 그다음 해에 또 다른 파일럿 작업으로 이어졌으며, 결국 한 스튜디오와 전속 계약까지 맺었다. 어느새 나는 LA에 살던 시절보다 훨씬 많은 의뢰를 받는 TV 작가가 되어 있었다.

나는 파일럿 대본을 바쁘게 썼지만 그중 어떤 대본도 정식 시리즈로 제작되지 않았다. 그러는 중에도 나는 '시계 세계'에 관한 아이디어를 절대 잊지 않았지만, 거기에 특별히 에너지나 시간을 쏟지는 못했다. 이후로도 1년 넘게 머릿속 어딘가에 깊이 묻혀 있었다. 그러다가 2007년에 〈오션스 13(Ocean's Thirteen)〉을 보러 극장에 갔다. 내가 너무도 좋아하는 영화인 〈오션스 일레븐(Ocean's Eleven)〉 리메이크 버전의 두 번째 속편이었다.

어두운 극장 한가운데 앉아 〈오션스 13〉을 보던 그 순간, 시계 영화 아이디어가 머릿속에서 폭발하듯 되살아났다.

하이스트! 시계를 강탈하는 하이스트 장르 영화! 그런 건 스크린에서 한 번도 본 적 없지!

나는 영화의 후반 30분 동안 거의 집중하지 못했다. 작가로서 내 머릿속이 거의 태그호이어 시계의 마이크로거더 무브먼트처럼 진동하고 있었으니까(시계 애호가들을 위한 표현이다).

그 후 몇 주 동안, 나는 평소처럼 텔레비전 프로젝트를 작업하고 아버지 역할을 충실히 하는 틈틈이 그 아이디어를 생각했다. 그러자 영화가 머릿속에서 서서히 또렷해지기 시작했다. 처음 떠오른 이미지는 〈로닌(Ronin)〉이나 내가 좋아하는 마이클 만(Michael Mann) 감독의 〈도둑(Thief)〉처럼 다소 어두운 분위기의 영화였다. 비밀 통로와 무서운 유럽 남자들이 등장하는데, 다른 분위기일 수 있겠는가? 어떻든 누군가가 시계를 훔친다. 그런데 누가 훔치는가? 그리고 더 중요한 질문, 왜 훔치는가?

그 시점에서 내가 가진 거라고는, '시계를 맥거핀(MacGuffin)[40]으로 삼은 하이스트 장르'라는 아이디어뿐이었다. 또 하나 내 작업 과정에서 중요한 부분을 말하면, 그때까지 나는 아무것도 글로 적지 않았다. 모든 게 머릿속에서만 빙글빙글 맴돌고 있었다. 하루 또 하루가 지나고, 한 주 또 한 주가 지났다. 토니 길로이(Tony Gilroy)는 이 과정을 '비밀을 품고 도시를 서성이는 것'이라고 표현했다.

주인공이 한 명 필요했다. 아니면 둘. 아이디어나 '플롯'이 아무리 멋지고 상업성이 뛰어나도, 나에게 중요한 건 언제나 캐릭터다. 나는

---

40 이야기의 진행을 이끌지만 사실 그 자체로는 별다른 의미가 없는 물건이나 요소.

　킬 더 도그

캐릭터 없이는 플롯도 존재할 수 없다고 믿는다. 그래서 내 시나리오가 정말 뛰어난 작품이 되려면, 테드 그리핀의 대니 오션이나 마이클 만의 프랭크처럼 환상적인 캐릭터를 만들어야 한다는 사실을 깨달았다. 조지 클루니가 연기한 대니 오션은 역대 최고의 캐스팅이었지만, 그 캐릭터는 영화를 찍기 전에 이미 시나리오 안에 살아 있었다.

아이디어가 머릿속을 떠다니는 동안, 나는 〈오션스 일레븐〉을 나만의 진북으로 삼았다. 처음 떠올렸던 마이클 만 스타일에서 테드 그리핀 스타일로 자연스럽게 옮겨 가고 있었다. 그러고는 머릿속에서 다른 캐릭터들이 하나둘 등장하기 시작했다. 아마도 내가 하이스트 장르 영화에서 가장 좋아하는 트로프(trope)[41]인 '팀을 소집하는 장면'이 영향을 주었을 것이다.

주인공을 만들면서, 당연히 대니 오션이나 다른 캐릭터의 아류처럼 보이고 싶지는 않았다. 하지만 내가 본 영화들 속, 감정적인 울림을 준 캐릭터들을 떠올렸다. 신인 작가들은 기존 작품에서 영감을 얻으면 안 된다는 착각을 하는 것 같다. 마치 표절이라도 되는 것처럼. 하지만 영감은 단순히 지식재산권을 훔치는 것과는 다르다. 다른 작가의 캐릭터나 대본을 그대로 가져다 쓰는 게 아니라면, 다른 작품에서 영감을 얻는 일은 전혀 문제 될 게 없다.

---

41 특정 장르에 익숙하게 등장하는 플롯 장치나 장면, 패턴 등을 말한다. 예를 들어 로맨스 장르의 대표적인 트로프는 서로 싸우다가 연인이 되는 것, 신분 차이가 나는 남녀 등이다.

1단계: 스케치하기

이제 진짜 연필을 들고 종이에 무언가를 써야 할 때다. 나는 멋진 가죽 커버의 트래블러스 노트를 사용한다. 캘리포니아 알타데나에 있는 작은 가게, 바움쿠헨(Baum-Kuchen)에서 산 것이다. 내 모든 글쓰기 프로젝트는 항상 이 노트에서 시작된다. 왜인지 모르지만, 나는 늘 손으로 쓰는 것부터 시작한다. 언제나 팔로미노의 블랙윙 연필로 트래블러스 노트에 쓴다.

처음에 적는 단어들은 다른 영화 속 캐릭터들에서 얻은 단순한 생각들이다. 몇 년 전 하이스트 영화 시나리오를 준비하면서 처음 적었던 세 줄은 다음과 같다.

영화 톤: 이탈리안 잡? 오션스 11?
드니로 - 로닌.
태론 - 이탈리안 잡.

어떤 톤으로 가면 좋을지는 어느 정도 생각해 봤지만, 시계를 훔친다는 기본 아이디어 외에는 거의 캐릭터만 생각했다. 로그라인이나 발단 사건, 플롯 전개 같은 건 신경 쓰지 않았다. 오직 캐릭터만 생각했다. 아직 내 세계관에 넣을 캐릭터를 만들지 않았기에, 다른 하이스트 영화에 나온 멋진 캐릭터들, 예를 들어 〈로닌〉에서 드니로가 연기한 샘, 〈이탈리안 잡(Italian Job)〉 리메이크 버전에서 샤를리즈 테론이 연기한 스텔라를 떠올렸다. 남녀 캐릭터를 구분해 생각하지도 않

 킬 더 도그

았다. 나의 뮤즈가 내 주인공을 데려오기만을 기다리고 있었다. 이런 부분은 누가 가르쳐 줄 수 없다. 주인공의 성별조차 알 수 없었다. 왜 그 두 사람을 적었는지는 잘 모르겠다. 아마 〈이탈리안 잡〉 리메이크 영화 개봉 직후였고, 내가 〈로닌〉의 열렬한 팬이었던 것도 한몫했을 것이다.

다음 단계는 하이스트 장르 영화들을 보는 것이었다. 나는 하이스트 스토리의 세계에 완전히 빠져들고 싶었다. 자신이 작업하는 것과 비슷한 작품을 일부러 피하는 작가들도 있지만, 나는 얻을 수 있는 도움은 무엇이든 얻고 싶어 한다. 그리고 내가 글로 쓰고 싶은 세계에 깊이 빠져들수록 창의적인 아이디어도 더 잘 떠오른다. 그렇게 몇 달 동안 하이스트 영화를 서른 편 정도 봤다. 〈킬링(The Killing)〉부터 〈암흑가의 세 사람(Le Cercle Rouge)〉, 〈스팅(The Sting)〉, 〈피도 눈물도 없이(No Blood No Tears)〉, 〈플로리스(Flawless)〉까지, 어떤 영화는 두세 번씩 봤다.

어떤 트로프나 장면을 흉내 내거나 베끼려는 게 아니었다. 단지 그 스토리텔링의 사고 회로에 나 자신을 몰입시키고 싶었다. 내가 생각하는 모든 것이 하이스트의 세계에 물들길 바랐다. 때때로 액션 시퀀스나 캐릭터 묘사에 대해 한두 줄 메모했는데, 이는 나중에 영감을 얻기 위한 용도였다. 〈도둑들〉이라는 훌륭한 한국 영화에도 멋진 시퀀스들이 담겨 있었다. 내가 완성한 대본에 그 영화의 내용과 유사한 부분은 하나도 없지만, 그 톤과 연출 방식이 나의 창의적 에너지를 충전해 주었다.

아이디어가 머릿속 깊숙한 곳에서 부글부글 끓어오르고 있을 때, 내 캐릭터들이 서서히 형성되기 시작했다. 어떤 이유에서인지 '데인 (Dane)'이라는 이름이 떠올랐다. 나는 다른 캐릭터가 이 사람을 '위대한 데인(The Great Dane)'이라고 부르는 모습을 상상했다. 나는 이름을 아주 중요하게 생각한다. 그래서 프로젝트를 진행하는 동안 캐릭터에 딱 맞는다는 생각이 들 때까지 이름을 여러 번 바꾸기도 한다. 하지만 데인은 마지막 초고를 완성할 때까지 그대로 남아 있었다.

이제 데인이 어떤 사람인지 알아내야 했다. 이 이야기를 이끌어가는 주인공은 누구인가? 이름이 떠오른 순간 성별도 결정되었다. 데인은 남자였다. 처음에는 덴젤 워싱턴(Denzel Washington)을 데인으로 상상했다. 나는 캐릭터를 만들 때 초기에 가상 캐스팅을 해 보는 경우가 많다. 그래야 캐릭터의 외형적 이미지가 좀 더 구체적으로 떠오르기 때문이다. 나는 캐릭터가 기계식 시계를 열렬히 좋아하는 사람이길 원했다. 하지만 그런 사람이 왜 시계를 훔칠까? **'왜'**는 늘 그렇듯 내 이야기 구성의 핵심 요소였다. 캐릭터에게 설득력 있고 확실한 이유를 부여할 수 없다면, 그 이야기는 쓸 가치가 없다. 혹시 로빈 후드 같은 이야기일 수도 있나? 시계를 훔친 사람에게서 다시 시계를 훔친다면? 이는 확실한 이유가 된다. 그래, 그는 악한 도둑에게 빼앗긴 것을 되찾아 오는 '선한 도둑'이다. 이는 데인의 감정적 여정을 위한 훌륭한 토대가 될 것이다.

이 모든 생각을 나는 노트에 적어 두었다.

참고: 아직 데인의 '왜'가 확실하지 않았다. 데인은 왜 나쁜 놈에게

서 시계를 훔치려 하는가?

그다음으로 한 일은 미스터 루와 함께 조사를 다니며 적었던 메모를 다시 들여다보는 것이었다. 초기 단계에서 작성한 메모를 살펴보고, 그중 괜찮다고 생각하는 내용을 노트에 옮겨 적었다. 시나리오에 반영할 수 있는 아주 작은 정보 조각이라도 찾아내려 했다. 유럽 남자의 얼굴에 빛이 어떻게 비치는지, 시계 제조사들의 역사가 어떤지, 어느 그룹이 어느 브랜드를 소유하고 있는지, 시계 무브먼트에 어떤 기술이 적용되는지 등. 시나리오에 쓸 수 있겠다 싶으면 무엇이든 정리해 두었다.

덧붙임: 이런 정보 대부분은 시나리오 초고 어디에서도 찾아볼 수 없다. 하지만 모든 초고에 마치 DNA처럼 스며들어 있다.

작업 과정 중 이 부분을 나는 '스케치'라고 부른다. 아무것도 확정하지 않은 채로 이것저것 생각을 떠올리며 그저 스케치하는 단계다. 한 번 더 강조하지만, 누군가에게 배운 요령도 아니고 반드시 따라야 할 '규칙'도 아니다. 그냥 내가 늘 해오던 방식이다.

스케치 단계에 정해진 시간이나 분량은 없다. 며칠이 걸릴 수도 있고, 몇 주 혹은 몇 달이 걸릴 수도 있다. 다음 단계로 넘어갈 준비가 되었다고 느낄 때까지 계속할 뿐이다.

2단계: 워드 문서 작성하기

2단계는 스케치한 모든 것을 일관된 형태의 워드 문서로 옮기는 단계다. 지금까지 쓴 메모, 대사나 캐릭터에 관한 생각, 장소에 대한 구상, 내가 보거나 상상한 것들을 모아 아이디어에 대한 첫 번째 공식 문서를 만든다. 이 시점에는 보통 제목이 없다. 하지만 별로 걱정하지 않는다. 제목은 떠오르게 되어 있다. 이것이 바로 '고양이 구하기' 책이 궤도를 이탈하는 또 다른 지점이다. 글을 쓰기 전에 '킬러 제목'이나 '킬러 로그라인'이 꼭 필요한 것은 **아니기 때문이다.** 이 책에서 언급한 현역 프로 시나리오 작가 클럽 회원 중 누구도 글을 쓰기 전에 그런 것들을 갖추지 않았다. 당신에게도 필수는 아니다.

이 시나리오를 위해 처음으로 만든 문서의 이름은 '시계-하이스트-v1.0'이었다.

이렇게 만든 문서는 훨씬 공식적인 성격을 띠게 된다. 문서 상단에는 나만의 선언문을 적는다. 내가 생각하는 영화가 어떤 것인지(아직 명확하지 않을 수도 있지만)를 쓰고, 더 중요하게는 **왜** 이 이야기를 쓰려고 하는지 적는다. 왜 이 이야기에 시간과 에너지를 쏟아야 하는지를 기록한다. 이 경우의 '왜'를 설명하면, 베벌리힐스에서 미스터 루와 보낸 그날 깊은 감정적 울림을 느꼈고, 기계식 시계와 시계 수집가의 세계에 매료되어 다른 이들에게 꼭 전하고 싶었기 때문이다. 그건 내가 읽고 싶은 시나리오였고, 내가 보고 싶은 영화였다.

이 과정을 지나는 동안 나는 한순간도 상업성이 있을까, 잘 팔릴까, 사람들이 좋아하게 하려면 뭘 해야 할까, 같은 생각을 하지 않았다. 그런 쓸데없는 것에는 전혀 신경 쓰지 않았다. 오직 나 자신을 위해 무언가를 창조하는 데만 집중했다.

그러다 보면 정말 멋진 일이 일어난다. 많은 작가에게 일어나는 일

 킬 더 도그

이기도 하다. 당시에는 깨닫지 못했지만, 내가 쓰고 싶은 이야기는 사실 아버지와 아들에 관한 이야기였음이 드러나게 된 것이다. 나와 아버지의 관계에 관한 이야기. 그것이 이 대본의 핵심 주제였고, 진짜 감정선이었다. 내가 진심으로 쓰고 있던 내용이었다. 시계도, 하이스트도 아니었다. 하지만 처음부터 아버지와 아들에 관한 이야기를 쓰려고 했다면, 제대로 쓰기는커녕 완성하지도 못했을 것이다. 내 경우에는 이런 과정이 자연스럽게 일어나야 한다. 물론 사람마다 다를 수 있다.

어떤 작가들은 주제를 먼저 정하고 글을 시작한다. 또 어떤 작가들은 주제가 서서히 드러나게 내버려둔다. 나는 후자 쪽이다. 대본에 꽤 깊이 몰입해서 쓰기 전까지는 주제를 거의 의식하지 않는다. 주제를 쫓아가려 하면 항상 결과가 좋지 않았다. 나는 그렇게 거창한 주제를 명확히 다룰 만큼 머리가 좋지 않다. 나는 캐릭터에 집중한 작은 이야기를 써야 한다. 그러면 어느 순간 '아하, 내가 쓰고 있던 게 이거구나'라고 깨닫게 된다.

어떤 프로젝트를 시작할 때든, 자신만의 선언문을 작성하길 강력히 추천한다. 창의성이 꽉 막혔거나 길을 잃은 것처럼 느껴질 때, 선언문을 다시 읽어 보면 큰 도움이 된다.

선언문을 작성한 후에는 나중에 원본과 통합할 새 문서 두 개를 작성한다. 하나는 캐릭터에 관한 문서고, 다른 하나는 내가 'SWWS (Scenes We Want to See)'라고 이름 붙인 보고 싶은 장면에 관한 문서다. 이 문서에는 손으로 적은 메모 중 장면으로 발전시킬 만한 아이디어를 모두 모아 둔다. 하이스트 장르라면 당연히 트로프로 들어가는 장면들이 있기 마련이다. 비록 그 장면들이 구체적으로 어떤 모습일지는 아직 몰라도, 반드시 넣고 싶다는 점만은 분명했다. 내 SWWS 문서에는 다음과 같은 것들이 적혀 있었다.

- 팀 소집
- 시계 전시
- 마지막 대형 하이스트 장면

별거 없어 보이는가? 맞다. 별거 없다. 아직 속구를 던질 때가 아니다. 지금은 워밍업 중이다.

(이 책에서 비유를 너무 많이 쓰는 것 같지만, 양해해 주길.)

앞서 말했듯이, 내가 고전 하이스트 영화에서 가장 좋아하는 트로프는 '팀원들을 소집하는 장면'이다. 보통은 흩어졌던 팀을 다시 모으는 설정이다. 이런 장면을 워낙 좋아하기 때문에 이 부분이 내게 아주 중요할 것임을 알고 있었고, 쓰면서도 정말 재미있을 거라고 생각했다.

하지만 이런 장면들을 본격적으로 작업하기 전에 먼저 캐릭터들을 알아야 했고, 무엇보다 그들 사이의 관계를 이해해야 했다. 독자가 시나리오의 페이지를 계속 넘기게 만드는 요소는 캐릭터 자체가 아니라 캐릭터들 사이의 관계다. 종이 위에 아무리 멋지고 흥미로운 캐릭터를 만들어 놓아도 그 캐릭터가 관계를 맺을 대상이 없다면, 대립하거나 사랑에 빠질 상대가 없다면, 아무 의미가 없다.

그래서 나는 데인이라는 인물이 누구인지, 왜 시계를 훔치려 하는

  킬 더 도그

지에 대해 여러 버전을 써 봤다. 결국, 이런 남자가 그런 일을 하는 유일한 이유는 개인적인 문제 때문이라는 생각에 다다랐다. 극도로 개인적인 이유. 그 시계들은 원래 데인에게서 훔친 것이었다. 아니, 그의 가족에게서… 정확히는 아버지에게서. 그리고 그 일이 그의 아버지를 완전히 무너뜨렸다.

스토리의 기본 내용을 파악했다는 느낌이 들자, 나는 데인의 동료 도둑들이 어떤 사람들일지 써 나가기 시작했다. 각 캐릭터에게 고유한 시점(POV)과 목소리를 부여하는 데 신경을 썼다. 다음으로 한 일은 캐릭터들 사이의 관계를 그리는 작업이었다. 나는 일부 작가들처럼 캐릭터에 대해 상세한 배경 이야기를 작성하지는 않는다. 그러나 캐릭터가 누구인지, 그리고 어떻게, 왜 내 이야기 세계에 존재하는지 고민하는 데 시간과 에너지를 많이 쏟는다.

이렇게 이야기 속 캐릭터들의 윤곽을 대충 잡고 서로가 어떤 관계를 맺는지 어느 정도 명확히 정한 뒤에야 본격적으로 하이스트 자체에 집중한다.

그들이 훔치려는 시계는 무엇인가? 세계에서 가장 비싼 시계? 글쎄, 좀 막연하다. 그렇다면 세계에서 가장 유명한 시계? 좀 더 낫다. 하지만 그런 시계가 수백만 달러의 가치가 있을까? 그렇다면 시계 역사와 시계 제조 산업에 중요한 연결고리를 가진 시계는 어떨까? 음. 그런 시계라면 확실히 값이 나갈 것이다.

그다음에는 조사를 시작한다. 가장 중요하다고 여겨지는 시계가 무엇일까? 이 부분에서는 인터넷 조사가 생각만큼 도움이 되지 않을 수도 있다. 이에 대해서는 나중에 설명하겠다.

시계 컬렉션을 생각해 본다. 그 시계들은 어디에 있으며 어떻게 훔칠 수 있을까? 팀원이 각각의 시계를 따로 훔치러 다닐까? 아니, 4시간짜리 영화는 나도 싫으니까. 그래, 모든 시계가 한군데에 모여 있을 것이다. 박물관 같은 곳에. 몇 개 정도나? 20개 정도면 되겠다. 아니, 너무 많다. 10개. 좋다.

맥거핀이 정해졌다. 역사상 가장 유명하고 중요한 시계 10개로 이루어진 컬렉션이다.

다시 조사를 시작한다. 인터넷은 조사에 유용할 수도 있지만, 반대로 해가 될 수도 있다. 어떤 것들은 구글 검색만으로는 부족하고 직접 발로 뛰어 조사해야 한다.

이 컬렉션에 어떤 시계들이 포함되어야 할지 판단해야 한다. 이럴 때는 내 개인적인 의견이나, 인터넷에서 활동하는 시계 저널리스트들의 의견, 어리숙한 레딧(Reddit) 커뮤니티, 쿼라(Quora)에 올라오는 답변에 의존할 수 없다.

나는 사람들에게 다가갔다. 날마다 하이엔드 시계의 세계에서 숨쉬는 이들에게. 그들은 뉴욕, 런던, 싱가포르, 스페인 등 세계 곳곳에서 온 이들이었다. 그들이 알려 준 건 구글이 절대 줄 수 **없는** 것들이었다. 무대 뒤의 이야기들, 그리고 **진실.** 그때 깨달았다. 이건 할리우드와 똑같다. 인터넷에서 무엇을 보든, 그 출처가 아무리 신뢰할 만하든, 직접 촬영장에 있지 않았다면, 회의에 참석하지 않았다면, 직접 눈으로 보고 귀로 들은 게 아니라면, 당신은 진짜 진실을 알 수 없다.

 킬 더 도그

나는 그들 덕에 훌륭한 정보를 아주 많이 얻었고, 모든 조사 내용을 이야기 안에 다 담을 수가 없었다. 그래서 속편을 떠올리게 되었다. 실제 속편은 아니고, 이 팀이 또 한탕을 할 것 같다는 암시를 마지막 장면에 한 줄 정도 추가해 두자는 메모를 남겼다.

이제 나는 시계 10개를 확보했다. 주인공도 있었다. 동료 팀원도 있었다. 그렇다면 주인공과 대립하는 인물은 누구인가? 그 답을 찾으려고 며칠 동안 고민했다.

'영웅은 악당만큼만 강하다'라는 말을 들어본 적이 있을 것이다. 사실이다. 하지만 굳이 '영웅과 악당'이라는 틀로 묶어 생각할 필요는 없다. 주인공(프로타고니스트)과 적대자(안타고니스트)만 있어도 충분하다. 두 캐릭터가 반드시 칼이나 총을 들고, 혹은 용을 타고 싸울 필요는 없다. 지성과 감정으로도 아주 치열하게 싸울 수 있다.

이 스토리는 시계를 향한 내 열정에서 탄생했기 때문에 적대자는 아주 짜증 나고 못된 인간이어야 한다. 솔직히 말해 누가 시계를 훔치겠는가? 나는 주인공을 먼저 떠올리며 적대자를 만들었다. 내 생각에 가장 좋은 적대자는 주인공과 적대자가 동전의 양면 같은 관계일 때다. 내게는 그런 설정이 가장 매력적이다. 그래서 적대자는 주인공의 DNA에서 탄생했다.

마침내 머릿속에서 이야기 전체 줄기, 캐릭터, 갈등, 그리고 가장 중요한 결말까지 어느 정도 정리가 되자, 장면과 시퀀스를 본격적으로 생각하기 시작했다.

결말 이야기가 나온 김에 말하면, 나는 작업을 진행하는 과정에서 항상 이야기의 결말을 정해 둔다. 마지막 장면을 아주 구체적으로 시각화할 때도 있다. 최소한, 그 결말이 캐릭터들에게 가져다줄 감정의 의미는 알고 간다. 이런 방식이 필수는 아니다. 단지 내가 작업하는 방식일 뿐이다. 비트 시트나 아웃라인을 작성할 즈음이면, 나는 이야기를 어떻게 시작하고 끝낼지 이미 감을 잡고 있다. 결말을 알고 있으면, 글을 써 나갈 때 방향을 알려주는 나침반이 되어 준다. 이 시나리오를 쓰는 동안 나는 머릿속에서 마지막 장면을 선명히 떠올렸고, 마지막 대사가 무엇일지도 이미 알고 있었다.

이제 스토리의 비트를 짤 준비가 되었다.

3단계: 비트 시트(BEAT SHEETS)

나는 비트 시트 작업을 길게 하지 않는다. 대본의 주요 장면, 즉 비트 4~5개 정도를 적은 문서를 만든다. 첫 번째 비트 시트에는 이런 내용이 담겼다.

1. 오프닝 – 과거의 절도 사건
2. 데인이 다시 기회를 얻음
3. 데인이 팀을 소집
4. 절도 계획 세움
5. 절도 실행
6. 해변

이게 전부다. 세부 묘사도 없고, 단어 몇 개만 적혀 있는 수준이다. 마지막 장면이 해변이라는 것만 정해 두었기 때문에, 단순히 '해변'이라고만 적었다. 오프닝은 과거에 일어난 강도 사건으로 시작하고 싶었다. 그렇게 하면 캐릭터들을 자연스럽게 소개하고, 그들 사이의 관계를 보여줄 수 있기 때문이다. 또 시간이 지나 팀을 다시 모을 때, 그 첫 장면이 감정적 무게를 더해 준다. 게다가 그들이 얼마나 유능한 사람인지도 보여줄 수 있다. '등장인물의 능력을 목격하는 쾌감'은 모두가 좋아하는 요소다. 스포츠든, 음악이든, 금고 털기든, 무언가를 뛰어나게 잘하는 사람을 지켜보는 건 늘 흥미롭다.

여기서 분명히 짚고 넘어가야 할 점이 있다. 위에 적힌 비트들은 당신이 어디서 봤을 법한 어떤 규칙이나, '고양이 구하기' 같은 책에서 제시하는 비트 구조를 따른 것이 아니다. 그냥 내가 쓰는 방식일 뿐이다. 내게 가장 잘 맞는 방법. 당신은 얼마든지 당신에게 더 맞는 방법을 찾을 수 있다. 나에게 비트 시트는 그저 이정표 역할만 한다. 나는 언제나 캐릭터를 중심으로 글을 쓰지만, 비트 시트나 아웃라인 단계에서는 보통 외부 사건에 집중한다. 물론 가끔 캐릭터의 내면이나 관계를 아웃라인에 덧붙이기도 하지만, 캐릭터를 깊이 탐구하는 일은 실제 대본을 쓰는 과정에서 한다. 비트 시트는 이야기의 방향을 알려 주는 지도일 뿐이고, 본격적인 집필 단계에서 나는 비로소 그 지도에 비어 있는 공간들을 채워 나간다.

비트를 1~2개 더 만들 수도 있지만, 보통 8~10개를 넘기지 않는다. 그 이상이 되면 아웃라인에 가까워지기 때문이다. 이처럼 겉보기엔 단

출해 보이는 단계를 굳이 거치는 이유는, 서두르지 않고 천천히 워밍업을 하기 위해서다. 나는 억지로 아이디어를 짜내거나 과정을 서두르다가는 반드시 실패한다는 사실을 몸소 배워 알고 있다. 그래서 나 자신에게 불필요한 압박을 주지 않는다. 압박감은 창의성의 적이다.

일단 이 비트들 사이를 메울 준비가 되었다는 느낌이 오면, 그때 아웃라인을 작성하기 시작한다.

나는 아웃라인 짜기를 정말 싫어한다. 끔찍하다. 하지만 아웃라인을 작성하지 않고 글을 쓰는 일은 절대 없다.

아웃라인에 대해 사람들이 오해하는 부분이 있다. 아웃라인을 쓰면 그 틀에 얽매이고 다른 방향으로 갈 수 없다고 생각한다. 그래서 어떤 작가들은 자유를 지키겠다며 아웃라인 자체를 쓰지 않는다. 나는 그들이 아웃라인의 진짜 의미를 이해하지 못했다고 생각한다.

아웃라인은 지도나 GPS다. 예를 들어, 오리건주 포틀랜드에서 플로리다주 마이애미까지 차로 가려 한다고 치자. 당신 앞에는 지도가 있다. 그 지도가 안내하는 최적의 경로를 그대로 따를 수도 있다. 아니면 중간에 틀어 유타주의 브라이스 캐니언을 구경하고, 오클라호마주 스틸워터의 유명 음식점 에스키모 조에서 식사하고, 일리노이주에서 루바브 축제로 유명한 알리도를 구경하고, 사우스캐롤라이나주에 있는 세계 최대 소화전 앞에서 셀카를 찍은 다음에 마이애미로 갈 수도 있다. **지도가 있기 때문에** 언제든 원래 가려던 방향으로 되돌아갈 수 있다.

만약 지도가 없다면? 그냥 무작정 남쪽을 향해 가다 보면 언젠가

 킬 더 도그

마이애미에 도착할 수도 있겠지만, 훨씬 오래 걸리고, 여행 자체가 재미없어질 것이다.

내 친구 리(Lee)는 베스트셀러 작가다. 요즘은 다들 '베스트셀러 작가'라는 타이틀을 쉽게 붙이지만, 리는 진짜다. 그는 늘 아웃라인을 전혀 짜지 않고 곧장 글을 쓴다고 한다. 이 방식은 소설가에겐 잘 맞는다. 소설의 전체 여정에는 에스키모 조에서 밥을 먹고 커다란 소화전 앞에서 셀카를 찍는 일도 포함되기 때문이다. 하지만 시나리오나 대본은 다르다. 우리는 소설가보다 훨씬 제약된 틀 안에서, 그것도 보통 마감 시간의 압박을 받으며 글을 쓴다. 그런데도 어떤 시나리오 작가들은 아웃라인 없이 시나리오를 쓰려고 했다. 결과는 좋지 않았다.

나는 시나리오 쓰기가 어렵기 때문에 아웃라인을 짠다. 아이디어 하나만 가지고 곧장 시나리오를 쓸 만큼 대단한 작가가 아니기 때문이다. 내 아웃라인 작업은 동심원처럼 점점 확장되는 방식이다. 하지만 비트 시트와 아웃라인 사이에는 반드시 거쳐야 하는 중요한 단계가 하나 더 있다. 그 단계를 건너뛰면 나는 아무것도 쓸 수 없다.

4단계: 플레이리스트(THE PLAYLIST)

언제부터 이 습관이 시작되었는지, 왜 그렇게 되었는지는 나도 잘 모른다. 내가 확실히 아는 건, 플레이리스트를 만들기 전에는 아무것도 쓸 수 없다는 사실이다. 스포티파이가 등장하기 전에도 내 아이튠즈에는 6,000곡이 넘는 음악이 들어 있었다. 나는 음악을 사랑한다. 장르를 가리지 않고 다양한 음악을 듣는다. 그리고 이유가 무엇이든,

머릿속에 '사운드트랙'이 준비되지 않으면 어떤 종류의 이야기도 쓸 수 없다.

스토리의 세계를 만들어가는 동안, 즉 인셉션 포인트부터 조사, 메모, 스케치, 비트 시트까지의 단계를 진행하는 동안 나는 머릿속에서 작품의 리듬과 톤을 찾는다.

이 하이스트 영화 대본의 리듬과 톤은 재즈였다. 〈오션스 일레븐〉에 흐르던 음악과 비슷한 분위기. 나는 그 리듬과 톤이 꼭 필요하다는 걸 알았다.

그때 내가 이 시나리오를 위해 만들었던 플레이리스트의 재생 시간은 총 2시간 42분이었다. 그중 몇 곡만 여기에 소개한다.

제목	아티스트	앨범
Training montage	Harry Gregson–Williams	Spy Game
Going on	Gnarls Barkley	The Odd Couple
Wrench & Numbers	Jeff Russo	Fargo TV series
Let There Be Drums	Incredible Bongo Band	40yrs of IBB
Let Them Try	Eric Serra	The Big Blue
The Dirty	True Love	Famous Last Words
The Lonely Bull	Herb Alpert & Tijuana Brass	The Lonely Bull
Paid In Full	Erik B. & Rakim, Marley Marl	Paid In Full

마지막 두 곡, 〈The Lonely Bull〉과 〈Paid In Full〉은 시나리오에 실제로 삽입한 곡이었기 때문에 작업용 플레이리스트에 포함했다. 그런데 구루들은 시나리오에 실제 노래 제목을 넣으면 안 된다고들

　킬 더 도그

한다. 이유는 저작권료가 비싸기 때문이다. 예를 들어, 프로듀서가 당신의 시나리오를 읽다가 '핑크 플로이드의 〈Wish You Were Here〉가 장면 전체에 흐른다'라는 지문을 발견하면, 저작권료가 너무 비싸서 시나리오를 거절할 거라는 말이다.

하지만 이건 터무니없는 말이다. 만약 당신이 그런 말을 믿는다면, 이는 프로듀서가 시나리오를 마음에 들어 했음에도 불구하고 단지 실제 노래 몇 곡이 삽입되었다는 이유로 작품을 거절할 거라 믿는 셈이다. 정말 그렇다면 그는 세상에서 가장 멍청한 프로듀서일 것이다.

제대로 된 프로듀서라면, 시나리오 속에 실제 노래를 넣었다는 이유만으로 당신의 시나리오를 거절하지 않는다. 할리우드의 현실을 조금이라도 아는 사람이라면 그게 얼마나 무의미한 걱정인지 알 것이다.

만약 당신이 쓴 시나리오 속 노래가 실제 제작비로 감당하기 힘든 곡이라 문제가 된다면, 그것은 오히려 **좋은 문제다.** 왜냐하면 누군가가 당신의 시나리오를 샀고, 그 영화를 제작하고 있다는 뜻이기 때문이다. 실제로는 수정 과정에서 "그 노래를 빼 주세요"라는 요청을 받을 뿐이다.

오히려 그 노래 덕에 독자가 시나리오에서 감정적 울림을 느끼고 작품을 사고 싶어 했을 수도 있다. 그러니 근거 없는 조언만 듣고 미리 빼 버리는 일은 절대 하지 마라.

플레이리스트를 만드는 일은 1시간 안에 끝날 때도 있고, 며칠이 걸릴 때도 있다. 혼자 스펙 시나리오를 쓰든, TV 드라마 제작진으로 참여해 에피소드를 쓰든, 나는 반드시 플레이리스트를 만든다. 심지어 자체 사운드트랙이 이미 정해진 드라마를 쓸 때조차, 내가 맡은 에피소드만을 위한 나만의 플레이리스트를 준비한다.

〈레버리지〉 시나리오를 쓸 때의 일이다. 내가 에피소드를 쓸 수 있는 허가를 받은 뒤에도 마음에 드는 플레이리스트를 만드느라 며칠을 보내자, 동료 작가들이 나를 놀렸다. 보통 초고를 쓰는 데 12~14일 정도의 시간을 주는데, 내가 플레이리스트를 완성했을 때는 시나리오를 쓸 시간이 4일밖에 남지 않았다. 그래도 결국 해냈다. 〈NCIS: 뉴올리언스〉를 쓸 때는 플레이리스트에 항상 뉴올리언스 음악이 가득했다. 블루스, 재즈, 케이준, 자이데코 같은 음악들이다.

플레이리스트 없이 진행한 유일한 프로젝트는 〈지오스톰〉이었다. 특정 방식에 따라야 했기에 만들 수 없었는데, 확실히 내 글은 플레이리스트가 있을 때 훨씬 잘 나온다.

하이스트 시나리오를 쓸 때 나는 스포티파이를 약 3시간 동안 들여다봤다. 곡마다 몇 초씩 들어 보고 고른 끝에, 재생 시간이 1시간을 조금 넘는 플레이리스트를 완성했다. 내 플레이리스트는 살아 움직이는 존재다. 글을 쓰는 동안 계속 변한다. 어떤 곡을 빼고 새 곡을 넣기도 한다. 하지만 글을 시작하기 전에는 최소한 1시간 분량의 음악이 필요하다. 기악곡일 수도 있고, 가사가 있는 곡일 수도 있다. 많은 작가들이 가사가 있는 곡을 들으면 집중이 안 된다고 하지만, 나는 괜찮다. 글을 쓰는 순간 이미 단어에 완전히 몰입해 있기 때문이다.

플레이리스트가 충분히 준비되면, 그제야 고된 작업인 5단계를 시작할 수 있다.

5단계: 아웃라인(THE OUTLINE)

아웃라인을 짜는 것 자체가 곧 스토리의 '구조'를 세우는 것이라고 주장하는 사람도 있을지 모른다. 하지만 그렇지 않다. 겉으로 보기에는 구조를 다루는 것처럼 보일 수도 있겠지만, 나는 그런 식으로 생각하지 않는다. 나는 주제를 명확히 밝히거나, 사건을 나열하거나, 페이지 수를 계산하는 식으로 작업하지 않고, 가능한 한 캐릭터의 내면적인 시점에서 스토리를 바라보려 한다.

내가 아웃라인을 짜는 목적은 비트 시트에 남아 있는 빈 곳을 메우기 위해서다. 비트 3과 비트 4의 내용이 이미 정해져 있다면, 그 둘 사이의 공간을 스토리와 캐릭터에 자연스럽게 어울리는 방식으로 채워야 한다. 내가 작성하는 초기 아웃라인은 비트 시트를 좀 더 발전시킨 형태에 가깝다. 하이스트 대본을 쓸 때 만든 첫 번째 아웃라인에는 장면이 15개쯤 있었고, 세부 내용은 거의 없었다. 이때는 분위기를 타기 위해 흐름을 만드는 중이다. 두세 번째 버전으로 넘어가면서, 점차 세부 내용을 추가하고 빈 부분을 채워 나간다. 하지만 내 아웃라인은 결코 지나치게 상세하지 않다. 나는 아웃라인에서 '지도'만 얻으면 된다. 어떤 시나리오 작가들은 30~40페이지를 빽빽하게 채워 아웃라인을 작성하지만, 나는 이 단계에서 창작 에너지를 너무 많이 소모하고 싶지 않다. 에너지를 가능한 한 많이 모아 두었다가 대본을 실제로 쓰는 순간에 쓰고 싶다.

아웃라인을 계속 업데이트해 서너 번째 버전쯤 되면, 드디어 진짜 아웃라인처럼 보이기 시작한다. 아직 장면 번호는 매기지 않지만, 각 장면에 대해 간단한 설명을 쓰기 시작한다.

아웃라인을 몇 번이나 업데이트하는지는 프로젝트마다 다르다. 작품의 리듬이나 분위기를 잡지 못해 여덟 번째 버전까지 쓴 적도 있고, 세 번째 버전에서 끝난 경우도 있다.

마지막 버전에서 장면 번호를 붙이는데, 특별한 이유가 있어서가 아니라, 그냥 그게 좋아서다. 따라 할 필요는 없다. 개인적인 작업을 위해 아웃라인을 작성할 때는 어떤 규칙도 없다. 하지만 네트워크나 스튜디오와 계약을 맺고 글을 쓸 때는 아웃라인 작성이 필수 절차에 들어간다. 다음은 '공식' 아웃라인의 예시다. CBS 스튜디오용으로 파일럿 대본을 작성할 때 만든 아웃라인 중 일부다. 이런 경우 개인 작업에 쓰는 아웃라인보다 훨씬 상세해야 한다.

> 16 – INT. 대저택 – 낮
>
> 다음 날 아침, 부시 가문의 여성들이 차례로 등장한다. 롯시와 앨리스를 비롯해, 돌프와 거시의 여동생 클라라, 거시의 젊은 아내 마리, 돌프의 두 번째 부인 캐서린까지. 방 안에는 (1930년대 기준으로) 화려하고 섹시한 드레스들이 가득하다. 로즈와 앨리스가 클라라에게 오늘 밤 무도회에서 입을 '사랑과 미의 여왕' 드레스를 입혀 준다. 다른 여성들은 클라라가 당연히 여왕으로 뽑힐 거라고 말하지만, 클라라는 자신감이 없어 보인다. 롯시만이 클라라의 할아버지가 이 행사를 주관하는 '베일 쓴 예언자'로 뽑혔으니 부시 가문 여성이 여왕이 될 가능성이 높지 않겠느냐며 솔직한 의견을 내놓는다. 이 장면에서는 각 여성의 뚜렷한 개성이 드러난다. 마리는 귀족 가문 출신이고, 남성 중심 가문에서 자란 클라라는 소극적이고 자존감이 낮은 인물이다. 캐서린은 겉보기에는 상냥하게 미소를 띠지만, 내면은 차갑고 계산적이다. 이들은 회사와 경쟁 양조업체에 대해 이야기할 때도 남성이 아닌 그들의 아내들

 킬 더 도그

과 딸들에 대해 말하며 모든 것을 여성의 시선에서 바라본다. 또한, 금주법 폐지와 그 후 다가올 미래가 이 세계의 여성들에게 어떤 의미가 될지를 논의한다.

보다시피 아웃라인은 상당히 밀도 높은 내용이다. 스튜디오나 방송사 임원진이 읽을 아웃라인을 쓸 때는 각 장면에서 무슨 일이 벌어지는지 아주 명확하게 전달하는 것이 목표다. 그들은 작가가 아니기 때문에 작가와 같은 방식으로 사물을 보지 않는다. 따라서 명확성이 최우선이다. 물론 개발 책임자들 대부분은 똑똑하고 창의적이다. 아닌 경우도 가끔 있지만, 이번 파일럿 프로젝트에서 함께한 임원들은 내가 작가 일을 하면서 만난 사람 중에서도 손에 꼽을 만큼 뛰어났다. 이 자리를 빌려 브라이언 시버리(Bryan Seabury)와 휘트니 베리(Whitney Berry)에게 감사를 전한다. 그럼에도 불구하고, 아웃라인에서 가장 중요한 건 여전히 명확성이다. 그들은 당신에게 많은 돈을 지불하려는 만큼 무엇을 위해 지불하는지 확실히 알고 싶어 한다.

공식 아웃라인에는 항상 장면 번호와 슬러그라인을 넣어야 한다. 하지만 개인 작업에 사용할 아웃라인에는 넣지 않아도 된다. 보수를 받고 하는 일이 아니라면, 원하는 대로 작성하면 된다.

내가 스펙 시나리오 작업에 사용하는 아웃라인은 공식 작업에 사용하는 아웃라인과 모양이 다르다. 공식 버전처럼 상세하지 않다. 그럴 필요가 없기 때문이다. 아웃라인은 내 이야기의 GPS 역할을 하는 것이지, 다른 사람에게 보여주기 위한 문서가 아니다. 나는 장면 번호를 아웃라인의 마지막 버전에만 넣는데, 그전까지 장면들의 위치를 이리 저리 바꾸기 때문에 번호를 계속 수정하기가 너무 귀찮아서다.

다음은 내가 하이스트 시나리오를 쓸 때 만든 아웃라인 중 하나다.

INT. 쿠르티우스 박물관 – 금고실

적외선 빔 등이 설치된 대형 금고실

서버실 – 동시간대

오즈가 좁은 공간에 끼어 앉아 태블릿으로 영상을 들여다보고 – 쥐가 케이블을 갉아 먹고 있다.

보안 센터 – 동시간대

벨기에인 경비원들(한 명은 젊은이, 한 명은 노인). 젊은 경비원이 CCTV 영상을 감시 중이다. 나이 든 경비원이 태블릿으로 자전거 경주를 보고 있다.

CCTV 화면들이 정지한다.

그들이 네덜란드어로 대화한다. 젊은 경비원이 걱정하지만, 나이 든 경비원은 쥐 때문이라고 말한다. 젊은 경비원: "쥐가 왜 케이블을 갉아먹죠?"

스매시 컷 투:(SMASH CUT TO:)

환기 시스템

쥐가 케이블 뭉치 위에 올라가 그중 케이블 한 개에만 집중한다. 카메라가

킬 더 도그

그 케이블에만 젤리 같은 물질이 묻어 있는 모습을 보여 준다.

서버실

오즈 옆에 있는 곰 모양 꿀단지가 반쯤 비어 있다.

오즈가 팀원들에게 준비 완료라고 전달한다.

EXT. 쿠르티우스 박물관 – 밤

박물관, 강, 그 뒤로 철로. 카메라가 거리 아래쪽 레인지로버 차량을 비춘다.

INT. 레인지로버

인트로 – 테디와 핸슨, 그리고 그들의 시계

서버실

오즈가 팀원들에게 알린다. 일정대로 진행. 대기 중. 게임을 즐길 시간. 핸슨은 게임 하기 싫어한다.

EXT. 쿠르티우스 박물관

멀리서 기차가 등장한다.

참고: 팀원들이 장난스럽게 행동하다가 재빨리 작전에 몰입하는 순간을 분명하게 보여줄 것.

개인적인 용도의 아웃라인은 이처럼 훨씬 간결하게 쓴다. 나는 이 방식이 아웃라인이 창작의 자유를 해친다고 생각하는 작가와 아웃라인이 필요하다고 믿는 작가 사이의 간극을 메우는 방법이라고 생각한다.

아웃라인의 목적은 단순하다. 각 장면에서 내가 해내야 할 일을 파악하는 것이다. 그것으로 충분하다. 때로는 나 자신에게 메모를 남기거나 질문을 적어 두기도 한다.

앞서 보여 준 것은 아웃라인의 두 번째 버전이었다. 그 후로 한두 번 더 업데이트하면서 세부 내용을 10퍼센트 정도, 그다음엔 20퍼센트 정도 추가했다. 그러면 대본을 쓸 준비가 된 것이다.

그렇다면 언제 아웃라인에서 대본 쓰기로 넘어가야 할까? 답은 간단하다. '느낌'이다. 작가마다 다르고, 자신을 믿어야 한다. 다만 아웃라인을 쓰는 게 지겨워졌다는 이유로 대본 쓰기를 시작해서는 안 된다. 나도 그런 실수를 자주 저질렀다. 정말 때가 되었다는 느낌을 알아차릴 만큼 자기 인식을 명확히 해야 한다.

다시 말하지만, 아웃라인을 꼭 작성해야 하는 것은 아니다. 당신에게 맞지 않는다면 쓸 필요 없다. 하지만 내 경험상 아웃라인을 작성하면 대본 쓰기가 더 쉽고 빠르고 재미있어지는 것은 사실이다.

아웃라인을 짜 두는 것은 어디로 갈지를 미리 알고 있는 것과 마찬가지다. 그래서 중간에 옆길로 샜다가도 아웃라인을 쓱 훑어보면 되돌아오기가 쉽다.

나는 최종 아웃라인을 완성하면 컴퓨터 화면 오른쪽에 띄워놓고, 장면을 하나씩 쓸 때마다 아웃라인에서 해당 내용에 줄을 그어 지운다. 이는 성취감을 느낄 수 있는 심리적 트릭이며, 시나리오 작가에게 큰 동기부여가 된다. 장면 하나를 지울 때마다 승리하는 기분이 들고, 시나리오 작가들이 사랑하는 단어인 '페이드 아웃'에 점점 다가가고 있음이 눈에 보인다.

비혼합 아웃라인과 혼합 아웃라인

〈저징 에이미〉를 작업할 때, 바버라 홀과 하트 핸슨이 내게 '혼합 아웃라인'이라는 방법을 가르쳐 주었다. 시나리오 작가들에게 구명조끼와 같은 방법이었다.

여러 캐릭터가 얽힌 복수의 스토리라인을 다루는 작품을 쓰다 보면, 전체를 아우르는 일관된 아웃라인을 세우는 데 시간이 굉장히 오래 걸린다. 〈저징 에이미〉의 각 에피소드에는 최소 세 개 이상의 별도 스토리라인이 포함되었는데, 우리는 각 스토리라인마다 개별적인 '미니 아웃라인'을 작성했다. 이것이 이른바 '비혼합 아웃라인'이다. 예를 들어, 에이미의 법정 사건, 에이미의 개인사, 에이미 어머니의 사회 복지 사건 등 50페이지 분량의 에피소드 대본에 담길 모든 내용에 대해 각각의 아웃라인을 따로 만들었다. 쇼러너들이 각 미니 아웃라인을 승인하면, 그것들을 하나로 합쳐 '혼합 아웃라인'을 만들었고, 이를 에피소드의 공식 아웃라인으로 임원진에게 전달했다.

이는 스토리라인이 여러 개 얽힌 대본을 개발할 때 매우 효과적이다. 이 기법은 시간을 절약할 뿐만 아니라, 스토리에서 무엇이 통하고 통하지 않는지를 빠르게 파악할 수 있다. 불필요한 장면이나 캐릭터도 더 쉽게 걸러낼 수 있다. 각 캐릭터와 그들의 스토리라인에 대한 비혼합 아웃라인을 만든 다음, 이를 바탕으로 전체 아웃라인을 구성하면 작성 과정이 훨씬 매끄러워지고 결과물도 더 나아진다.

6단계: 시나리오 작성

모든 작가가 살아가는 이유이자 가장 멋진 단계다. 글 쓰는 걸 싫어한다고 주장하는 작가들조차 말이다. 마법이 일어나는 것도 바로 이 단계. 내가 실제로 시나리오를 집필하는 과정은 매우 규칙적이다. 나는 주 6일 글을 쓴다. 보통 새벽 5시 30분쯤 일어나 명상과 기도를 하고, (집에서 글을 쓰는 날이면) 프렌치프레스로 커피를 내린다. 커피가 우러나는 4분 동안 플레이리스트를 듣는다. 음악은 글쓰기에 필요한 상태로 나를 이끌어 준다. 첫 잔을 마시면 본격적으로 시작이다. 아웃라인을 보며 지난번에 어디까지 썼는지 확인하고 작업에 들어간다.

아웃라인이 있어도 어떤 장면은 아직 머릿속에 선명하게 그려지지 않을 때가 있다. 완전히 이미지화되지 않는 경우도 있다. 스토리가 진행되면서 무언가가 바뀌었기 때문일 수 있다. 이는 흔한 일이니 당황하지 마라. 아웃라인은 가이드일 뿐, 대본을 대신 써주는 것이 아니다.

잘 풀리지 않는 장면에 부딪히면 나는 일단 넘어가고 다음 장면을 쓴다. 심각하게 막힐 때는 훨씬 뒤에 나오는 장면, 특히 내가 기대하

　　　　　　　　킬 더 도그

거나 잘 아는 장면으로 가서 그 부분을 쓴다. 아무것도 안 쓰는 것보다 무언가를 쓰는 것이 항상 더 낫다.

글이 잘 나오지 않을 때 쓰는 또 다른 방법은 앞서 말한 '측면 전환 플레이'다. 상상력과 신선한 자극이 필요할 때는 호텔로 간다. 나는 호텔에서 글 쓰는 것을 정말 좋아한다. 하루 종일 로비에서 시간을 보내거나 며칠 동안 머물며 대본을 쓰기도 하는데, 이 방법이 얼마나 효과적인지 말로 다 설명할 수 없을 정도다.

전환 플레이를 두려워하지 마라.

나는 첫 번째 초고를 가능한 한 빨리 완성하려고 노력한다. 물론 무작정 쏟아내듯 쓰지는 않고, 흐름을 유지하며 밀고 나간다. 어떤 페이지에서 막히면 그냥 'XXXX'라고 쓰고 다음 장면으로 넘어간다. 순서에 얽매이지 않고 잘 풀리는 장면부터 쓰거나 임시 대사를 넣어 두고 넘어간다. 노골적인 표현이라도 일단 써 놓고 나중에 더 세련된 서브텍스트로 바꾸는 것이다. 어떤 방법을 쓰든 계속 앞으로 나아가는 게 중요하다. 'XXXX'를 적어 두는 이유는 나중에 전체 검색으로 그 부분을 쉽게 찾기 위해서다. 첫 번째 초고에서는 글의 퀄리티에 신경 쓰지 않는다. 나 말고는 아무도 보지 않기 때문이다. 첫 번째 초고의 목적은 '퀄리티'가 아니다.

첫 번째 초고의 핵심은 이것이다.

첫 번째 초고는 모두 완벽하다. 완성되는 것만으로 충분하기 때문이다.

볼드체로 다시 강조해 보자…

첫 번째 초고는 모두 완벽하다. 완성되는 것만으로 충분하기 때문이다.

쓰다 보면 '정말 별로다'라는 생각이 들 때가 있다. 맞다, 실제로 별로일 수도 있다. 그래도 멈추지 말고 계속 써라.

신인 시나리오 작가들은 첫 번째 초고를 다섯 번째 초고처럼 쓰려는 실수를 자주 한다. 같은 장면을 여러 번 다시 쓰고, 첫 20페이지를 고치고 또 고친다. 하지만 그건 제자리에서 뛰며 어딘가에 도착하기를 바라는 것과 같다.

첫 번째 초고를 잘 써야 한다는 걱정은 버려라. 잘 쓸 필요 없다. 완성하는 것 외에는 어떤 의미도 없다. 끝내기만 하면, 그 자체로 이미 완벽하다.

7단계: 리라이팅(고쳐쓰기)

첫 번째 초고를 끝내면, 나는 그 대본을 잠시 접어 두고 일부러 잊어버린다. 그리고 방금 끝낸 작업과는 장르도 내용도 완전히 다른 작업에 집중한다. 빨리 고쳐 쓰고 싶더라도, 가능한 한 멀리 떨어져 있다 돌아와야 더 신선하고 객관적인 시선으로 볼 수 있음을 경험으로 배웠기 때문이다. 신인 작가들이 저지르는 커다란 실수 중 하나가 수정 작업을 지나치게 빨리 시작하는 것이다. 너무 빨리 돌아가 대본을 열게 되면 무엇이 문제인지, 무엇을 잘라내고 무엇을 개선해야 할지 잘 보이지 않는다. 결국 손본 뒤 세상에 내놓을 준비가 되었다고 착각하게 된다.

하지만 그렇지 않다.

 킬 더 도그

무슨 일이 있어도 너무 빨리 첫 번째 초고로 돌아가지는 마라.

나는 일주일 이내에는 첫 번째 초고를 다시 보지 않는다. 가능하면 서너 주가 지난 다음에 다시 본다.

리라이팅, 즉 고쳐쓰기는 정말 중요한 단계다. 자신이 쓴 초고를 객관적으로 바라보고, 애정이 가는 부분도 과감히 삭제할 수 있어야 한다. 하지만 동시에, 머릿속에서 들려오는 부정적인 목소리도 조심해야 한다. '이건 다 쓰레기야. 고칠 가치도 없어!' 이런 목소리 말이다. 첫 번째 초고를 62페이지쯤 썼을 때 당신이 들었던 목소리, 기억 나는가?

그냥 무시해라.

나는 리라이팅 과정도 여러 단계로 나눈다. 첫 번째 단계는 대본을 출력하고 품질 좋은 빨간 펜을 찾는 것이다. 필요할 경우를 대비해 내가 애용하는 팔로미노 블랙윙 연필도 옆에 둔다.

이 단계에서는 글쓰기나 고쳐쓰기에 대해 생각하지 않는 것이 중요하다. 이 시점에서 나는 작가가 아니라 **독자**일 뿐이다. 에이전트가 보내 준 다른 작가의 시나리오인 것처럼 내 시나리오를 읽는다. 이 작업을 제대로 수행하려면 상당한 집중력이 필요하다. 우리는 대부분 자신이 쓴 작품을 객관적으로 읽을 수 있다고 생각하지만, 특히 자신이 좋아하는 장면에 이르면 애정 때문에 판단이 흐려져 객관적으로 볼 수 없는데도 이를 깨닫지 못하는 경우가 많다.

그래서 나는 출력한 대본과 빨간 펜을 들고, 평소에 글을 쓰지 않는 장소로 간다. 내 책상이나 자주 가는 카페 등 내가 그 대본을 쓴 장소에서는 절대 읽지 않는다. 이건 쓰기가 아니라 '읽기' 작업이기 때문이다. 나는 세인트루이스 아파트 17층에 살면서 도시와 미시시피강이 내려다보이는 발코니에 앉아 좋은 글을 꽤 많이 썼던 것 같다. 빨간 펜을 꺼내 들고 대본을 읽어야 할 때는 한 번도 글을 쓰지 않은 반대편 발코니에 앉아 커피를 마시며 작업을 시작하곤 했다.

지금은 미국 서부 지역에 사는데, 집은 1층이다. 예전처럼 높은 곳에서 풍경을 내려다보지는 못하지만, 예쁜 연못과 폭포가 있어 첫 번째 읽기 작업을 하기에 편안하고 평화로운 환경이다. 이제 인쇄한 초고를 펼쳐 **한 단어도 빼놓지 않고 읽는다.** 이것이 핵심이다. 우리 뇌는 익숙한 글을 읽을 때 꼼꼼히 보지 않고 건너뛰려는 경향이 있다. 다음에 무슨 대사나 설명이 나올지 이미 알기 때문에 읽기는 하지만 진짜 읽지는 않는다. 그래서 오타도 발견하지 못하고 지나간다. 실제로 모든 단어를 소리 내어 읽는 것이 오타를 발견하는 가장 효과적인 방법이다.

나는 내 대본을 읽을 때, 누군가를 고용하기 위해 샘플 대본을 읽는다고 생각한다. 마음에 들지 않거나 더 나아질 수 있다고 생각되는 부분은 빨간 펜으로 표시한다. 어떤 대사나 묘사가 괜찮긴 한데 완벽하진 않다 싶을 때는 여백에 빨간 글씨로 네 글자를 적는다.

WCDB.

'We can do better', 즉 더 나아질 수 있다는 뜻이다.

이는 뛰어난 각본가인 캐런 홀(Karen Hall)에게서 배운 습관이다. 나중에 손봐야 할 부분이라는 뜻이다. 당장은 꽤 괜찮아 보여도, 조금

 킬 더 도그

만 손보면 훨씬 좋아질 수 있다는 표시다. 그게 전부다. 그리고 계속 읽는다.

빨간 펜은 당장 고치려고 쓰는 도구가 아니다. 나중에 고쳐야 할 부분을 표시하는 도구다. 나는 이 방식으로 대본 전체를 읽는다. 가끔 새로운 대사나 묘사가 더 떠오르면 메모하지만, 그런 경우는 많지 않다. 오타를 발견하면 동그라미를 쳐서 표시한다. 그 외에 빨간 펜으로 하는 일은 단 하나, 선을 그어 지우는 일이다. 내가 애착을 가진 문장일수록 더 빨리 희생된다. 필요 없다고 판단하면 대사, 전환 문구, 지시문, 심지어는 장면 전체에 과감히 빨간 줄을 긋는다.

나는 이 첫 번째 읽기를 반드시 한 번에 끝낸다. 중간에 멈췄다가 다시 시작하면 더 힘들어진다.

대본 전체를 다 읽고 빨간 펜으로 표시하는 작업을 마치면, 잠시 덮어 둔다. 하지만 오래 두지는 않는다. 읽으면서 떠오른 여러 생각과 아이디어를 신선할 때 활용해야 하기 때문이다. 하지만 경험한 바로는, 즉시 리라이팅을 시작해서는 안 된다. 대본 하나를 통째로 읽고 필요한 부분에 표시하는 것만으로도 창의적 에너지를 많이 써버렸기 때문에, 재충전할 시간이 필요하다. 그래서 보통 이 작업을 하고, 점심과 짧은 휴식을 거친 뒤 오후에 다시 키보드 앞에 앉는다.

이제 빨간 펜으로 표시한 인쇄본을 키보드 옆에 두고 첫 페이지부터 고쳐 나간다.

이게 첫 번째 리라이팅이다. 전체를 다 읽지도 않고 고치기부터 시작하면 작업이 힘들어지고, 필요 이상으로 많은 일을 떠안게 된다.

첫 번째 리라이팅에서는 빨간 펜으로 표시해 둔 부분만 처리한다. 오타를 수정하고, WCDB라고 적어 둔 곳을 다듬으며, 전반적으로 조금 더 깔끔하게 만드는 정도다. 이렇게 완성되는 두 번째 초고를 할리우드에 바로 제출할 수 있는 수준으로 끌어올리려고 애쓰지는 **않는다**. 그건 스스로를 괴롭히는 일이다. 나는 시나리오 한 편을 완성하기까지 시간이 필요함을 충분히 이해하며, 시간을 들여야 더 좋은 결과가 나온다고 믿는다. 인내심은 시나리오 작가가 곁에 두어야 할 친구다.

이렇게 첫 번째 리라이팅을 마치면 두 번째 초고가 완성된다. 이 초고 역시 잠시 멀리 둔다. 길어야 며칠 정도다. 이 기간에는 대본에 대해 전혀 생각하지 않는다.

다음 단계는 두 번째 리라이팅이다(이 단계를 마치면 세 번째 초고가 완성되는 것이다). 여기서 본격적인 수정 작업이 시작된다.

대본을 새로 출력한 다음, 빨간 펜을 들고 읽는다. 이번에는 읽으면서 쓰는 과정이므로 장소는 사무실이든 어디든 상관없다.

이 단계부터 본격적인 고쳐쓰기 작업이 시작된다.

이번에는 오로지 스토리에만 집중해 대본을 검토한다. 스토리가 잘 작동하는가? 일관성을 유지하는가? 자연스럽게 흘러가는가? 논리적으로 말이 되는가? 캐릭터는 스토리 전개에 직접 관여하지 않기 때문에 이 단계에서는 캐릭터에 전혀 신경 쓰지 않는다.

나는 이 두 번째 리라이팅을 '스토리 리라이팅'이라고 부른다.

내가 봐도 이름을 잘 지은 것 같다.

 킬 더 도그

이렇게 두 번째 리라이팅을 마치고 세 번째 초고가 완성되면, 다른 사람들에게 보여 줄 준비가 되었는지 스스로 판단해 본다. 나는 내 초고를 네 명의 동료 작가에게 보낸다. 사실 그들에게 보내는 것은 첫 번째도, 두 번째도 아닌 이 세 번째 초고다. 그들로서는 첫 번째 초고지만 말이다. 네 명 모두 현역 프로 시나리오 작가다. 친분의 깊이는 서로 다르지만, 우리는 서로의 작품을 공유하는 관계다.

이 세 번째 초고는 네 명 중 두 명에게만 보낸다. 나머지 두 명은 다음 초고를 위해 아껴둔다. 지금 단계에서 너무 많은 피드백이나 아이디어를 받고 싶지 않기 때문이기도 하고, 그 두 명은 크게 성공해 엄청 바쁘게 활동하는 시나리오 작가들이라 읽어달라는 부탁을 여러 번 할 수 없어서다.

브라이언 코플먼(Brian Koppelman)이 한 말 중에서, 내가 100퍼센트 공감하는 말이 있다.

"아마추어 시나리오 작가는 자기 대본에서 뭐가 좋은지만 듣고 싶어 하고, 프로 작가는 뭐가 잘못됐는지 듣고 싶어 한다."

프로 작가들은 우리가 쓴 대본을 두고 오냐오냐해 주거나 너그러이 인정해 주길 바라지 않는다. 우리는 각자 경험을 통해 이미 글쓰기에 대한 자신감을 쌓았다. 내 대본이 얼마나 훌륭한지 말해 주는 것도 물론 듣기 좋지만, 진짜 듣고 싶은 건 뭐가 문제인지다. 내가 아는 프로 작가들에게 공통점이 하나 있다면, 모두가 지금보다 더 나아지고 싶어 한다는 점이다. 스티브 제일리언급의 거장이든, 스토리 편집자로 일하는 업계 2년 차든 마찬가지다. 우리는 모두 성장하고 싶다.

우리가 동료 작가의 피드백에서 얻고 싶은 것은 우리의 글에서 무엇이 잘 풀리지 않는지, 무엇이 더 나아질 수 있는지다. 자신이 쓴 작품과 거리를 두려 노력해도, 그 글을 쓰지 않은 사람만큼 객관적일 수는 없다. 내 작품을 오직 동료 프로 작가들에게만 보여주는 이유는 그들을 신뢰하기 때문이다. 그들은 좋은 글과 나쁜 글을 구별할 수 있을 뿐만 아니라, 작업 과정을 이해한다. 초고와 제작용 완성본의 차이를 안다. 글을 쓰지 않는 사람이나 이 업계와 관련 없는 사람에게도 내 작품을 공유한 적이 있지만, 이런 초고는 절대 보여주지 않으며 그들에게서 피드백을 기대하지도 않는다. 보통은 개인 감상용으로 요청받았을 때만 보여준다.

당신이 어둡고 디스토피아적인 시나리오를 어머니 친구에게 보여주는 것은 괜찮다. 하지만 "지나치게 어둡고 디스토피아적이야"라는 피드백을 받는다고 해서 그 의견을 심각하게 받아들이지는 말아야 한다. 마찬가지로 유쾌한 로맨틱 코미디를 세 번 이혼했고, 전 배우자에 대한 접근금지명령을 받았으며, 최근 애인에게 또 차인 직장 동료에게 보여주는 일도 피해야 한다. 그 사람이 당신의 대본을 읽고 말도 안 되는 스토리라고 피드백을 준다면, 그 의견에는 아마도 감정이 실려 있을 가능성이 있다.

내 초고를 읽은 두 명에게 피드백을 받으면, 검토해서 어떤 것을 반영하고 어떤 것을 반영하지 않을지 결정한다. 그들을 신뢰하기 때

   킬 더 도그

문에 피드백을 대부분 받아들이는 편이다. 그들을 사람으로서도, 시나리오 작가로서도 잘 알고, 그들도 나를 잘 안다.

세 번째 초고에 그들이 보내준 피드백을 반영한 다음 다시 한번 읽기를 거친다. 먼저 커피를 내린 다음, 평소에 글을 쓰지 않는 공간으로 가서 최대한 처음 읽는 독자의 관점에서 객관적으로 대본을 읽으려 노력한다. 빨간 펜으로 수정할 부분을 표시하고 나면, 같은 날 바로 세 번째 리라이팅 작업에 들어간다.

이 작업이 완료되면(말했듯이 작업은 단거리 달리기가 아니라 마라톤이다), 다음으로 네 번째 리라이팅 작업을 거쳐 다섯 번째 초고를 만들 차례다.

네 번째 리라이팅에서는 오직 캐릭터에만 집중한다.

이 단계에서 신경 쓰는 건 캐릭터뿐이다. 캐릭터의 행동, 대사, 관계, 반응 등 모든 면을 살핀다. 묘사, 장소, 배경, 전체적인 스토리 전개 같은 요소는 신경 쓰지 않는다. 각 캐릭터가 얼마나 뚜렷한 개성을 지니고 현실감 있게 느껴지는지를 확인하고, 그 캐릭터의 여정이 스토리 전반에 일관되게 그려지는지 점검한다.

이 다섯 번째 초고에서는 대사 위에 캐릭터 이름이 적혀 있지 않아도 독자가 읽으면 누가 말하는지 알 수 있을 정도로 캐릭터를 분명히 구축하는 것을 목표로 한다.

드디어 여섯 번째 초고로 향한다. 여섯 번째 초고는 글다듬기 초고다. 내가 쓴 묘사, 언어, 문장 구성, 표현 방식, 전반적인 글 자체를 다듬는다. 그렇게 여섯 번째 초고가 완성되면 앞서 아껴 둔 두 명의 동료 작가에게 보낸다. 그들의 피드백을 받아 한 번 더 수정하고 나면, (보통은) 에이전트, 매니저, 변호사, 프로듀서, 방송사나 스튜디오 임원 등에게 보여줄 준비가 된 것이다.

그렇다. 맞게 계산했다. 나는 최소 여섯 번의 리라이팅을 진행하지 않고서는 대본을 보내지 않는다. 더 많이 진행할 때도 있다.

그렇게 하이스트 대본을 동료 두 명에게 보내고 나는 기대에 한껏 부풀었다. 피드백을 받고 간단히 다듬어 담당자들에게 얼른 넘기고 싶었다. 그런데 그중 한 명이 일정상 대본을 읽어줄 수 없게 되어 결국 나머지 한 명인 존 로저스에게만 보냈다. 그는 경험 많은 장편 영화 작가이자 쇼러너이며, 내가 아는 각본가들 중에서도 손꼽히는 실력자다. 나는 그의 판단을 전적으로 신뢰한다.

그런데 존이 내 초고를 마음에 들어 하지 않았다.

음, 정확히 말하면 내 대본이 좋긴 하지만, 한 가지 큰 문제가 있다고 했다.

주요 캐릭터, 즉 내 주인공이 문제였다.

존은 내 주인공을 좋아하지 않았다. 다른 캐릭터들처럼 잘 정의되어 있거나 입체적이지 않다고 생각했다. 그래서 주인공과 다른 인물들 사이의 관계가 제대로 형성되어 있지 않다고 느꼈다. 존은 이 대본을 완전히 다시 써야 하며, 주인공 자체를 새롭게 만들어야 한다고 했다.

나는 망연자실했다.

초기에 이런 말을 듣는 건 괜찮지만, 이건 대여섯 번 고쳐 쓴 초고

 킬 더 도그

였다. 작가로서 자존심에 큰 타격을 입었다. 나는 이 시나리오가 JJ 에이브럼스의 제작 지휘 아래 메건 엘리슨(Megan Ellison)이 프로듀싱하고 이드리스 엘바(Idris Elba)와 에밀리 블런트(Emily Blunt)가 출연하는 작품이 되리라 상상했다. 싱가포르 촬영장에서 모두가 최고의 시간을 보내는… 사실 이런 장면은 실제로 일어나기 전까지는 절대 생각하지 말아야 한다. 나는 시나리오 작가로서 엄청난 잘못을 저질렀다. 최고의 스토리를 쓰는 데 집중하지 않고, 작품이 가져다줄 성공에 도취해 있었다.

내가 할 수 있는 유일한 일은 그 시나리오에서 잠시 물러나는 것뿐이었다. 나는 너무 시나리오 가까이에 있었고 균형 잡힌 시각을 잃었다. 그래서 시나리오를 멀리 치워 두고 내 삶을 이어갔다. 다른 유료 작업을 맡았고, 또 다른 스펙 시나리오를 쓰기 시작했다. 그렇게 6개월이 흐른 뒤 그 하이스트 시나리오를 꺼내 읽었고, 존이 써준 피드백도 다시 읽었다.

그는 100퍼센트 옳았다. 내 주인공은 그저 다른 캐릭터를 본뜬, 텅 빈 껍데기에 불과했다. 서로 입체적인 관계를 맺고 있는 멋진 캐릭터들 사이에서 내 주인공은 그냥 울타리 기둥 같은 존재였다.

그 무렵 나는 어느 정도 마음을 추스른 상태였다. 작가들이 거절당했을 때, 나는 '걸으면서 털어내자'라는 말을 자주 한다. 스펙 시나리오가 시장에 나왔지만 팔리지 않을 때, 영화가 개봉했지만 흥행에 참패했을 때, 맡기로 한 TV 시리즈가 취소되었을 때, 파일럿이 채택되지 않았을 때, 그밖에 시나리오 작가의 세상이 무너질 수 있는 수백만 가지 일 중 하나가 일어났을 때. 그렇게 타격을 입었을 때는 그냥 바람을 쐬거나 걸으면서 털어내는 수밖에 없다. 어떤 때는 마음속에서 털고, 또 어떤 때는 실제 행동으로 옮긴다. 〈지오스톰〉 개봉 첫날 밤, 나는 셔먼 오크스 갤러리아로 영화를 보러 갔다. 2년 동안 그 영화의 편집본을 보지 못했기에, 아무것도 예상할 수 없었다. 나는 어두운 극장에 앉아 엔딩 크레디트가 올라가는 동안 완전히 위축되어 있었다. 불이 다 켜지고 나서야 자리를 떠니… 걸었다. 그 금요일 밤, 나는 1시간 넘게 벤투라 대로를 이리저리 거닐었다.

덧붙임: 친구들 앞에서 〈지오스톰〉을 자조적으로 '기오-스톰'이라 부른 적이 있다. 완성된 작품에는 당연히 논란의 여지가 있기 마련이지만, 나는 스콧 로젠버그에게서 중요한 교훈을 하나 배웠다. '자기 가족과는 반대편에 서지 말라'는 것이다. 오메르타(Omerta)[42]와 같은 것이다. 완성된 영화나 TV 시리즈가 당신 눈에 아무리 형편없게 보여도, 당신 이름이 걸린 프로젝트를 남들 앞에서 공개적으로 비난해서는 안 된다. 장편 영화 한 편을 만들고 개봉하는 것은 엄청나게 어려운 일이다. 결과가 훌륭하든 끔찍하든, 그 드문 일을 해낸 것에 대해서는 늘 자부심을 가져야 한다.

하지만 나는 내 작업에 대해 솔직한 편이다. 스스로를 객관적으로 보려 노력한다. 어떤 글을 잘 썼는지, 어떤 글을 못 썼는지, 그리고 잘 쓴 글이 스크린에 옮겨지면서 어떻게 망가졌는지도 안다. 다만, 내가

---

42 마피아의 행동 규율로, 자기 조직을 고발하거나 비밀을 누설하지 않는다는 의미.

 킬 더 도그

절대 하지 않는 말이 있다. 내가 쓴 어떤 작품이 다른 누군가의 작품보다 낫다는 말이다. 설령 내 글이 더 낫다고 믿더라도 말이다. 모든 예술이란 주관적이기 마련이지만, 내가 내 시나리오를 두고 '거의 완벽하다'거나 〈메멘토〉보다 잘 썼다고 말한다면, 좋게 봐도 우스운 말이고 나쁘게 보면 오만한 망상일 뿐이다.

다시 하이스트 시나리오 이야기로 돌아가자. 존에게서 피드백을 받은 지 6개월쯤 지나, 나는 다시 작업을 시작했다. 1페이지부터 완전히 새로 썼다. 그리고 마법 같은 일이 일어났다. 마침내 제대로 된 글이 나왔다.

그 스토리는 아주 오래도록 내 안에 자리하고 있었고, 나는 그 스토리에 정말 많은 열정을 쏟았다. 그동안 쓴 초고들은 결국 내 머릿속 작은 영화관을 위해서였다. 하나 분명히 말하면, 언제나 당신이 전하고 싶은 이야기, 당신이 보고 싶은 영화를 써야 한다. 다만, 열정 속에서 길을 잃지 않도록 주의해야 한다. 내 글에서 그토록 명백한 결함을 알아채지 못한 이유는, 내가 시나리오 작가의 시선이 아니라 시계에 막 빠져든 초보 애호가의 시선으로 시나리오를 썼기 때문이다. 캐릭터가 아니라 시계에만 집중하고 있었던 것이다.

다시 작업할 때 비로소 나는 프로 시나리오 작가로 돌아가 있었다.

나는 왜 존이 데인이라는 캐릭터를 마음에 들어 하지 않았는지에 집중했다.

나는 그저 '정말 멋진' 캐릭터를 만들었다고 생각했다. 하지만 캐릭터 자체가 아니라, 캐릭터들이 서로 맺는 관계가 스토리를 매력적이고 설득력 있게 만든다는 사실을 잊고 있었다. 수십 년간 프로 작가로 일했으면서도 말이다. 데인이 다른 캐릭터들과 맺는 관계를 깊이 탐구하기 시작하자 스토리는 점점 좋아졌고, 결국 내가 아버지와 아들에 관해 쓰고 있었음을 깨달았다. 이야기 속에 아버지와 아들이 있었는데도 그저 이야기의 반짝이고 화려한 요소들에만 집착하는 바람에 이야기 **속** 본질을 보지 못했던 것이다. 그 본질에 집중하자 모든 것이 바뀌었다. 나는 표면적인 요소가 아니라 관계에 초점을 맞춰 장면들을 다시 썼다. 데인이 다른 캐릭터에게 멋진 말을 던지는 장면 대신, 두 인간이 서로 대화하는 장면을 썼다. 그들이 말하는 방식은 그들의 정체성과 그들 사이에 쌓인 관계에 기반을 두었다. 이런 것들은 대본에 분명하게 드러나지 않을 수도 있다. 어떤 사람들은 이를 '백스토리(backstory)'라고 부르지만, 나는 '0막(Act Zero)'이라 부른다. 시나리오의 첫 페이지가 시작되기 **전에** 세상에서 일어난 모든 일이 '0막'이다.

그렇게 다시 시작한 리라이팅 작업은 술술 풀렸다. 그런 날은 자주 오지 않는다. 내 경험상, 아웃라인부터 마지막 '페이드 아웃'까지 6개월이 걸리는 프로젝트를 진행한다고 할 때, 글이 진짜로 잘 써지는 기간은 고작 4~5일 정도다. 흐름을 완벽히 탄 몰입 상태에서 문장이 술술 풀리는 시간이 6개월 중 4일이면, 그건 성공이다.

하이스트 시나리오를 손보는 작업은 약 3주 만에 끝났다. 그중 7~8일은 흐름을 탄 몰입 상태에 있었다.

나는 존에게 새로 쓴 초고를 읽어 달라고 정중히 부탁했다. 그는

 킬 더 도그

기꺼이 그러겠다고 했다. 그의 피드백을 기다리는 동안 정말 고통스러웠다. 다른 작업을 하려고 애썼지만, 끊임없이 이메일을 확인하며 존의 답장을 기다렸다. 마침내 존의 메일이 도착했다.

그는 대본이 좋다고 칭찬해 주었다. 내가 드디어 해낸 것이다. 리라이팅을 하는 동안 스토리의 다른 부분들도 함께 나아졌다. 독자가 공감할 수 있는 입체적인 주인공이 생기자, 모든 요소가 한 단계 업그레이드되었다. 새로 만든 주인공은 말투도 달라졌고, 행동도 달라졌고, 반응과 대응 방식도 달라졌다. 그에 따라 스토리 속 모든 관계도 달라졌다. 대본 전체가 훨씬 나아졌다.

이후 내 하이스트 시나리오는 배우들과 프로듀서들의 관심을 끌었고, 이 글을 쓰는 현재 협상이 진행 중이다. 부디 이 작품이 촬영장의 밝은 조명을 마주할 날이 오길 바란다. 하지만 방금 그 말이 이 작품에 저주를 걸었을지도 모르겠다. 어쨌든 여기는 할리우드니까. 여기서 보장할 수 있는 건 단 하나다. 아무것도 보장할 수 없다는 것.

계약을 맺고 글을 쓸 때의 작업 과정은 스펙 시나리오를 쓸 때와 다르지 않다. 내가 〈NCIS: 뉴올리언스〉의 공동 총괄 프로듀서로 일할 때, 시즌 4의 16번째 에피소드였던 '공감(Empathy)'을 예로 들어 보자.

무엇보다 '공감'이라는 제목은 정말 별로다. 너무 노골적이고 건조하며, 신비로움도 흥미진진함도 느껴지지 않는다. 결정적으로 에피소드의 내용과도 맞지 않는다.

나는 그 에피소드를 '진혼곡(Requiem)'이라 부르고 싶었지만,

그 제목이 더 어울리는 다른 에피소드가 있었기에 '회색 영역(Gray Matter)'이라는 제목을 생각해 냈다. 이 제목으로 콘셉트, 아웃라인 등 모든 단계가 진행되었다. 그런데 내가 대본 초고를 제출한 뒤에 쇼러너가 이유도 없이 제목을 '공감'으로 바꿔 버렸다. 이유를 묻자, 그는 "공감에 관한 이야기니까"라고 대답했다.

아, 그건 아닌데. 하지만 그의 프로그램이니까. 내 것이 아니다.

다른 사람의 프로그램에서 글을 쓴다는 게 바로 이런 것이다. 그 시리즈에서 함께 일한 쇼러너는 특별히 창의적인 편은 아니었다. 하지만 쇼러너가 이해하지 못하는 것처럼 보여도, 창의적인 면에서나 다른 면에서 나쁜 선택을 해도, 그가 원하는 것이 프로그램에 바람직하지 않음을 알더라도, 그의 뜻을 따라야 한다. 그러지 않으면 그는 나를 해고하고, 언덕을 데굴데굴 굴러 내려가는 쇠똥구리처럼 시키는 대로 굴러갈 사람을 금방 찾아낼 테니까.

이야기의 시작

시즌 4의 후반부가 진행될 때, 나는 이미 그 프로그램을 떠나기로 결심한 상태였다. 작업 환경은 해로웠고 창의성도 전혀 장려되지 않았기 때문이다. 보수도 높고 TV 업계에서 명함도 내밀 수 있었지만, 나는 불행한 날들을 보내고 있었다. 그래서 이 거대한 절차물[43] 시리

---

43 특정 직업의 업무 절차나 문제 해결 과정을 따라 이야기가 전개되는 드라마나 소설. 범죄 수사, 의료, 법정 드라마가 대표적인 예다.

  킬 더 도그

즈에서 내가 쓰는 마지막 에피소드만큼은 적어도 나에게 의미가 있어야 했다.

아버지를 알츠하이머로 잃은 지 얼마 지나지 않은 때라, 그 일에 대해 뭔가 말하고 싶었다. 〈NCIS: 뉴올리언스〉와는 전혀 상관없는 이야기였지만, 나 자신을 위해, 돌아가신 아버지를 위해 말하고 싶었다. 작가는 할 말이 있어야 한다. 하고 싶은 말이 없다면 왜 이 일을 하겠는가? 무슨 의미가 있나? 아버지와의 관계는 분명히 내 글에 영향을 미치고, 나는 아버지를 기리고 싶었다.

당시 쇼러너는 "이번 포스터는 뭐야?"라는 질문을 즐겨 했다. 에피소드 한 편으로 한 장짜리 영화 포스터를 만든다고 가정하면 어떤 그림이 될지를 묻는 것이었다. 그건 그가 스토리를 구성하는 방식이었다. 그러면 기존 영화들 중에서 해당 에피소드를 간단히 표현할 수 있는 영화를 하나 찾아야 했다.

예를 들어, 프라이드(스콧 배큘러(Scott Bakula)가 연기한 캐릭터)가 도시 전체를 날려버릴 폭탄을 찾아 해체하기 위해 사투를 벌이는 내용을 한 작가가 제안했다고 하자. 그러면 그 작가는 비슷한 줄거리를 가진 영화 제목 한두 개를 제시해야 했다. 쇼러너가 그 아이디어를 머릿속에서 그려볼 수 있도록 말이다.

개인적인 의견이지만, 이는 스토리를 구성하는 좋은 방식은 아니다. 이런 방식이면 결국 작가가 쓰는 모든 이야기가 남의 작품을 본뜬 것이 되고 만다. 물론, 매 에피소드가 거의 똑같은 구조를 가져야 하는 방송용 대형 시리즈를 만들 때는 괜찮은 방법일 수도 있다. 하지만 훌륭한 TV 드라마를 만들고 훌륭한 이야기를 전하기에는 많이 미흡한 방식이다.

하지만, 그건 내 프로그램이 아니었다.

내 강점 중 하나는 인간의 행동을 잘 이해하고 타인의 마음을 제법 잘 읽는다는 점이다. 시즌이 어느 정도 진행되었을 무렵, 나는 쇼러너가 무엇을 좋아하고 싫어하는지, 그리고 그에게 '선 밖을 색칠하는 일', 즉 정해진 규칙을 깨고 창의적인 일을 한다는 것이 무엇을 의미하는지 파악하고 있었다. 그것은 평론가들의 호평을 받았지만 널리 알려지지 않은 영화의 포스터나 외국 영화의 포스터를 한 장 붙여 놓은 정도에 불과했다.

나는 예전에 본 벨기에의 스릴러 영화 〈알츠하이머 케이스(De Zaak Alzheimer)〉가 떠올랐다. 알츠하이머를 앓는 노년의 청부 살인범을 그린 영화였다. 나는 그 포스터를 이용해 쇼러너에게 내 아이디어를 제안했다. 청부 살인범이 뉴올리언스에서 어떤 국회의원의 보좌관을 암살하려 하지만, 잘못된 표적들을 죽이기 시작한다는 설정이었다. 쇼러너는 흥미로워했지만, 이 이야기가 어떻게 우리 드라마의 에피소드가 될 수 있을지는 잘 떠올리지 못했다. 그때 동료 작가들이 나섰다.

작가실에서 논의가 이어졌고, 우리는 이런 설정을 떠올렸다. NCIS 팀 모두가 이 위험한 청부 살인범을 잡고 싶어 하지만, 뛰어난 통찰력을 지닌 캐릭터인 프라이드는 쉽게 뛰어들지 않는다. 프라이드는 TV에 나오는 어떤 캐릭터보다 영리해서, 이 청부 살인범에게 뭔가 이상한 점이 있음을 직감한다.

결국, 그가 죽이는 사람들은 국회의원 보좌관을 제거하러 온 다른 청부 살인범들이었다는 사실이 밝혀진다. 그리고 NCIS팀은 그가 왜 다른 청부 살인범들을 죽이는지 밝혀내야 한다. 내 아이디어는 이랬다. 그는 한때 전쟁 영웅이었지만 이후 타락한 삶을 살았고, 알츠하이머가 뇌에 퍼지면서 청부 살인범이었던 자신을 잊은 채 전쟁 영웅으로서의 자신만 기억하게 된다는 설정이었다. 지나치게 단순화한 설명이지만, 당신이 기본 스토리를 이해하기엔 충분할 것이다.

나는 이 내용을 주인공 캐릭터와 감정적으로 연결할 방안을 제안했다. 만약 프라이드의 어머니가 알츠하이머를 앓고 있다면? 이 제안은 처음에 반대에 부딪혔다. 드라마가 이미 시즌 4까지 진행된 상태에서, 프라이드의 어머니에 대해 과거와 관련한 몇 마디 모호한 언급을 제외하고 아무런 정보가 없었기 때문이다. 이런 일은 시리즈를 집필하는 과정에서 자주 일어난다. 초반 대사에서 캐릭터의 백스토리를 설정해 놓지만, 나중에 그 설정이 작가들의 발목을 잡을 수 있다는 점까지는 미처 생각하지 못하기 때문이다. 하지만 작가진은 프라이드의 어머니가 그동안 왜 한 번도 등장하거나 언급되지 않았는지에 대해 설득력 있는 설정을 만들어 냈다. 그녀는 다른 나라에서 전문 치료를 받고 있었고, 프라이드는 프라이드답게 그 사실을 혼자만 알고 있었다.

좋았어! 내가 의도한 방향대로 일이 순조롭게 진행되고 있었다!

우리는 쇼러너와 임원진이 스토리를 승인하도록, 이른바 '투페이지(two-pager)'라는 문서를 제출해야 했다. 에피소드의 시놉시스(synopsis)[44]로, 두 페이지를 넘기지 않아야 해서 이런 이름이 붙었다. TV 업계에서는 흔히 볼 수 있는 형식이다. 〈NCIS: 뉴올리언스〉에서 처음 에피소드를 맡았을 때 나는 이 투페이지 작업에 정말 애를 먹었고, 심지어 이 일을 그만둘지 고민하기도 했다. 시즌을 시작하고 겨우 6편쯤 진행된 시점이었지만, 이미 여러 면에서 제작 현장이 제대로 돌아가지 않음을 느낄 수 있었다. 내가 힘들었던 이유 중 하나는, 겉으로는 쇼러너가 한 명이었지만 실제로는 총괄 프로듀서 두 명이 날짜에 따라 번갈아 쇼러너 역할을 맡았기 때문이다. 이 방식이 잘 작동하면 쇼러너의 방대한 업무를 두 사람이 분담하기 때문에 매우 효율적이다. 하지만, 이 작품에서는 두 사람이 쇼러닝뿐만 아니라 글쓰기 스타일에서도 거의 정반대라 혼란만 커질 뿐이었다. 둘은 스토리를 짜는 방식이 달랐고, 작가들이 자기 스타일에 맞게 글을 써주길 원했다. 우리는 실제로 어떤 총괄 프로듀서가 에피소드를 담당하는지에 따라 우리의 글쓰기 방식을 바꿔야 했다. 한 사람이 승인한 것을 다른 사람이 거절하는 일도 잦았다. 이는 극도로 비효율적이었고, 창의성을 발휘해야 하는 작가들의 입장에서는 매우 답답한 일이었다. 이런 상황에서 가장 큰 문제점이자 이 작품에서 대부분의 갈등을 일으킨 핵심 원인이 하나 있다. 아마도 할리우드 제작 환경에서 가장 흔히 벌어지는 문제일 것이다.

---

44 작품의 핵심 줄거리, 갈등, 결말 등을 간략히 요약한 문서.

 킬 더 도그

바로 소통 부족.

정확히 말하면 의도적인 소통 부족이다.

할리우드는 불안감으로 가득 찬 곳이다. 그 불안감은 우리 대부분이 창작자가 되는 이유이기도 하다. 그리고 그 불안감이 드러나는 대표적인 형태는 자신의 행동, 의견, 결정에 책임을 지려 하지 않는 것이다.

소셜 미디어가 폭발적으로 성장하면서 전 세계 사람들이 키보드 뒤에 숨어 자신의 의견과 분노를 쏟아내는 것을 당신도 알 것이다. 이런 현상은 할리우드에서 수십 년 동안 계속되어 왔다. 다만 할리우드에서는 소셜 미디어 아바타 뒤에 숨는 대신 다른 사람들 뒤에 숨는다. 제작 과정에서 급한 불을 끄거나 해결해야 할 문제가 발생하면, 그 누구도 얼굴을 맞대는 회의는커녕 전화 회의조차 피한다. 대신 작은 규모로 회의를 연다. 그래서 잘못된 일이 있으면 다른 소규모 회의에 참여한 사람들에게 돌리고, 잘된 일은 죄다 자신들의 공으로 돌린다. 아무도 자신이 말한 것, 한 것, 또는 하지 않은 것에 대해 책임지길 원하지 않는다. 단, 좋은 일이 생기면 가장 먼저 자기가 했다고 나선다.

〈더 라이브러리언〉 시즌 2를 담당하던 때가 기억난다. 오리건주 포틀랜드에서 촬영 중이었는데, 제작진 대부분은 전화 회의에 참여하는 것조차 거부했고, 한자리에 모이는 일은 아예 불가능했다. 어느 부서에 문제가 있다거나, 누가 이런 말을 했다거나, 다른 누가 저런 행동을 하고 있다고 말하기 바빴다. 내가 문제를 해결하려고 모두를 한자리에 모으려 해도, 아무도 참석하려 하지 않았다. 그 누구도 자신이 한 말과 행동, 자신이 낸 소문, 자신이 뱉은 거짓말에 책임지려 하지 않았다.

〈NCIS: 뉴올리언스〉의 총괄 프로듀서 두 사람도 마찬가지였다. 그들은 각자 작가진에게 상대방의 문제점을 늘어놓았지만, 서로 얼굴을 맞대고 이야기하거나 자신의 행동과 의견에 책임을 질 용기는 없었다. 어느 쪽도 자신이 한 말에 책임지지 않으려 하는 바람에, 작가들만 그 사이에서 희생양이 되었다. 이 문제는 투페이지부터 아웃라인, 대본 작성까지 전 과정에 걸쳐 반복되었다. 어느 총괄 프로듀서가 에피소드를 총괄하느냐에 따라 일이 매끄럽게 진행되기도 했고, 상처에 사포질을 당하는 듯한 고통을 겪기도 했다.

내 첫 번째 투페이지 작업은 그야말로 사포질이었다.

'옳지 않다'라는 이유로 거절당하고 또 거절당했다. 옳은 게 무엇인지, 내 문서가 왜 옳지 않은지 설명도 듣지 못했다. 그냥 틀렸다고만 했다.

결국 그 에피소드를 담당하는 총괄 프로듀서가 나 때문에 답답한 나머지 직접 투페이지를 썼다. 정확히 올바른 방식으로 말이다. 그런데 그의 버전을 읽어 보니, 내가 직전에 썼던 두 가지 버전과 똑같았다. 말 그대로 내가 쓴 문장의 단어를 재배열했을 뿐이었고, 내 문장이 '그의' 문장이 된 것뿐이었다.

하지만 어쩌겠는가. 내 프로그램이 아닌데.

분명히 밝혀두고 싶다. 이 책을 읽으며 내 어조를 어떻게 느낄지 모르겠지만, 나는 이 모든 것을 적대감도 경멸도 없이 담담하게 말하

 킬 더 도그

고 있다. 왜냐하면 이게 바로 이 직업의 본질이기 때문이다. 텔레비전 작가가 된다는 건 이런 일을 감수하겠다는 뜻이다. 이게 현실이다. 남의 프로그램에서 일한다는 건 그 사람의 방식대로 따라야 한다는 뜻이다. 그의 방식대로 하지 않으면, 그는 그렇게 할 수 있는 사람을 금방 찾을 것이다. 그래서 이른바 '예스맨'이 할리우드, 특히 TV 업계에서 잘나간다. 사람들은 재능 있는 사람보다 예스맨을 훨씬 좋아한다.

그러다 내 아버지를 주제로 한 에피소드의 '투페이지'를 쓸 때가 왔다. 힘들었던 지난 경험 탓에 당연히 긴장했다. 게다가 시즌 후반부였고 작가실의 사기도 바닥이었다. 말 그대로 데스밸리(Death Valley)[45] 수준이었다. 그러나 이번에는 다른 총괄 프로듀서가 내 에피소드를 담당했고, 내 투페이지는 내 문장 그대로 승인되었다. 그래서 나는 곧바로 아웃라인 작업에 들어갈 수 있었다.

아웃라인(THE OUTLINE)

작가 회의에서 실제로 에피소드를 짠 과정은 건너뛰겠다. 내가 콘셉트를 제안했고 쇼러너가 승인했으며, 이후 작가실에서 스토리를 '브레이킹(breaking)'하기 시작했다. 이는 작가들이 모두 모여 에피소드의 각 장면과 그 전개 방식을 구성하는 작업이다. 도입부에 발생하는 범죄 사건(이 드라마의 공식이다), NCIS팀이 출동하는 장면, 그 외에

---

45 캘리포니아 남동부에 있는 분지. 북아메리카에서 해발고도가 가장 낮은 곳으로 해수면보다 아래다.

에피소드에 포함해야 할 부가적인 스토리라인을 마지막 장면까지 하나씩 짜 나갔다.

유능한 작가들로 가득 찬 방에서 에피소드를 브레이킹하는 일은 굉장히 활력 넘치는 작업이다. 특히 유능한 쇼러너가 이끌 때 더 그렇다. 반대로 실력이 부족한 작가들과 함께 있거나, 쇼러너가 정오가 되기 전에 거의 나타나지 않는 환경에서는 매우 답답하고 힘든 작업이 될 수도 있다. 〈NCIS: 뉴올리언스〉의 작가진은 훌륭했고, 재능이 뛰어난 작가들도 꽤 있었다. 비록 총괄 프로듀서 둘은 우리 앞에 잘 나타나지 않았지만, 작가들이 단결해 에피소드마다 최선을 다했다. 그 작가들과는 다시 함께 일하고 싶을 정도다.

내 스토리에서 변경을 요구받은 건 딱 하나였다. 제작 윗선에서 청부 살인범이 알츠하이머 환자라는 설정을 원치 않았기 때문이다. 이유는 잘 기억나지 않지만, 시청자나 네트워크 측에서 불편해하리라 우려했던 것 같다. 그래서 우리는 뇌종양 설정으로 바꾸었다.

뇌종양에 걸린 청부 살인범은 결과적으로 알츠하이머와 유사한 증상을 보였다. 하지만 알츠하이머는 아니다!

뭐, 어쨌든 내 프로그램이 아니니 어쩔 수 없다.

스토리 브레이킹이 끝나고 투페이지가 완성되면, 본격적으로 대본을 쓰기 시작한다. 이때 TV 프로그램 작가가 가장 먼저 해야 할 일은 아웃라인을 작성하는 것이다. 아웃라인이 필요한 이유는 여러 가지다. 첫째, 스튜디오와 네트워크 임원들이 에피소드가 어떻게 '보일지' 파악할 수 있도록 돕기 위해서다. 그들은 각 장면을 읽고 개별 액트

 킬 더 도그

장면, 스토리라인, 캐릭터 모먼트(character moment)[46] 등에 대해 찬성과 반대를 포함한 의견을 제시한다. 때로는 그들의 피드백이 불필요하거나 엉뚱하게 들리기도 하지만, 의외로 괜찮은 의견도 많다.

에피소드 한 편의 아웃라인을 완성하고 나면, 대본을 쓸 때 그 틀에서 벗어날 자유는 거의 없다. 아웃라인이 스튜디오와 네트워크뿐만 아니라 제작 부서의 부장들에게도 전달되기 때문이다. 촬영감독(DP)부터 의상 디자이너, 소품팀에 이르기까지, 모두가 아웃라인을 바탕으로 작업을 시작했기 때문이다. 1시간짜리 TV 드라마를 만든다는 건, 쉬지 않고 2주에 한 편씩 장편 영화를 제작하는 것과 비슷하다. 기차(여기서는 당신이 쓴 아웃라인)가 역을 출발하면, 그 기차를 되돌릴 수 없다.

TV 시리즈에서 아웃라인이란, 말 그대로 장면별 설명이다. 에피소드에 들어갈 모든 장면은 먼저 작가실에서 합의를 거친 뒤 카드나 화이트보드, 혹은 작가실에서 사용하는 다른 방식에 따라 정리된다. 방송용 프로그램의 경우 장면들은 보통 '액트(act, 막)'로 나뉘는데, 이는 실제 이야기 구조의 막이 아니라 네트워크 측에서 광고를 삽입하기 위해 에피소드에 인위적으로 넣은 휴식 구간일 뿐이다.

업계에서 이를 '액트 브레이크'라고 부르기 시작하면서, 사람들은 이것이 실제 스토리 구조 속의 액트 브레이크, 즉 막 전환과 같은 것이라고 오해하게 되었다. 전혀 아니다. 이 액트 브레이크는 오직 마케팅과 광고의 세계에만 존재하고, 스토리에는 속하지 않는다.

---

46 캐릭터의 성격이나 감정이 잘 드러나는 특정 장면 또는 순간.

아웃라인 단계의 흥미로운 점은 여기서 작가 개개인의 작업 과정이 드러난다는 것이다. 다른 사람의 프로그램에서 대본을 쓰는 일은 멋지고 영감을 주는 경험이 될 수도 있고, 끔찍하고 심지어 트라우마가 생기는 경험이 될 수도 있다. 어쨌든 당신은 적응해야 한다. 그렇지 않으면 퇴출당하니까. 하지만 남이 원하는 내용과 방식에 맞춰 써야 하더라도, 당신의 작업 과정은 여전히 당신만의 과정이고, 당신의 목소리는 여전히 당신의 '목소리'다.

아웃라인 작성을 시작하기 전에, 나는 먼저 음악 플레이리스트부터 만든다. 플레이리스트가 준비되면, 작가실에서 만든 카드들을 꺼낸다. 어떤 작가는 화이트보드에 붙은 카드를 사진으로 찍어 두고, 또 어떤 작가는 여러 번 들락거리며 카드를 들여다본다. 어떤 방식이든 자신에게 맞는 대로 하면 된다. 나는 대본을 쓸 때 사무실이 아닌 다른 장소에서 작업하는 걸 선호하기 때문에 카드를 찍은 사진을 가지고 다닌다. 각 장면에 해당하는 카드는 그 장면에서 벌어지는 일을 요약한 것이다. 이 에피소드의 첫 번째 카드에는 이렇게 적혀 있었다.

EXT. 강변 산책로 – 밤

가짜 요원들이 여자를 막아 세운다. 여자를 납치하려는 순간 정체불명의 남자가 그들을 제압한다.

카드에 적힌 내용은 이게 전부다. 이제, 동일한 장면이 공식 아웃라인에서는 어떻게 기록되어 있는지 보자.

 킬 더 도그

콜드 오픈(COLD OPEN)

EXT. 강변 산책로 - 밤

인적 없는 강변. 으스스한 분위기 속에서 단호한 걸음으로 걷는 여인, 몰리 린델을 카메라가 포착한다. 누군가가 휘파람을 불자, 그녀가 돌아본다. 정장 차림의 남자 두 명이 보이고, 그들은 그녀의 이름을 부르며 손짓한다. 몰리는 망설이다 그들의 신분증을 보는데… NCIS 요원들이다.

그녀는 숨을 내쉬며 그들에게 다가간다. 그녀가 가까이 다가가는 도중, 갑자기 다른 남자가 나타나 두 요원을 공격한다. 한 요원이 총을 꺼내려 하지만, 정체불명의 남자는 번개 같은 움직임으로 그의 팔꿈치를 꺾고 총을 낚아채, 탕! 탕! 두 발을 쏜다. 두 번째 요원이 무기를 꺼내기도 전에, 남자기 뱀처럼 그를 덮친다. 목이 뚝 부러지는 끔찍한 소리와 함께 요원은 쓰러진다. 몰리는 공포에 휩싸여 소리치려 하지만, 남자는 그녀의 입을 막고 순식간에 그녀를 데리고 화면 밖으로 사라진다. 카메라는 두 시신을 비추고 - 크레디트로 곧장 전환한다(SMASH TO CREDITS).

'콜드 오픈'이 왜 들어가는지부터 설명하겠다. 이런 종류의 텔레비전 에피소드를 쓸 때는 아웃라인을 매우 구체적으로 짜야 한다. 내가 작성한 아웃라인을 보면 12페이지 분량에 콜드 오픈, 티저, 그리고 4개의 액트로 이루어져 있다. 이런 구성은 〈NCIS: 뉴올리언스〉에서만 쓰는 요구사항이다. 그러니 혼자 스펙 파일럿을 쓸 때는 이런 요소들을 넣지 마라. 불필요하고, 읽는 사람을 짜증 나게 할 뿐이다.

나는 아웃라인의 각 장면을 앞에서 제시한 방식으로 쓴다. 기본적으로 그 장면에서 일어나는 모든 일을 묘사하고, 때로는 대사를 추가하기도 한다. 그 대사가 실제 대본에 들어가든 말든 상관없다. 들어갈 때도 있고, 아닐 때도 있다.

아웃라인의 마지막 장면을 보여주기 전에 약간의 배경 설명이 필요할 것 같다. 아버지가 그 잔인한 알츠하이머와 한창 싸우던 시기, 우리 가족은 정말 힘들었다. 사랑하는 사람이 알츠하이머로 고통받는 모습을 본 사람이라면 이해할 것이다. 대화하려고만 해도 가슴이 찢어질 만큼 괴롭다. 그런데 환자들에게 공통적인 현상인지는 모르겠지만, 가끔은 아주 짧게 아버지가 정상으로 돌아오는 순간이 있었다. 그 계기 중 하나가 바로 미식축구 중계 프로그램인 〈먼데이 나이트 풋볼(Monday Night Football)〉의 테마 음악이었다.

아버지와 나는 〈먼데이 나이트 풋볼〉을 정말 좋아했다. 함께 본 경기가 몇 개인지 셀 수도 없을 정도다. 내가 자라서 집을 떠난 뒤에도 매 시즌 첫 경기는 꼭 아버지와 함께 보려고 집에 돌아가곤 했다.

아버지의 병이 어둠 속으로 점차 깊이 빠져들면서, 우리 가족은 더 힘든 시기를 겪었다. 하지만 신의 자비라고밖에 설명할 수 없는 일이 있었다. 내가 〈먼데이 나이트 풋볼〉을 보기 위해 집에 도착하고 그 프로그램의 상징적인 테마곡 '헤비 액션(Heavy Action)'의 첫 네 음이 울려 퍼질 때면, 아버지는 잠시 정상으로 돌아왔다. 아버지의 눈이 반짝였고, 잠깐이나마 예전의 아버지가 되었다. 내 얼굴을 알아보고, 이해하는 것 같았다. 그 시간은 오래가지 않았지만 음악이 흐르고, 관중의 함성이 들리고, 해설자들이 떠들기 시작하면, 우리는 시간을 거슬러 올라가… 아버지와 아들이 함께 풋볼 경기를 보던 때로 돌아간다.

     킬 더 도그

나는 이 이야기를 꼭 작품 속에 담고 싶었다. 그래서 나는 프라이드가 매주 어머니와 통화한다는 아이디어를 제안했다. 드라마에서 그려진 적은 없지만 화면 밖에서 일어나는 일로 설정했다. 그의 어머니는 프라이드의 목소리를 알아듣지 못하고, 자기 아들이라는 것도 모른다. 하지만 프라이드가 피아노를 치자 무언가 달라진다. 프라이드를 연기한 스콧 배큘러는 다행히 음악을 좋아하는 사람이었고, 프라이드라는 캐릭터의 삶에 음악이 녹아 있는 설정도 좋아했다. 프라이드는 전화기 너머 어머니에게 노래 한 곡을 피아노로 들려주고, 어머니는 그 노래를 알아듣는다. 그리고 어머니도 피아노를 치기 시작한다. 둘은 프라이드가 어린 시절에 들었던 아름다운 멜로디를 함께 연주한다. 드웨인 프라이드와 그의 어머니가 음악을 연주하는 모습은… 폴 기오와 그의 아버지가 〈먼데이 나이트 풋볼〉을 시청하는 모습이다.

내 에피소드는 무사히 승인을 받았다. 나는 이 에피소드를 하이스트 시나리오를 쓸 때와 같은 방식으로 썼다. 단지 제출하기 전에 수정한 횟수가 그때보다 좀 더 직있을 뿐이다. 그리고 신에게 감사하는 일은, 쇼러너가 내 대본에 거의 손을 대지 않았다는 사실이다. 물론 제목은 바뀌었지만, 내가 항상 말하듯 그건 내 책임이 아니다.

아웃라인이 총괄 프로듀서에게 승인되면 스튜디오와 네트워크로 넘어갔다. 대부분의 TV 프로그램에서는 스튜디오가 네트워크보다 먼저 아웃라인과 대본을 받는다. 스튜디오에서는 작가에게 피드백을 주는데, 항상 '이건 네트워크가 원하는 것'이라는 식으로 말한다. 그 말은 항상 빗나간다. 스튜디오와 네트워크가 같은 것을 원하는 경우는 거의 없기 때문이다.

그런데 이 프로그램에서는 스튜디오와 네트워크가 사실상 같은 조직이었다. 사무실도 직원도 다르지만 모두 같은 기업에 속해 있었다. 다양한 의견이 없으니 창의적인 작업에는 도움이 안 되어도 쓸데없는 피드백이 없다는 점에서는 효율적이었다.

아웃라인이 공식 승인을 받으면, 대본 작성 단계로 넘어간다.

아웃라인에서 벗어나도 되는지 말해 보자. 앞서 말했듯이 TV 시리즈 작업에서 아웃라인은 성역과도 같다. 대사나 배우의 동선 성도는 조금 바꿀 수 있지만 장소, 주요 사건, 특정 장면에 등장하는 캐릭터 같은 부분은 바꿀 수 없다. 나는 이런 제약을 오히려 도전으로 받아들인다. 예를 들어, 절차물에는 시청자에게 정보를 주기 위한 설명 장면(exposition scene)[47]이 반드시 들어가는데, 나는 캐릭터의 성격이나 행동을 통해 설명을 전달하려고 애썼다. 설명이 필요해도 설명처럼 들리지 않도록, 또는 갑자기 '모자 쓴 남자'가 등장하는 것처럼 보이지 않도록 말이다.

가끔은 썩 괜찮은 장면을 만들어 낼 때도 있다. 하지만 어떤 때는 정보를 지나치게 숨기다 보니, 총괄 프로듀서나 임원들이 장면이 '좀 더 명확해야 한다'라는 피드백을 주기도 했다. 이해하기 쉽도록, 더 단순하게 표현하라는 의미다. 물론 명확성은 시나리오 작성과 스토리텔

---

47 스토리의 등장인물, 배경 및 줄거리에 대한 필수적인 배경 정보를 제공하여 청중이 내러티브의 맥락과 이해관계를 이해할 수 있도록 하는 장면.

 킬 더 도그

링에서 아주 중요한 요소다. 하지만 TV 업계 임원진이 명확성이라는 단어를 자주 쓰는 진짜 이유는, "우리는 시청자의 지적 수준을 낮게 잡고 있으니, 쉽게 써라. 내용을 이해하지 못해 지적 열등감을 느끼게 하고 싶진 않다"라는 말을 대놓고 할 수 없기 때문이다.

〈NCIS: 뉴올리언스〉는 시리즈 중에서도 '캐릭터 중심'이라는 자부심이 강했다. 모든 NCIS 시리즈가 NCIS 패밀리(프랜차이즈)의 일원이지만, '뉴올리언스'팀은 캐릭터를 다루는 데 자신들이 최고라고 굳게 믿었다. 나는 〈NCIS: 로스앤젤레스〉나 〈NCIS: 하와이〉는 한 편도 본 적 없고, 원조 격인 〈NCIS〉도 딱 한 편만 봤기 때문에 이에 대해 평가할 입장은 아니다.

이상한 법적 이유로 실제 내본을 보여 줄 수 없으니, 간단히 예를 들어 설명해 주겠다.

당신이 만든 캐릭터가 시청자에게 '우리가 찾는 사람은 50대 백인 남성이고, 마약 전과와 폭행 전과가 있다'라는 정보를 전달해야 한다고 가정해 보자. 네트워크 드라마에서 검증된 전통적인 방식은 한 캐릭터가 이 모든 정보를 줄줄 읊고, 다른 캐릭터가 "매력적인 놈이군"이라고 답하는 식이다.

나라면 그 장면을 이렇게 쓸 것이다.

INT. 사무실 – 낮

데일과 롤라가 캘빈과 함께 사무실에 들어온다.

캘빈
(리모컨을 누르며)
존 스미스.

플랫스크린에 흰색 머리에 수염이 덥수룩한 백인 남성의 머그샷이 나타난
다. 존 스미스다.

롤라
필로폰 맞은 산타같이 생겼네.

캘빈
비슷해. 마약 거래로 다섯 번 걸렸어.

데일
산타가 분노 조절 수업도 좀
들어야겠는데.
(화면을 보며)
폭행 전과도 세 번이야.

롤라
흠, 쇼핑몰에 온 애들이 성가시게 굴기라도 했나.

　물론, 이런 장면을 어떻게 처리할지는 드라마의 톤을 비롯한 여러
요소에 따라 달라진다. 대부분 1시간 분량 프로그램의 경우, 작가에게
첫 번째 초고를 완성하기까지 10일에서 2주 정도의 기간을 준다. 하
지만 시즌이 진행될수록 첫 초고를 완성하는 기간은 점점 더 짧아진
다. 첫 에피소드의 제작이 시작되면 그때부터는 매주 한 편씩 촬영에

들어가야 해서 정해진 일정을 따라가는 것만으로도 너무 빠듯하다.

첫 번째 초고를 완성하면 총괄 프로듀서에게 제출한다. 초기 단계라 시간 여유가 있다면, 그들이 피드백을 주고 작가는 수정 기회를 얻는다. 시간이 허락하면 두 번째 수정 기회도 얻을 수 있다. 하지만 시즌 후반으로 갈수록, 첫 번째 초고를 제출한 후 더는 원고를 손보지 못할 수도 있다. 이는 작가의 직급에 따라 달라지기도 한다. 스토리 편집자 같은 하급 작가는 수정할 기회를 별로 얻지 못하지만, 감독 프로듀서나 공동 총괄 프로듀서 같은 상급 작가는 더 많은 기회를 얻는다. 이는 엘리트주의나 부당한 대우 때문이 아니라, 단지 시간과 효율성의 문제일 뿐이다. 상급 작가는 짧은 마감 기한 안에 글을 써 본 경험이 훨씬 많기 때문에 작업을 더 빨리 마칠 수 있다.

여기서 몇 가지 말하고 싶다. 앞서 언급했듯 그 프로그램에 참여했던 날들이 썩 행복하지는 않았지만, 에피소드 작업 자체는 훌륭한 경험이었다. 돌이켜보니, 그런 좋은 경험을 할 수 있었던 가장 큰 이유는 내가 정신적으로나 감정적으로 '신경 끄기' 모드에 들어갔기 때문인 것 같다. 예전에 처음 드라마 작업을 할 때 익혔던 기술이다. 당신도 그런 마음가짐을 유지할 수 있다면, 어떤 어려움에 부딪혀도 잘 버텨낼 수 있을 것이다. 나는 일자리를 잃을까, 누군가의 기분을 상하게 할까, 윗선에 있는 누군가의 눈 밖에 날까 걱정하지 않았다. 그저 작가로서 이야기를 전달하는 데만 집중했다.

그 에피소드는 아주 잘 나왔다. 당신이 거대 방송사의 절차물을 어떻게 생각하든, 나는 그 작품이 정말 자랑스럽다. 그해, 그 프로그램

에 참여하면서 혼란과 좌절로 가득 찼던 시간 중 가장 자랑스럽고 가
장 소중한 기억으로 남아 있는 것은 바로 뉴올리언스에서 그 에피소드
의 마지막 장면을 촬영했던 때다. 아웃라인에는 마지막 장면을 아래
와 같이 적어 뒀었다. 이것은 드문 경우인데, 내가 아웃라인에 쓴 내
용이 거의 그대로 대본에 반영되었고, 결국 화면에도 그대로 나왔다.

INT. 프라이드의 바 – 낮

프라이드는 피아노 앞에 앉아… 전화를 걸고… 잠시 후 누군가가 전화를 받
는다… "여보세요, 어머니. 드웨인이에요…" 그리고 말한다. "드웨인, 어머니
아들이요…" 수화기 너머로 그녀의 가냘픈 목소리가 들린다. "누구?" 프라이
드의 눈에 고통이 스친다… 너무 아프다.

그는 피아노를 연주하기 시작한다… 오래된 프랑스풍 발라드. 프라이드는
피아노를 치며, 나지막이 노래를 부르고… 기다린다. 수화기 너머에서 뭔가
들리길 바라며… 아무 소리도 없다. 그는 연주를 계속한다… 그리고 마침내
… 그 소리가 들린다. 그녀가 피아노를 연주하고 있다… 예전처럼. 어머니와
아들이 함께 연주하고 있다… 그 순간, 그녀는 기억해 낸다.

함께 연주하며 프라이드는 미소를 짓는다….

페이드 아웃(FADE OUT)

테사 블레이크(Tessa Blake)가 이 에피소드를 연출했는데, 그녀
와 함께 일하는 것은 아주 멋진 경험이었다. 내가 에피소드에 슬며시
담고자 했던 부분을 블레이크는 이해했고 기꺼이 동의해 줬다. 스콧

배큘러(Scott Bakula)에게도 진심으로 감사한다. 배큘러 역시 내 뜻을 이해해 줬다. 윗선에서 스토리라인을 쉽고 단순하게 만들려고 했을 때, 배큘러가 그 에피소드, 그리고 나를 여러 번 지켜줬다.

촬영 마지막 날 뉴올리언스에 있었다. 모든 일이 순조롭게 진행되었고, 고정 출연진과 게스트 모두 훌륭했다. 스태프도 늘 그렇듯 환상적이었고, 날씨도 그럭저럭 괜찮았으며 모든 것이 좋았다.

우리는 사운드 스테이지(sound stage)[48]에 있었다. 프라이드의 아파트 내부로 꾸민 세트였다. 배큘러는 마지막 장면에서 연주할 곡을 직접 작곡해 왔다. 프랑스풍의 감미로우면서도 쓸쓸한 멜로디였고, 그 캐릭터와 장면에 완벽하게 어울렸다. 프라이드는 해외에 있는 어머니에게 전화를 걸고, 어머니는 전화를 받지만 그가 누구인지 모른다. 프라이드의 표정에서 이게 일상적인 일임을 알 수 있고, 그것은 그를 또 무너뜨린다. 하지만 프라이드는 꿋꿋하고 인내심 있게 대화를 이어간다. 그는 피아노를 치기 시작한다. 어린 시절에 어머니와 함께 연주했던 곡이다. 잠시 후, 전화기 너머에서 피아노 소리가 들린다. 그의 어머니가 함께 연주하고 있다. 아들과 함께.

나는 비디오 빌리지(video village)[49]에서 벗어나 다른 장소에서 촬영 장면을 보기로 했다. 그 장면이 내 감정에 어떤 영향을 줄지 알 수 없었고, 프로답지 않은 모습은 보이기 싫었다. 그래서 플로피

---

48 영화나 TV 촬영을 위해 방음 처리하고 조명과 각종 장비를 설치한 스튜디오.

49 감독이나 제작진이 모니터로 촬영 장면을 지켜보는 공간.

(floppy)[50] 뒤편에 자리를 잡았다. 오른쪽에는 모니터 앞에 앉은 테사가 보였고, 왼쪽에는 연기하는 배큘러가 보였다. 사과 상자 위에 앉아 고치 속에 들어앉은 듯 나만의 공간에 숨어 있었다. 그때 그립팀(grip department)[51]에서 일하는 체격 큰 남자 스태프가 내 바로 옆에 와서 앉았다.

아, 하필 이럴 때.

그 주 초반에 배큘러와 나는 아버지에 대해, 그리고 이 에피소드를 쓰게 된 계기에 관해 이야기를 나눴다. 그때 이 사람도 우리 대화를 듣고 있었다. 그래서 날 위로해 주려고 옆에 앉은 건 알겠지만, 나는 그저 혼자 있고 싶었다.

테사가 "액션"을 외치고 촬영이 시작되었다. 배큘러의 연기는 완벽했다. 장면 자체도 아름다웠고, 내게는 뭔가 초월적인 경험이었다. 나는 그 장면을 보며 감정을 간신히 억누르고 있었고, 아버지와 함께 보내던 월요일 밤을 떠올렸다.

테사가 "컷"을 외치고, 모두가 정적에 휩싸였다. 배큘러가 나를 찾았다. 그의 눈이 내 눈을 바라봤고, 아무 말 없이 내게 "괜찮았어요?"라고 물었다. 나는 미소 지으며 고개를 끄덕였고, 그는 내게 윙크를 하며 고개를 끄덕였다.

그리고 나는 울기 시작했다.

---

50 촬영 현장에서 빛을 차단하는 데 쓰는 검정 천 패널. 너무 밝은 조명을 죽이거나 그림자를 만드는 데 사용한다.

51 카메라 관련 장비들을 설치하고 유지 관리하는 팀.

  킬 더 도그

옆에 앉은 스태프가 내 어깨에 팔을 두르고, 예전에 하와이에서 반려견과 살던 이야기를 하고 있었다. 그때 테사가 다가와 나를 안아줬고, 나도 그녀를 안았다. 오랫동안 그렇게 있었다.

내 경력에서 가장 빛나는 순간이었다. 감상적으로 들릴 수도 있겠지만, 사실이다. 그 작품은 내게 개인적으로도 큰 의미가 있었고, 거대한 시스템 안에서 끝내 해냈다는 성취가 함께했기 때문이다.

이것이 내 글쓰기 과정이다. 당신의 글쓰기 과정은 아마 다를 것이다. 사람마다 다르니, 하나의 정답이 있을 수 없다. 당신을 위한 유일한 정답은 당신에게 가장 잘 맞는 방법이다. 그러니 여러 방법을 시도해 보라. 자신에게 맞는 방법을 찾을 때까지 여러 장소에서 여러 시간대에 써 보라. 다만, 나를 따라 하라고 권하고 싶은 행동이 하나 있다(프로 시나리오 작가 대부분이 하는 행동이다). 바로 규칙적으로, 꾸준히 글을 쓰는 것이다.

이 책에서 다루는 실용적인 '방법론' 이야기는 거의 끝났다. 어떤 사람은 속았다고 생각하거나 실망했을지도 모른다. 출력해 두고 따라 할 만한 자료는 어디 있지? 도표나 원형 차트, 아니면 단계별 가이드 같은 건?

미안하다. 그런 건 없다. 다 거짓말이니까. 이 책은 진실을 알리기 위해 쓴 책이니까.

물론 몇 가지 흥미로운 글쓰기 연습은 소개할 것이다. 나뿐만 아니라 여러 프로 작가에게 효과적인 연습이었음은 내가 보장한다.

지금까지 읽은 내용이 만족스럽든 그렇지 않든 시나리오 쓰기라는 꿈을 어떻게 시작해야 할지 또는 지금 진행 중인 시나리오 작업을 어떻게 더 발전시켜야 할지 고민하고 있다면, 가장 먼저 해야 할 일은 이것이다. 그동안 강제로 주입받아 온 온갖 불필요한 지식을 모두 버려라.

그리고…

계속 써라.

12

글쓰기 연습

나는 '글쓰기 연습'이 쓸모없다고 생각하는 작가들을 알고 있다. 그들은 그저 의자에 궁둥이를 붙이고 앉아 작업하라고 말한다. 그들의 관점을 이해하지만, 나는 글쓰기 연습이 신체 운동으로 근육을 기르듯 글쓰기 근육을 기르는 데 도움이 된다고 믿는다. 두 활동의 공통점은 꾸준함이 필요하다는 점이다. 운동을 대충 해서 건강해질 수 없듯, 글쓰기 근육을 꾸준히 단련하지 않으면 좋은 시나리오 작가가 될 수 없다.

한 달에 한두 번 헬스장에 가면서 배우 앨디스 호지(Aldis Hodge)처럼 탄탄한 근육질이 되리라 기대할 수는 없다. 마찬가지로, 글쓰기 연습을 한두 번 하고 애런 소킨처럼 글을 쓸 수 있으리라 기대해서는 안 된다. 물론 당신이 엄청난 스토리텔링 능력을 타고났다면 가능성은 있지만, 그럴 확률은 낮다. 그렇다면, 글쓰기 단련장에 가서 그 확률을 높여야 하지 않겠는가?

이제부터 소개할 내용은 현역으로 뛰는 프로 시나리오 작가들이 실천해 좋은 결과를 낳은 연습들이다.

작가를 위한 크로스 트레이닝

간단하다. 지금 시나리오 작업에 어려움을 겪고 있고, 온갖 요령과 꼼수를 다 동원해도 글쓰기 흐름을 타지 못했다면, 시나리오가 아닌 다른 형식으로 글을 써 보자.

단편소설을 써 보라. 블로그 글을 써 보라. 블로그가 없어도 괜찮다. 희곡을 써도 좋고, 수필이나 일기도 좋다. 몇 년째 연락하지 않은 누군가에게 이메일을 써도 된다. 꼭 보낼 필요는 없다. 그것도 안 된다면, 글이 써지지 않는 상황 자체를 글로 써 보자.

개인적으로 단편소설을 써 보는 일이 시나리오에 필요한 창의성을 자극하는 데 도움이 된다고 본다. 단편소설은 시나리오와 가장 비슷한 산문 형식이겠지만, 글쓰기가 압도적으로 자유롭다. 슬러그라인, 소지문, 대사 정렬, 장면 전환 같은 형식을 신경 쓸 필요가 없다. 그냥 쓰면 된다. 당신의 방식은 다를 수 있지만, 키보드 앞에서 아무것도 쓰지 않는 것보다는 뭐라도 쓰는 게 낫다.

작가 조디 피코(Jodie Picoult)는 이렇게 말했다.

"글이 좋지 않은 페이지는 수정할 수 있지만, 빈 페이지는 수정할 수 없다."

글쓰기는 또 다른 글쓰기를 낳는다.

킬 더 도그

12가지 써 보기

'12가지 써 보기'는 여러 시나리오 작가 친구들에게 소개한 방법인데, 모두에게 효과가 좋았던 연습법이다. 이 방법은 아웃라인, 트리트먼트(treatment)[52], 시나리오 집필, 리라이팅 등 어느 단계에서나 활용할 수 있다. 장면이나 스토리에 참신함이 부족할 때, 또는 뭔가 다른 것이 필요할 때 특히 유용하다. 진행 방법은 다음과 같다:

어떤 상황이든 하나를 정한다. 두 캐릭터가 만나는 장면, 추격 장면, 이별 장면 등 무엇이든 좋다. 그 상황이 일어날 수 있는 방법을 12가지 써 본다. 예를 들어, 두 캐릭터가 처음 만나는 상황이라면,

1. 공항의 수하물 찾는 곳에서
2. 카페에 줄 서 있다가
3. 자동차 사고로

이런 식이다.

추격 장면이라면,

1. 건물 옥상을 달리면서
2. 출퇴근 시간에 자전거를 타고 도심을 질주하면서

---

[52] 스토리 전체의 흐름과 주요 장면을 정리한 문서로, 시나리오의 전 단계라 할 수 있다. 대사 없이 상황 중심으로 서술한다.

3. 스키 없이 스키 슬로프를 내려가면서

이런 식으로 써 보는 것이다.

반드시 12가지를 써야 한다. 10가지도, 20가지도 아니다. 딱 12가지. 이유는 묻지 마라. 12가지가 딱 좋다.

가장 중요한 점은 당신이 낸 아이디어가 좋든, 나쁘든, 진부하든, 감성적이든, 설득력이 없든, 천재적이든 상관없다는 것이다. 요점은 그게 아니다. 작가의 머릿속에서 창의성을 끌어내고, 그 창의성을 시나리오에 담아내는 것이다.

12가지 다른 버전을 써 보면, 보통은 그중 하나가 너무 마음에 들어 당장 시나리오에 넣게 되고 당신은 '글쓰기 열차'에 올라탄다! 또는 12가지 모두 별로일 수도 있지만, 그럴 때는 오히려 '더 잘 써야겠다'는 생각이 들어 불이 붙을 수도 있다. 아니면 다 별로인데, 그중 다섯 번째 아이디어가 시나리오 초반에 나오는 다른 장면에 아이디어를 주고, 새로운 영감과 열의에 힘입어 그 장면을 다시 작업하게 될 수도 있다.

믿어 보길. 진짜 효과 있다.

앳 더 바(AT THE BAR)

이 방법은 꽤 오래전부터 쓰였다. 다양한 이름으로 불리지만 '앳 더 바'라는 이름으로 가장 많이 알려져 있으며, 나도 그렇게 부른다.

이 방법은 어떤 장면을 쓰다가 막힐 때 유용하다. 예를 들어 감정

킬 더 도그

적 울림이 부족하거나, 대사가 잘 안 써지거나, 장소나 설정을 정하지 못하는 등 어려움에 빠졌을 때 등장인물 두 명을 바에 앉히는 것이다.

실제로 슬러그라인을 'INT. 바 – 밤'이라고 쓰고, 두 사람을 나란히 앉힌다. 그런 다음 당신이 고민하는 주제에 대해 그 두 사람이 대화하도록 만든다.

예를 들어 주인공이 적대자와 처음 만나는 장면을 써야 하는데 언제 어떻게 만나게 할지 감이 안 잡히거나, 이미 여러 번 쓴 장면이 영 마음에 들지 않을 때 이 방법을 시도해 볼 수 있다.

INT. 바 – 밤

칼과 재스퍼가 바에 앉아 있다.

칼

우리가 어떻게 만나야 할지 모르겠어.

재스퍼

내가 밥을 죽인 다음에 만나면 어때?

칼

밥을 죽일 거야?

재스퍼

응, 그럴 생각이었어.

칼이 버번을 홀짝이며 생각한다.

칼
내가 이래 봬도 주인공인데, 네가 그런 일을 하게 내버려둘 수는 없잖아.

재스퍼
그게 우리가 만나는 계기가 될 수도 있잖아?

칼
네가 밥을 죽일 때?

재스퍼
응. 내가 걔를 아주 토막 내고 있는데―

칼
―내가 나타나서 너를 박살나게 때려눕히고 밥을 구하는 거지!

재스퍼
음, 박살까지는 좀―

칼
―진짜 좋은 아이디어야, 재스퍼!
(바텐더에게)
얘한테 한 잔 더 줘요. 내가 사는 걸로!

물론 이 예시는 아주 단순화된 것이지만, 내가 '앳 더 바' 연습을 소개하는 이유를 이해하는 데 도움이 될 것이다. 장면은 축약되어 있지만, 이 연습이 어떤 효과를 낼 수 있는지는 충분히 보여 준다. 두 등장인물이 실제 시나리오 속 캐릭터일 필요도 없다. 예를 들어 어떤 장면

　　　　　　　킬 더 도그

의 배경을 폐차장이 아니라 빈 교회로 바꾸는 것이 서브텍스트 측면에서 왜 더 나은지를 두 인물이 의논하게 할 수도 있다. 당신이 어떤 문제에 부딪히든, 캐릭터들이 직접 이야기하게 해 보라. 그들이 당신을 도울 것이다.

선언문

이 방법은 글을 쓸 의욕이 생기지 않거나 진행 중인 작업에 대한 동기를 잃었을 때 도움이 된다. 그런 순간은 누구에게나 찾아온다.

그럴 때는 이 시나리오를 **왜** 쓰고 싶은지에 대한 선언문을 작성해 보자. 여기에 로그라인, 스토리, 캐릭터에 관한 설명은 넣지 않는다. '무엇', '누구', '어디서', '어떻게'가 아니라 오직 '왜'에 집중해야 한다.

당신은 왜 이 대본을 쓰고 싶은가? 왜 이 이야기를 꼭 전해야만 하는가? 왜 지금 이 이야기를 써야만 하는가?

나는 프로젝트를 시작할 때마다 나만의 선언문을 작성한다. 그것은 작업의 기준점이 되어 주고, 중간에 길을 잃었을 때 방향을 다시 잡아 준다. 무엇보다 처음에 가졌던 열정을 되살려 준다.

빅 나이트(BIG NIGHT)

이 연습은 내가 직접 만들었다. 제목은 스탠리 투치와 조셉 트로피아노가 각본을 쓴 멋진 영화 〈빅 나이트〉에서 땄다. 그렇다고 이 연습이 〈빅 나이트〉처럼 음식과 관련된 건 아니다. 다만 이 영화에 영화사에서 손꼽는 명장면이 담겨 있기 때문이다. 그것도 대사 한마디 없이.

이 영화의 마지막 4분 54초는 대사 없이 흘러간다. 정확히 말하면, 마지막 6분 20초 동안에도 단 여섯 단어만 등장한다. 그런데도 그 엔딩은, 스토리 전체와 캐릭터들의 관계를 놀랍도록 아름답고 만족스럽게 마무리한다.

〈빅 나이트〉의 마지막 장면에는 세 명의 인물이 등장하지만, 대사 한 마디 없이 영화는 완벽하게 끝을 맺는다. 오히려 대사가 있었다면 불필요한 설명을 덧붙여 관객을 무시하는 처사가 되었을 것이다. 하지만 스튜디오나 마케팅 관계자들은 거의 예외 없이 대사를 넣으라고 요구한다. **아니, 캐릭터들이 뭐라도 말은 해야 할 게 아닌가!**

그들이 틀렸다.

'빅 나이트'는 당신이 이미 쓴 내용 중 2~4명 정도가 등장하는 장면을 하나 골라 대사없이 다시 써 보는 연습이다. 어떤 장면이든 상관없지만, 내용이 풍부한 3~5페이지 분량의 장면이 좋다. 최대한 원래 장면과 비슷하게 다시 쓰되, 대사는 모두 빼야 한다. 다시 쓴 '빅 나이트' 장면을 원래의 장면과 똑같은 분량으로 맞출 필요는 없다. 영화 〈빅 나이트〉의 마지막 장면은 스크린에서 약 5분간 진행되지만, 대본은 반 페이지에 불과하다. 하지만 스크린에 보이는 내용은 대본 반 페이지에 묘사된 그대로다.

이 연습은 묘사력을 향상시키는 데 큰 도움이 되며, 시각적 스토리텔링 감각을 키우는 데도 효과적이다.

이 연습의 또 다른 장점은 다른 작가가 쓴 장면으로도 연습할 수 있다는 점이다.

 킬 더 도그

<제리 맥과이어(Jerry Maguire)>에서 밥 슈거가 제리 맥과이어를 해고하는 장면을 대사 없이 다시 써 보라. 불가능하게 느껴질 수 있지만, 사실 당신이 생각하는 것보다 훨씬 많은 장면을 대사 없이 쓸 수 있다. 결과가 원래 장면보다 못할 수도 있고 더 좋을 수도 있지만, 이 연습은 당신의 글쓰기 근육을 키워주고 글쓰기에 몰입하도록 이끌어 준다.

글쓰기는 또 다른 글쓰기를 낳으니까.

그러니 먼저 당신이 쓴 장면 중 마음에 드는 것으로 시작하라. 그 다음에는 좋아하는 영화나 드라마에서 대사가 있는 장면을 골라, 그 장면을 대사 없이 써 보라.

이 연습이 얼마나 재미있고 유용한지 깜짝 놀랄 것이다.

시간 여행자

재미있으면서도 유용한 연습이 또 하나 있다. 장면 하나를 고른 다음, 다른 시간과 장소로 설정해 다시 써보는 것이다. 다른 사람이 쓴 장면 중에서 마음에 드는 것을 골라도 되지만, 당신이 쓴 장면을 사용하는 것이 가장 좋다.

예를 들어, 현재 시카고를 배경으로 범죄자 둘이 은행을 털 계획을 세우는 장면이 있다고 하자. 그 장면을 1957년 마드리드를 배경으로 다시 써본다. 은행털이 계획은 동일하지만, 시간과 공간이 완전히 다르면 분위기와 톤이 얼마나 달라질 수 있는지 확인해 보라. 반대의 경우도 효과적이다. 19세기 스코틀랜드 고지를 배경으로 양치기 둘이 대화하는 장면이라면, 인물의 성격과 대화 주제를 동일하게 유지하되, 이번에는 오늘날 브롱크스 동물원에서 일하는 사육사 둘로 바꾼다. 2455년 우주선에서 벌어지는 이야기라면, 1870년 텍사스의 기차 안에서 벌어지는 장면으로 바꿔 보는 것도 좋다.

핵심은 원래 장면이 전달하던 감정, 등장인물의 성격, 그리고 정보를 그대로 유지하는 것이다. 잊지 말아야 할 것은 등장인물의 말투와 행동은 달라져야 한다는 점이다. 시간과 공간이 바뀐 만큼 그들의 언어, 반응, 인식이 어떻게 달라지는지 생각해 보라. 본질적으로 똑같은 캐릭터여야 하지만, 다른 시공간의 버전으로 써야 한다. 19세기 스코틀랜드 양치기들이 현대 뉴욕에서도 19세기 스코틀랜드 양치기처럼 말하고 행동해서는 안 된다. 새로 설정한 시대에 맞게 그려야 한다.

글을 쓰다가 캐릭터에 대한 상상력이 부족하다고 느낄 때 '시간 여행자' 연습은 큰 도움이 된다. 나도 경험했다. 1920년대 초 미주리주를 배경으로 한 시대극을 쓸 때, 몇몇 장면이 도무지 풀리지 않았다. 여러 버전으로 시도하고 초고 전체를 고쳐 쓰기도 했지만 뭔가 부족했다. 그래서 '시간 여행자' 연습을 해 봤다. 같은 인물과 같은 장면을 현대 티후아나를 배경으로 바꿔 봤다. 처음엔 끔찍했지만 진지하게 노력하다 보니 글의 수준이 점점 나아졌다. '시간 여행자' 연습의 두 번째 초고를 완성할 즈음, 원래 시대극의 문제를 해결할 아이디어가 떠올랐다. 시대극 대본으로 돌아가 수정했더니 훨씬 좋은 결과물이 나왔다. 흐름을 탔고, 영감이 솟아났다.

 킬 더 도그

쓰지 않고 쓰기

이 내용은 원래 '작업 과정' 챕터에 넣을까 했지만, 글쓰기 자체에 관한 이야기가 아니라 여기에 넣기로 했다. '쓰지 않고 쓰기'는 내 글쓰기 방식 중 하나다. 이건 글쓰기를 미루거나 꾸물거린다는 의미가 아니다. 다시 말하지만, 글을 잘 쓰려면 자기 인식이 필요하다. '쓰지 않고 쓰기'란 실제로 타이핑을 하거나 대본과 의식적으로 연결된 작업을 하고 있지 않지만, 여전히 작업 중인 상태를 말한다.

우리는 분명 일하는 중이다.

비평가 버튼 라스코의 말을 빌리면, "작가의 배우자가 결코 이해하지 못하는 건, 작가가 의자에 앉아 창밖을 바라보고 있을 때도 실제로는 일하는 중이라는 사실이다."

나는 자전거를 타거나, 골프를 치거나, 요리를 할 때 '쓰지 않고 쓰기'를 한다. 이는 키보드 앞에 앉아 있어도 해결되지 않는 문제를 해결해야 하는 시간이다. 그래서 나는 글쓰기와는 관련 없지만 창의성을 자극하는 활동을 한다. TV를 보거나 소셜 미디어를 스크롤 하는 것이 아니라, 작가로서 해결해야 할 문제에 집중하지 않은 채 우뇌의 창의력을 자극하는 활동을 하는 것이다. 자전거 타기, 골프, 요리 모두 내게는 창의적인 활동이다. '쓰지 않고 쓰기'는 대본의 문제를 해결하는 훌륭한 방법이다.

자, 그럼 연습해 보자. 이 연습엔 시간이 꽤 걸리므로 먼저 시간을 확보하길 바란다.

당신이 작업 중인 작품과 비슷한 영화나 TV 에피소드를 하나 고른다. 모방할 작품이 아니라 비슷한 장르나 세계관을 가진 작품을 찾는 다는 뜻이다.

그런 다음 그 작품의 진짜 대본을 구한다. 누군가가 대강 옮겨 적어 인터넷에 떠돌아다니는 가짜 말고 진짜 대본을 구해야 한다. 이제 대본을 처음부터 끝까지 읽는다. 작가의 시선이 아니라 독자의 시선으로. 다 읽은 뒤에 잠시 휴식을 취한다. 식사를 하거나 이메일에 답장을 하거나, 무엇이든 좋다.

그리고 조금 전에 대본으로 읽은 영화나 에피소드를 시청한다. 이때 앞에 대본을 펼쳐 놓은 채로 본다. 한 페이지 한 페이지 따라가면서 어떤 대사가 바뀌었는지, 어떤 장소가 달라졌는지 확인한다. 편집을 거치며 어떤 장면들의 순서가 어떻게 바뀌었고, 어떤 캐릭터가 사라졌거나 새로 생겼는지도 확인한다. 대본으로 읽었을 때의 엔딩과 화면에서의 엔딩이 어떻게 다른지도 비교해 본다.

이 연습은 우리가 지금까지 이야기한 모든 요소가 최종 결과물에 어떻게 영향을 미치는지 배울 수 있는 '마스터클래스'다. 어떤 요소가 왜, 어떻게 바뀌는지, 페이지에 적힌 언어와 묘사가 감독, 배우, 촬영 감독에 의해 어떻게 해석되는지 알 수 있다. 장소나 설정의 아주 사소한 변화가 전체 스토리를 어떻게 바꿀 수 있는지도.

'쓰지 않고 쓰기'는 시나리오 작성 연습으로도 훌륭하고, 영화 연출 연습으로도 아주 효과적이다.

표절자

이 연습은 몇 년 전만 해도 인기가 많았는데, 무슨 이유에서인지 이제 빛이 바랬다. 그래도 초보거나 경험이 부족한 작가에게는 여전히 훌륭한 시나리오 쓰기 연습이다. '쓰지 않고 쓰기'에서와 마찬가지로 좋아하는 영화나 TV 에피소드의 대본을 하나 구한다. 컴퓨터 화면 옆에 띄워 두고, 말 그대로 그 대본을 타이핑하는 것이다. 단어 하나, 줄임표 하나까지 정확하게 그대로 베껴 쓴다.

이렇게 하면 자신보다 한 단계 높은 수준에서 이야기를 풀어가는 감각을 직접 **느낄** 수 있다. 〈옐로우재킷(Yellowjackets)〉, 〈문라이트(Moonlight)〉, 〈나이브스 아웃(Knives Out)〉, 〈테드 래소(Ted Lasso)〉, 또는 어떤 작품이든 좋다. 그 작가가 쓴 스토리를 당신의 손으로 타이핑하다 보면 마법 같은 일이 일어나는데… 스토리를 **느끼게** 된다. 캐릭터와 그들 사이의 관계, 배경과 분위기의 맞물림, 대사와 묘사가 주는 감정적 영향을 감지할 수 있게 된다. 이상하게 들릴지 모르지만, 정말이다. 믿을 수 없는 경험이다.

이 연습을 마치고 다시 자신의 글로 돌아가면, 뭔가 영감을 받은 것 같고 전보다 실력이 훨씬 좋아진 느낌이 든다. 그러다가 사기꾼이 된 기분도 든다. 괜찮다. 글 쓰는 사람이 으레 겪는 일이다.

이상, 내가 아는 효과적인 글쓰기 연습들이다. 한번 시도해 보길 바란다. 그리고 도움이 되었다면 내게도 알려주면 좋겠다.

13

진짜 할리우드 이야기

할리우드 시스템 안에서 수년을 보낸 사람이 쓴 책이라면, 현장에서 겪은 이야기가 빠질 수 없다. 지금부터 소개할 내용은 내가 이곳에서 일하는 동안 경험한 수많은 일 중 일부에 불과하다.

내가 받은 최고의 피드백

내가 시나리오 작가로 일하며 받은 최고(정확히 말해 가장 터무니없었던)의 피드백은 두 번째로 드라마 작가진에 참여했을 때 있었다.

〈펠리시티〉라는 드라마에서 끔찍한 1년을 보낸 뒤, 지금은 없어진 UPN 방송국의 드라마 〈레벨 9(LEVEL 9)〉에서 일하게 되었다. 사이버 범죄자를 사이버 공간에서 추적하는 시대를 앞서간 작품이었다.

지금이라면 충분히 승산이 있는 콘셉트겠지만, 그 당시만 해도 인터넷에서 가장 멋진 건 '애스크 지브스(Ask Jeeves)'[53]정도였다. 소셜미디어도, 페이스북도, 유튜브도 없던 시절에 우리는 사이버 공간을 다루는 드라마를 만들고 있었던 것이다.

이 드라마는 〈샤스타 맥내스티(Shasta McNasty)〉와 〈홈보이즈 인 아우터 스페이스(Homeboys in Outer Space)〉 사이에 방영되었다. 방영 시간대도 비슷했지만, 시청률도 인지도도 거기서 거기였다.

방송국은 18세에서 24세 사이의 시청자를 끌어들이려고 혈안이 되어 있었지만, 안타깝게도 그 연령층이 무엇을 원하는지 파악하는 담당자들은 대부분 나이 많은 백인 남성이었다. 내가 맡은 에피소드는 디지털 아트를 이용해 유명 그림의 위작을 만드는 내용이었다. 악당들은 당시로서는 아무도 들어 보지 못한 기술을 이용해 반 고흐 등의 작품을 완벽하게 복제한 뒤 수백만 달러에 판매했고, 레벨 9의 수사관들이 이 사기극을 막아야 했다.

이 에피소드에는 드라마 전체 분위기와 마찬가지로 총격, 폭력, 피흘리는 장면이 거의 없었다. 수사관들은 머리를 써서 범인을 잡는 캐릭터들이었다. 나는 에피소드 대본을 스튜디오에 제출하고 피드백을 기다렸다. 당시 사람들은 팩스를 최첨단 통신 수단으로 사용했다. 작가실과 스튜디오는 약 19킬로미터 떨어져 있었는데, LA의 교통 상황을 기준으로 하면 거의 9,650킬로미터에 해당하는 거리였다. 그래서 피드백은 대부분 팩스로 받았다. 팩스 소리가 울리면 작가들이 모여 대본이 괜찮은지, 얼마나 수정해야 하는지 확인했다.

드디어 내 에피소드에 대한 피드백이 도착했다. 그런데 평소 우리

---

53 1990년대 후반~2000년대 초반에 인기 있던 검색 엔진.

   킬 더 도그

프로그램을 담당하는 중간 관리자가 아닌 스튜디오 대표가 직접 보낸 것이었다. '와, 이러다 장기 계약 맺는 거야?' 내게는 대박의 신호일 수도, 작가 인생의 무덤이 될 신호일 수도 있었다.

쇼러너는 그날 자리에 없었지만, 우리 작가진은 팩스 기기가 있는 감독 프로듀서 사무실로 모였다. 피드백은 몇 줄 안 되는 짧은 내용이었다. 스튜디오 대표가 내 대본에 딱 한 가지 피드백만 준 것이다.

대본 좋네요! 예술적인 요소도 멋지고! 한 가지 생각이 있는데. 티저에 잘린 머리를 넣을 수 있을까요? 우리가 조사해 보니, 애들이 잘린 머리를 좋아한다는군요!

우리는 서로를 바라봤다.

응?

스튜디오 대표가 피도 폭력도 거의 없는 드라마의 3분짜리 오프닝에 잘린 머리를 넣고 싶어 한다. 애들이 좋아한다는 조사 결과가 있다면서?

팩스를 돌려 읽은 후, 우리는 좋은 작가진이라면 당연히 해야 할 일을 했다.

배를 잡고 웃었다.

우리가 본 것 중 가장 황당하고 미친 피드백이었다. 작가진 중 한 명이 그 팩스를 액자에 넣어 사무실에 걸어놨다.

쇼러너가 돌아왔다. 하지만 그는 눈동자를 굴리는 것 외에 별 반응을 보이지 않았다. 30년 넘게 이 업계에 몸담은 베테랑답게, 웬만한 일에는 아무렇지 않은 듯했다.

쇼러너는 자신이 대본을 수정하겠다고 말했다. 나는 그 에피소드를 촬영하러 밴쿠버로 향하는 비행기 안에서야 수정된 대본을 읽어볼 수 있었다.

잘린 머리는 없었다.

드라마는 13회로 막을 내렸다. 스튜디오 대표는 분명 우리가 모르는 뭔가를 알고 있었을 것이다.

헬리콥터 피드백

한 번은 소니 텔레비전의 프로듀서 몇 명과 만나 시리즈 아이디어를 피칭했다. 그들은 내 아이디어를 마음에 들어 했고, 그 자리에서 바로 구매를 결정하고 파일럿 에피소드를 쓰도록 작업료를 지급했다. 덕분에 다른 곳에 가서 또 피칭할 필요가 없었다. 그들은 그 아이디어와 이야기의 힘을 믿었다.

그건 미주리주 세인트루이스를 배경으로 한 경찰 드라마였다. 현대판 〈마이애미의 두 형사(Miami Vice)〉 같은 분위기를 가진 멋진 작품이었다.

첫 번째 초고를 넘긴 후, 나는 소니 스튜디오로 가서 프로듀서, 개발 책임자, 그리고 그의 어시스턴트를 만났다. 우리는 프로듀서의 사무실에 모여 앉았고, 프로듀서는 내 대본에 대한 의견을 말했다. 나머지 두 사람은 내가 '군말 없이 끄덕이기'라고 부르는 행동을 했다. 상

 킬 더 도그

급 임원이 무슨 말을 할 때마다 하급 임원들에게 나타나는 신체적 반응 말이다.

프로듀서는 말을 마친 뒤 개발 책임자와 어시스턴트에게 추가로 할 말이 있느냐고 물었고, 두 사람 다 몇 가지 의견을 덧붙였다.

그들의 피드백은 특별한 것 없이 프로듀서의 말을 되풀이한 수준이었다. 나는 대본 리라이팅을 위해 돌아왔다. 일주일 후 두 번째 초고를 제출했고, 다시 같은 사무실에서 같은 사람들과 함께 '폴 기오 프로젝트'의 두 번째 피드백 라운드를 맞이했다.

이번에는 피드백이 조금 달랐다.

프로듀서가 자기 생각을 말했고, 나머지 두 사람은 여전히 '군말 없이 끄덕이기'를 실천했다. 프로듀서가 두 사람에게 발언권을 넘겼다. 어시스턴트가 먼저 말했는데, 프로듀서가 했던 말을 다른 단어를 써서 반복할 뿐이었다. 그리고 개발 책임자 차례가 되었다. 아래는 내가 기억하는 한 거의 정확한 대화 내용이다.

개발 책임자: 어제 〈24〉 봤어요?

나: 아, 아니요, 못 봤어요.

개발 책임자: 어제 잭 바우어가 헬리콥터에 매달렸는데 진짜 멋졌거든요…. 못 봤어요?

나: 못 봤어요.

어시스턴트: 진짜 멋졌어요.

개발 책임자: 그렇죠, 완전 멋졌죠?

나: 그랬군요.

개발 책임자: 나도 다른 사람들처럼 그냥 본 건데, 다른 사람들도 그랬겠지만 이 장면 정말 멋지다 싶더라고요.

(프로듀서를 흘끗 보니 그는 무표정이다.)

나: 멋지게… 들리네요.

개발 책임자: 진짜 멋져요. 그래서 아침에 커피 마시다가 생각한 건데, 당신 대본에도 헬리콥터를 넣으면 어때요?

(더 설명하길 기다리지만 없다.)

나: 음… 생각해 둔 장면이나 상황이 있나요?

개발 책임자: 잘 모르겠어요, 그냥 헬리콥터가 멋지니까, 파일럿 에피소드에 하나 넣으면 정말….

나: 멋질 거라고요?

개발 책임자: 맞아요!

(셋 다 '군말 없이 끄덕이기'를 한다.)

나: 알겠습니다. 한 번… 검토해 볼게요.

소니를 나와 티토스 타코스(Tito's Tacos)에 도착할 즈음엔 헬리콥터 이야기를 완전히 잊었다. 참고로, 누구든 소니에서 미팅을 하고 나면 티토스 타코스로 가는 순서가 거의 캘리포니아주 법이나 마찬가지다.

며칠 동안 대본을 수정하고 다시 제출했다. 그다음 주, 나는 다시 소니 사무실에 갔다. 모두가 대본을 좋아했다. 프로듀서는 "거의 다

 킬 더 도그

왔어!" 같은 말을 하며 배우와 감독을 누구로 할지 이야기하기 시작했다. 어시스턴트는 너무 흥분해서, 이제 단어를 바꾸지도 않고 상사가 한 말을 그대로 따라 했다.

그때 개발 책임자가 입을 열었다. "헬리콥터는 어디 있죠?"

"뭐라고요?"

그녀는 지난번 피드백 미팅에서 내가 헬리콥터를 대본에 넣기로 '동의했다'(이것은 그녀의 표현이다)라고 상기시켰다. 나는 당황했다. 도와 달라는 눈으로 프로듀서를 바라봤지만, 그는 러시모어산의 얼굴 조각상처럼 가만히 있었다.

나는 다시 개발 책임자를 바라보며 수습하려 애썼다. "음, 스토리에 자연스럽게 녹아들 만한 자리가 딱히 없었어요"라고 대충 얼버무렸다. 그녀의 대답은 대강 이러했다. "글쎄, 제가 작가는 아니지만…."

그들은 이 말을 **사랑**하는 것 같다. "작가는 아니지만…"이라고 말한 다음, 글에 대한 피드백을 준다.

그녀는 자기가 작가는 아니지만, 스토리에 자연스럽게 녹아들어 가는 게 항상 중요한 건 아니라면서 마지막으로 내게 상기시켰다. "헬리콥터가 들어가면 정말 멋질 것 같지 않아요?"

이제 내가 군말 없이 고개를 끄덕일 차례였다.

나는 혼란스러움을 안고 차를 몰아 집으로 왔다. 정말 멋지니까 헬리콥터를 대본에 넣으라니….

나는 대본의 모든 장면, 모든 상황을 다시 훑어봤다. 멋지건 말건, 헬리콥터가 들어갈 자리는 어디에도 없었다. 그래서 다른 것을 시도해 보기로 했다.

내 대본은 원래 해가 떠오르며 세인트루이스 아치(St. Louis Arch)[54]가 반짝이는 장면으로 시작한다. 첫 초고부터 모두가 이 오프닝을 좋아했다. 나는 개발 책임자의 피드백을 적극 반영해 그 장면을 다시 썼다.

EXT. 세인트루이스 – 낮

해가 막 떠오르고, 햇살이 서반구에서 가장 높은 인공 구조물인 630피트 높이의 게이트웨이 아치에 반사되어 도시 전체가 마치 황혼에 휩싸이듯 몽환적으로 보인다.

헬리콥터 한 대가 요란한 소리를 내며 화면을 가로지른다.

이거다. 내가 한 건 이게 전부다. 이후 대본 어디에도 헬리콥터는 등장하지 않는다. 나는 대본을 제출하고 나흘 뒤에 다시 사무실로 갔다.

개발 책임자가 그 시나리오를 **너무 좋아했다!** 그녀는 헬리콥터에 대해 다시는 언급하지 않았고, 다른 이들도 마찬가지였다.

〈더 다크(THE DARK)〉

〈저징 에이미〉 작업이 끝난 뒤, 당시 내 아내는 세인트루이스로 이

---

54 미주리주 세인트루이스의 랜드마크로, 약 192미터 높이의 아치 구조물이다. 정식 명칭은 게이트웨이 아치다.

사해 가족에게 충실한 생활로 돌아가고 싶어 했다. 그때 나는 내 시나리오 작가 경력이 끝났다고 생각했다. 교편을 잡거나 평범한 미국 소설을 쓰며 살겠다고 생각했다. 하지만 신에게는 다른 계획이 있었다.

세인트루이스에 살 집의 구매 계약을 마치기도 전에 내 에이전트에게서 전화가 왔다. 스티븐 J. 커넬(Stephen J. Cannell)이 내 대본을 읽고 나와 이야기를 나누고 싶어 한다는 것이었다. 커넬과 나는 둘 다 CAA 소속이었고, 그의 에이전트가 내 에이전트에게 '커넬이 함께 파일럿을 작업할 젊은 작가를 찾고 있다'라고 전했던 것이다. 커넬은 몇 년간 소설을 쓰고 있었고, 이번 작품은 그의 TV 복귀작이었다.

나는 〈록포드 파일스(The Rockford Files)〉부터 〈와이즈가이(Wiseguy)〉까지 커넬의 작품 모두를 열렬히 좋아했기 때문에 전화기가 울리고 상대방이 "스티브 커넬이 통화하길 원한다"라고 말했을 때 완전히 열혈 팬 모드였다.

그렇게 통화하게 된 커넬은 내 글을 칭찬해 줬다. 지금까지 받은 칭찬 중 가장 멋진 말이었다. "자네는 글을 맨주먹으로 쓰는군."

그 순간 불안한 마음에 커넬의 말을 오해했다. 오타가 많거나, 글이 형편없어 마치 타자도 칠 줄 모르는 사람 같다는 뜻으로 말이다. 다행히 내가 무슨 말을 꺼내기 전에 그가 말을 이어갔다. 내 글이 꾸미지 않은 날것이고, 솔직하고, 독창적이며, 진정성이 있다고 했다.

맨주먹.

그는 전화로 나를 고용하면서, 시리즈 아이디어가 있는데 내가 대본을 써주길 바란다고 했다. 크레디트에는 내 이름이 올라갈 거라고 했다. 그는 총괄 프로듀서로 참여해 함께 작업하며 나와 내 글을 감독할 거라고 말했다.

그 일을 시작으로 우리는 훌륭한 작업 파트너가 되었고, 결국 소중한 우정으로 발전했다. 몇 개월 동안 커넬과 나는 많은 시간을 함께 보냈다. 그는 나를 받아들여 자신의 세계로 이끌어줬다. 라구나 해변에 있는 그의 집에서 대본 작업을 하고, 무소 앤 프랭크(Musso & Frank) 레스토랑에서 전용 좌석에 앉아 점심 '미팅'을 하며 그가 참치샌드위치에 마요네즈를 듬뿍 넣어 먹는 모습을 바라보던 시간까지, 평생 잊지 못할 것이다.

제작 스튜디오는 워너 브라더스였고, 당시 사장은 피터 로스였다. 로스와 커넬은 오랜 친분이 있었기에 로스가 이 프로젝트를 직접 챙겼다. 시리즈를 방영할 네트워크는 TNT였고, 워너 브라더스는 네트워크가 원하는 것을 정확히 만들 수 있도록 전 과정에 걸쳐 우리를 도와줬다.

스튜디오에서는 '더 다크(THE DARK)'라는 제목을 좋아했다. 네트워크 측에서 어두운 분위기를 원했기 때문이다. 피드백 회의 때마다 "더 어둡게, 더 어둡게"라는 말을 들을 정도였다.

그래서 나는 아주 어두운 이야기를 썼고, 커넬의 도움으로 멋지게 완성되었다. 스튜디오는 대본을 마음에 들어 했고, 촬영 비용을 지불했다. 감독으로는 월터 힐(Walter Hill)을 섭외했다. 그건 내게 정말 놀라운 일이었다. 각본가로 돈을 벌기 전에 스탠드인 배우로 일하며 월터의 영화에 몇 편 참여했었고, 그렇게 월터와 친구가 되었기 때

      킬 더 도그

문이다. 월터는 내가 시나리오 작가 지망생인 것을 알고 늘 시간을 내어 조언을 해줬다. 내 첫 번째 파일럿을 그가 감독하다니, 말로 표현할 수 없는 감격스러운 순간이었다. 과거와 현재가 맞닿아 하나의 완전한 원을 이루는 것 같았다.

캐스팅은 정말 훌륭했다. 콜린 포치(Colleen Porch), 에릭 젠슨(Erik Jensen), 프레드 워드(Fred Ward), 빌리 버크(Billy Burke)까지. 내가 참여한 작품들 중 최고의 캐스팅이었다. 월터는 늘 그랬듯 훌륭하게 연출했고, 피터 로스에게 보여줬을 때 그는 "완벽해!"라고 말했다. 어둡고 섬뜩하면서도 아주 멋졌다! 우리는 히트작을 만들어냈다!

그리고 네트워크에서 작품을 검토했다.

TNT 임원들은 이렇게 말했다. "이건 방송할 수 없습니다. 너무 어두워요."

할리우드란 말은 동사인 게 분명하다.

나는 '할리우드 당했다'.

나는 어떻게 프로 시나리오 작가가 되었나

내 인생에서 마지막으로 가졌던 '글쓰기와 관련 없는 직업'은 홍콩의 위대한 배우 주윤발의 어시스턴트였다. 당시 홍콩 영화의 열렬한 팬이었던 내게, 그의 첫 미국 출신 어시스턴트가 되는 영광은 최고의 버킷리스트 중 하나였다.

당시 그는 미국 스튜디오와 함께하는 첫 작품인 〈리플레이스먼트 킬러(The Replacement Killers)〉를 촬영 중이었고, 나는 5개월 동안 거의 매일 그와 그의 멋진 아내 재스민과 함께 보냈다. 그때는 내가 좀 통통했기 때문에, 재스민은 나를 살찐 용이라는 뜻의 '페이 룽'이라고 부르곤 했다.

나는 그들이 촬영을 위해 LA에 머물 아파트를 찾는 일을 도왔고, 쇼핑을 같이 다녔으며, 아침과 저녁을 함께 먹고, 주윤발이 어디를 가야 할 때마다 운전도 해줬다.

어느 토요일 아침, 그와 함께 LA 차이나타운을 걷던 경험은 특히 놀라웠다. 60년대 비틀즈와 함께 있는 기분이랄까. 어디를 가나 군중이 그를 에워쌌고, 재스민에게 줄 간식 몇 가지를 사는 데 걸릴 20분짜리 외출이 2시간짜리 사랑의 축제로 변했다. 주윤발은 사진 요청에 모두 미소 지으며 응했고, 사인을 요청하는 모두에게 기꺼이 사인을 해줬으며, 그 자리에 있는 모두에게 따뜻하게 인사하며 그들이 특별하다고 느끼게 해줬다. 마침내 그 자리를 빠져나온 후, 나는 그에게 물었다. "그렇게 많은 사람한테 시달리다 보면 짜증 나지 않나요?" 주윤발은 특유의 환한 미소를 지으며 말했다. "아니. 난 사람들한테 모든 걸 빚졌어. 그들이 없으면 난 아무것도 아니야."

미국의 유명 인사 몇 명은 주윤발에게 좀 배워야 하지 싶다.

이 일이 내가 시나리오 작가가 된 것과 무슨 관계가 있느냐고? 주윤발과 나는 좋은 친구가 되었다. 그는 내가 홍콩 영화와 자신의 예전 작품들을 잘 알고 있다는 사실에 기뻐했다. 우리는 홍콩과 미국의 시나리오 작법 차이에 대해 의견을 나눴고, 좋아하는 책, 존경하는 작

　킬 더 도그

가들에 대해 이야기했다. 그는 내가 시나리오 작가가 되고 싶어 하고, 몇 년 동안 스탠드인 배우로 일하며 틈틈이 시나리오를 써왔다는 사실을 알고 있었다. 주윤발이 〈리플레이스먼트 킬러〉를 마무리하고 〈커럽터(The Corruptor)〉 촬영을 위해 뉴욕으로 갈 준비를 하던 어느 날, 그가 산책을 하자고 했다. 우리는 늘 그랬듯이, 한동안 말없이 걸었다. 그러다 그가 글쓰기는 어떻게 되어 가느냐고 물었다. 나는 평소와 비슷하게 대답했다. "잘 되고 있어요. 쓸 시간이 없긴 하지만…." 내가 어쩌고저쩌고 떠들었고, 우리는 좀 더 걸었다. 조용히. 그리고 그가 말했다.

"사람들이 나더러 배우가 되려면 어떻게 해야 하느냐고 물으면, 내가 뭐라고 말하는지 알아? 연기를 시작하라고 해."

그는 걸음을 멈추고 나를 바라보며 미소 지었다. 나는 말없이 고개를 끄덕였다. 그러자 그가 내게 몸을 기울여 조용히 속삭였다. "네가 뉴욕까지 따라와서 어시스턴트 일을 계속하면, 난 널 해고해 버릴 거야."

그는 내 어깨에 팔을 둘렀고, 우리는 다시 걸었다.

나는 뉴욕에 가지 않았다. 6개월 후, 나는 처음으로 시나리오 계약을 맺었다.

〈펠리시티〉

JJ 에이브럼스(JJ Abrams)가 나를 채용해 처음으로 정식 작가 일을 하게 되었을 때 정말 기뻤다. 단순히 기회를 얻어서가 아니라, 당시 엄청나게 인기 있는 TV 프로그램에서 JJ처럼 재능 있는 사람과 일하게 되었기 때문이다. 그때는 아직 JJ가 대중에게 널리 알려지기 전이었지만, 할리우드에서는 이미 모두가 그를 알고 있었다. 그는 놀라운 작가였고, 디즈니와 큰 계약을 막 체결한 상태였다.

나는 선셋 대로의 유명 호텔 샤토 마몽에서 JJ와 인터뷰 겸 미팅을 했는데, 그가 그 자리에서 나를 고용했다. 프로그램은 시즌 2 제작을 막 시작한 참이었고, 그는 내게 즉시 〈펠리시티〉 작가실로 가라고 했다. 그때는 이게 얼마나 말도 안 되는 일인지 알지 못했다. 비슷한 경험이 없었기 때문이다. 나는 차를 타고 45분을 달려 생애 처음 작가실로 출근했다!

작가실에 들어가니 작가 셋이 나를 외계인 보듯 바라봤다. 내가 새로 온 작가라고 말했을 때, 그리 반가워하는 분위기는 아니었다고만 해두자. 나는 JJ가 한 시간 전에 샤토 마몽에서 나를 고용했고, 여기로 가라고 했다고 설명했다. 작가들은 내가 어떤 프로그램에서 일했는지 물었다. 나는 이게 첫 작품이라고 말했다. 그들은 서로를 쳐다봤다. 그곳에 머문 지 5분도 채 지나지 않았지만, 그 방에 감도는 긴장감을 잘라 내려면 전기톱이 필요했을 것이다.

나는 자리에 앉았고, 그들은 내가 오기 전에 하던 일을 계속했다. 스토리를 짜는 중이었다. 정식으로 작가실에 들어온 건 이번이 처음이었지만, 데이비드 E. 켈리가 제작한 〈스눕스〉의 작가실에 몇 번 가본 적이 있었다. 거기서 4~5일 정도 함께 작업한 게 전부였지만, 그곳과 비교하면 이곳 〈펠리시티〉 작가실의 사람들은 자신들이 뭘 하는지 잘 모르는 것 같았다. 아니면, 설사 알고 있었다 해도 그들의 태도

　　　　킬 더 도그

가 너무 부정적이고 적대적이어서 제대로 된 작업을 할 수 없는 사람들 같았다.

나는 실수로 입을 한 번 열고 말았다. 아이디어를 제안한 것도 아니고 그저 질문을 하나 했을 뿐인데, 돌아온 반응은 경멸 그 자체였다. 그 뒤로 두 시간 동안 나는 아무 말도 하지 않았다.

그날 작업이 끝났을 때, 그들은 카드 딱 한 장만을 보드에 붙였고 작가 둘은 곧장 나가버렸다. 선임 작가는 남아 서류를 정리하는 척했다. 나는 그녀가 뭔가 말하고 싶은 줄 알고, 이곳에 오게 되어 정말 기쁘고 많이 배우고 싶다고 말했다.

그러자 그녀는 테이블 너머로 몸을 기울여 말했다. "한 가지 알아 둘 게 있어요. 우린 당신이 여기 오는 걸 원하지 않아요. 아무도요. JJ 는 우릴 괴롭히려고 일부러 당신을 고용한 거예요. 우린 우리 친구를 당신 자리에 뽑고 싶었거든요. 그러니까, 당신은 여기서 중요한 존재가 아니란 말이에요. 당신이 할 수 있는 최선은, 그냥 우릴 방해하지 않는 거예요."

그리고 그녀는 사무실을 나갔다.

할리우드에 온 걸 환영해, 기오.

불행하게도 그날은 내가 그 프로그램에 참여하는 동안 괜찮게 지낸 날들 중 하나였다. 그 시즌 내내 작가 셋은 내가 아무도 원치 않는 존재이자 이방인처럼 느끼도록 최선을 다했다. 그들이 스토리를 짜는 데 그만큼의 노력만 들였더라면.

다 큰 어른 셋이서 이런 유치한 행동을 했다. 어떤 작가의 사무실에서 모두 만나자고 해 놓고, 내가 따라 들어가려 하면 내 앞에서 문을 닫아버렸다. 또 12시 30분에 점심을 먹으러 가자고 하고선, 내가 12시 15분에 내 사무실에서 나왔더니 그들은 12시에 나갔다고 사무실 보조가 말해줬다. 회의 중에 내가 아이디어를 제안하거나 다른 사람의 아이디어에 맞장구를 치려고 입을 열기만 하면, 무조건 두 가지 반응 중 하나가 돌아왔다. 입을 꾹 다물고 나를 쳐다보거나, 내가 틀렸다거나 멍청하다고 말하면서 "그건 그렇게 하는 게 아니야!" 같은 말을 덧붙였다. 어느 날 아침에는 내 사무실에 들어갔더니 책상 위에 물병이 엎질러져 있었는데… 분명 그 전날 밤엔 없던 물병이었다.

고등학생도 하지 않을 유치한 행동들이었고, 그 세 사람이 얼마나 불안하고 두려워하는지를 보여줄 뿐이었다. 나와 그 프로그램에 안타까운 일이지만, 그 시즌엔 JJ가 거의 나오지 않았다. 그는 당시 〈앨리어스(Alias)〉를 개발 중이었고, 디즈니와 새로 맺은 계약과 관련해 다른 일들도 진행 중이었다. 주로 일주일 동안 작가 넷이 스토리를 짜다가, JJ가 일주일에 한두 번 들르는 식이었다. JJ는 우리가 해 놓은 것을 보고 대부분 거절했다. 그는 그렇게 떠나고 우리는 처음부터 다시 시작해야 했다.

그럴 때마다 세 사람은 분노했지만, 문제는 JJ가 옳았다는 것이다. 그들의 작업은 형편없었다. 하지만 그들은 JJ를 미워하는 데 너무 깊이 빠져 그 사실을 알지 못했다.

해당 시즌이 진행되는 동안 그 셋은 작가실에 모여 JJ에 대한 불평을 늘어놓느라 대부분의 시간을 보냈다. 그가 얼마나 싫은지, 이 프로그램이 얼마나 싫은지 이야기하면서 말이다. 그런데 최악은 따로 있었다. JJ가 나타나기만 하면 왕이라도 되는 듯 셋이 온갖 아첨을 떨었다. 세상 모든 증오를 쏟아낼 때는 언제고 순식간에 태세를 전환해 아부하는 모습에 나는 그저 경악할 수밖에 없었다.

스트레스에 내 몸이 다 아플 정도였다.

사실 그 드라마는 쓰기 어려운 작품은 아니었다. JJ는 훌륭한 캐릭터들을 만들어 놓았고, 우리 모두 대학 시절을 경험했으니까. 하지만 그 작가들이 하는 이야기를 들으면, 우리가 주요 캐릭터만 12명이나 되는 복잡한 국제 스파이 스릴러물을 쓰고 있는 것 같았다. 에피소드마다 밀실 살인 사건에 클리프행어까지 넣어야 하는 그런 드라마 말이다. 나는 몇 주 만에 너무 우울해져서 에이전트에게 전화해 그만두고 싶다고 말했다. 그는 안 된다고 했다. TV 작가로 취업한 첫 직장인데 여기서 그만두면, 앞으로 아무도 날 고용하지 않을 거라고 했다. 무슨 수를 써서라도 버티라고 했다.

살아남아서 앞으로 나아가야 한다. 시즌이 끝날 때까지만 버텨라.

좋다. 나는 남은 7~8개월을 어떻게 버틸지 머릿속으로 계획했다. 고백하면, 내 딴에는 가장 좋은 방법이라고 생각한 것이 내 경력에서 저지른 수많은 실수 중 하나가 되었다. 내 계획은 끔찍했고, 재앙이었다. 무엇이었냐고?

나는 그 세 사람에게 인정받기 위해 내가 할 수 있는 모든 것을 하기로 했다. 그들과 가장 많은 시간을 보내는 만큼 그들이 날 좋아하도록, 아니 최소한 날 인정하도록 만드는 데 모든 노력을 쏟기로 했다.

말했듯이, 그건 끔찍한 계획이었다.

최고의 프로 작가가 되기 위해 열심히 노력해야 할 시간에 상처 입어 자존감이 바닥을 친 내가 '그런 건 잊어! 그냥 저 사람들이 널 좋아하게 만들어!'라고 마음먹은 것이다.

후.

그렇게 일주일에 5일씩, 한 달이 지나고 또 한 달이 지나도록 내 얼굴을 본다면, 그리고 내가 그들을 최대한 달콤하게 대한다면, 그들의 분노와 유치한 태도가 조금은 누그러지지 않을까 생각했다.

전혀 아니었다.

변한 게 있다면, 더 심해졌다. 내가 처음 맡은 에피소드 대본을 제출한 후, JJ가 직접 내 사무실에 와서 아주 훌륭하다고 칭찬했다. 정말 기쁜 순간이었다. 하지만 그는 말을 끝내자마자 사라졌고, 나는 다시 못되게 구는 유치한 사람 셋과 남겨졌다.

JJ에게 칭찬을 받고 사무실을 나서면서 나는 나머지 셋에게 이 소식을 전하고 싶어 들떠 있었다. JJ가 내 글을 마음에 들어 한다는 것을 알면 그들도 나를 좋아하리라 생각했다! 내가 얼마나 상처받은 상태였는지 알겠는가?

사무실 보조에게 다른 작가들이 어디에 있는지 물었더니 문이 닫힌 방을 가리켰다. 그들 중 한 사람의 사무실이었다. 노크하려던 순간 안에서 소리가 들렸다. 그들은 내 대본을 소리 내어 읽으며 웃고 있었다. 내 글을 두고 농담을 주고받는 중이었다. 나는 몇 분 동안 그 문 앞에 서서 내가 쓴 대사와 묘사가 조롱당하는 걸 듣고 있다가 내 사무

     킬 더 도그

실로 돌아가 문을 닫았다.

살아남아서 앞으로 나아가야 한다.

시즌의 '백 나인(back nine)' – 대개 22편으로 구성된 시즌의 마지막 9편 – 에 접어들어서도 상황은 여전했다. 현장에 있는 건 물론 좋았다. 〈펠리시티〉의 배우들과 스태프는 정말 훌륭했다. JJ 에이브럼스와 맷 리브스(Matt Reeves)도 멋진 사람들이었다. 하지만, 이 드라마에 참여하는 동안 90퍼센트의 시간을 세 작가와 보내야 했으니, 너무나 불행한 일이었다.

어느 날은 그 셋이 특히나 잔인하게 굴었다. 나는 더는 정신적으로 버틸 수 없을 것 같았다. 이게 바로 최악의 순간이라는 생각이 들었고, 더는 참지 않기로 결심했다. 아무 말 없이 작가실에서 나와 JJ의 파트너 맷 리브스의 사무실로 들어갔다. 맷은 공동 창작자로, JJ가 글을 맡는 동안 드라마의 연출과 영상을 담당했다. 맷은 갈등을 싫어하는 사람이었고, 작가실에 떠도는 긴장감을 느낄 정도로 눈치가 빨라서 되도록 작가들과 마주치지 않으려 노력했다.

맷은 쾌활하고 배려심 많은 사람이었고, 내가 들어서자 활짝 웃으며 무슨 일이냐고 물었다.

그리고 나는 울기 시작했다. 흐느꼈다는 표현이 더 정확하겠다.

나는 흐느끼면서 그에게 더는 못 참겠다고 말했다. 작가들의 독한 언행과 무례함과 비열함을 견딜 수 없다고 했다. 그가 뭔가 조치를 취해줘야 한다고 말했다.

맷은 당황한 얼굴로 나를 바라봤다. 나는 선 채로 눈물을 닦으며 훌쩍였다. 그때 맷 리브스가 내 인생을 바꾸는 말을 했다. 단지 시나리오 작가로서가 아니라, 한 남자이자 한 인간으로서 인생을 바꾸는 말이었다.

맷이 말했다. "미안하지만, 난 도와줄 수 없어요."

그 말을 듣고 약 2초 동안, 나는 완전한 굴욕감에 휩싸였다. 마치 내가 몸 밖으로 나와, 어린애처럼 울고 서 있는 나 자신을 바라보는 느낌이었다. 그 순간, 머릿속에 불이 켜졌다. 그저 그런 불빛 말고, SX-16 나이트선[55]이 켜지는 느낌이었다.

맷 리브스가 옳았다. 그는 나를 도울 수 없었다. 아무도 나를 구하러 오지 않았다. 나는 바닥에서 일어나 나 자신을 구해야 했다. 이는 지금도 내 인생 최고의 교훈이다.

작가 셋이 버릇없고 불안정하고 잔인한 10대처럼 굴었지만, 그들의 행동에 일일이 상처받고 휘둘리는 나 자신도 성숙하지 못했다. 《갈매기의 꿈》을 쓴 리처드 바크는 이렇게 말했다.

"당신의 행복이 타인의 행동에 달려 있다면, 당신에게 문제가 있는 것이다."

그 작가들 잘못이 아니었다. 그들은 그저 그들답게 행동했을 뿐이다. 그들도 그들만의 지옥을 겪고 있었겠지. 나는 못되게 구는 사람 중에 행복한 사람을 본 적이 없다. 못되게 구는 사람들이 행복하고 만족스러워 보이려 노력해도, 그건 진짜가 아니다. 내 경험상, 사람이

---

55 헬기, 군용기 등에서 사용하는 고출력 탐조등.

 킬 더 도그

분노에 휩싸일 때 그 원인은 대부분 고통이다. 하지만 나는 깨닫지 못하고 있었다. 그날 맷 리브스가 내게 현대 미국 TV 작가 역사상 가장 정교하고도 우아한 한 방을 날리기 전까지.

그 시절엔 나도 그 작가들처럼 불안하고 자존감이 낮은 사람이었다. 다만 나는 그들과 다른 방식으로 고통을 표현했을 뿐이다. 나는 고통을 타인에게 쏟아내지 않았고, 내면으로 돌렸다. 나는 끔찍한 가정환경에서 자랐고, 잘못된 이유로 잘못된 사람과 결혼했으며, 밤늦게 감정을 먹어 삼키는 습관이 있었다. 파티 사이즈의 웨이비 레이스 감자칩 봉지 안에 내 감정을 꾹꾹 파묻으면서 말이다. 그래서 〈펠리시티〉 사무실에서 벌어지던 일들은 마치 불 위에 아세톤을 들이붓는 것과 같았다.

하지만 그날 맷의 다섯 마디가 모든 것을 바꿨다. 그 시즌의 마지막 몇 달간, 나는 완전히 다른 사람이 되었다. 다른 작가들의 인정을 받으려 애쓰지도 않았고, 그들에게 내 가치를 증명하려 하지도 않았다. 그들의 말과 행동 때문에 내가 부족한 인간이라고 느끼지도 않았다.

나는 작가실에서 목소리를 내기 시작했고, 그들의 어설픈 작업에 대한 내 의견을 더는 돌려 말하지 않았으며, 스토리의 문제점에 대한 더 나은 해결책을 제시하기 시작했다. 나는 내가 좋은 작가임을, 그들만큼 괜찮거나 어쩌면 그들보다 더 나을 수도 있음을 알았다. 그리고 마침내 내가 고용된 이유, 즉 현역 프로 TV 작가로서의 역할을 수행하기 시작했다.

한 번은 그들이 예전처럼 '애 앞에서 문 닫기' 수법을 쓰려고 했는데, 내가 손바닥으로 문을 너무 세게 치는 바람에 문짝이 떨어질 뻔했다. 그들은 다시는 그런 짓을 하지 않았다.

어느 날 운 좋게도 JJ가 작가실에 하루 종일 머물렀다. 그가 나를 돌아보며 말했다.

"무슨 일이 있었던 거야? 8개월 동안 거의 말 한 마디 없었는데, 지금은 이 작가실에서 제일 재미있고 자신감 넘치는 사람이잖아."

〈펠리시티〉 시즌이 끝났을 때, 내 에이전트가 전화로 좋은 소식을 전했다. JJ와 맷이 다음 시즌에도 나와 함께 일하고 싶어 한다고 했다. 나는 거절했다. 에이전트는 크게 실망했지만, 고맙게도 내 결정을 이해해 줬다. 날 설득하려 하지 않고 다른 일을 알아봐 줬다. 그리고 나는 인기 TV 드라마에서 한 시즌을 온전히 일한 경력 덕에 미팅 기회를 얻었고, 그 결과 새로운 일을 제안받았다.

살아남아서 앞으로 나아가야 한다.

나머지 작가 셋의 경력은 흥미로운 방향으로 흘러갔다. 한 사람은 몇 년 동안 JJ의 비위를 맞춰가며 그가 만드는 프로그램들을 졸졸 따라다녔다. 여전히 JJ만 자리에 없으면 JJ와 그의 가족에 대해 험담을 했을 것이다. 다른 한 사람은 여러 직장에서 해고당했다. 아마도 그 '문 닫기 신공'이 다른 작가들에게는 잘 먹히지 않았던 모양이다. 첫날 내게 경고를 날렸던 나머지 한 사람은 이후로 일을 거의 얻지 못했다.

나? 그 지옥 같던 시즌에서 살아남은 후 지금까지, 내가 유급 시나리오 작업을 하지 않고 보낸 최장기간은 10개월이었다. 그리고 그건 내 선택이었다.

　　　　킬 더 도그

그 일을 인과응보라 부르든, 신이라 부르든, 당신 마음이다. 나는 내 친구이자 전 직장 상사인 하트 핸슨이 말한 대로 생각하고 싶다. 하트는 아주 멋진 이론을 가지고 있었다. 어떤 상황이든… 나쁜 사람들은 서로 끌린다. 나쁜 사람은 항상 다른 나쁜 사람과 부딪히게 된다.

14

가짜 전문가를 알아보는 법

나는 이 업계에 있는 사기꾼들에 대해 여러 이야기를 했고, 그들을 피하는 것이 얼마나 중요한지도 강조했다. 자칭 구루라고 하는 사람들, 전문가인 척하는 엉터리들, 자기 말만 따르면 된다고 하며 돈을 쉽게 버는 사람들, 빈약한 지식을 포장해 허세를 부리는 사람들 말이다. 대부분은 알아보기 어렵지 않다. 하지만 일부는 완벽하게 위장한 채 거짓말과 잘못된 조언을 퍼뜨린다.

그런 사람들을 어떻게 알아볼 수 있을까?

걱정하지 마라. 지금부터 부엉이 탈을 쓰고 현명한 척하는 교활한 족제비를 밝혀낼 테니.

시나리오 작법 사이트는 대부분 시나리오 전문가가 당신의 작품을 평가하고, 믿을 만한 조언을 제공하며, 차세대 쿠엔틴 타란티노나 숀다 라임스가 되는 비법을 알려 준다고 주장한다. 언뜻 보기에는 그럴싸해 보인다. 심지어 어떤 이들은 IMDb(Internet Movie Database)[56] 페이지 링크까지 걸어 놓으며 자신이 참여한 작품 이력이 전문성을 증명한다고 주장한다.

하지만 진실을 밝히면, 누구나 무엇이든 IMDb에 올릴 수 있다. 유료 서비스인 IMDb 프로도 마찬가지다. 돈만 내면 경력을 부풀리거나 사실과 다른 내용을 올릴 수도 있다. 나는 작가 조수로 일하는 사람이 자신을 총괄 프로듀서나 쇼러너로 등록한 IMDb 프로 페이지를 본 적도 있다. 심지어 자기가 참여하지도 않은 시리즈인데 말이다.

그렇다면 누가 진짜 전문가고, 누가 허풍쟁이인지 어떻게 구분할 수 있을까? 방법은 생각보다 간단하다.

가짜 시나리오 전문가를 알아보는 가장 쉬운 방법은, 참여한 작품이나 경력을 구체적으로 밝혔는지 살펴보는 것이다. 이들은 구체적 근거 대신 애매한 말로 대단한 척 포장하길 좋아한다. 당신에게 전문가의 의견을 제공하겠다며 돈을 요구하는 시나리오 작법 사이트들의 '이력'이나 '소개' 페이지에는 실제로 어떤 내용이 있을까?

다음은 그중에서도 꽤 인상적인 사례다.

≫ 시나리오 업계에서 전문가로 인정받음

정말? 누가 인정했는가? 나는 시나리오 업계에서 인생의 절반 이상을 보냈지만, 이 사람에 대해 들어 본 적 없다. 내 주변의 현직 시

---

56 영화와 TV 등 영상 콘텐츠에 대한 정보를 모아 놓은 사이트(https://www.imdb.com)로 배우, 감독, 작가 등의 이력을 확인할 수 있으며, 특정 작품에 대한 리뷰와 평점도 볼 수 있다.

나리오 작가들도 마찬가지다. 내가 전문가라고 인정하는 사람은 애런 소킨, 랜디 메이엄 싱어(Randi Mayem Singer), 존 리들리 등이다. 그런데 이 사람의 이름은? 한 번도 듣지 못했다. 아마도 작품에 참여한 이력이 없고, 전문가로 증명할 수 있는 이력이나 경험이 없는 사람일 가능성이 크다. 시나리오 쓰기에 대해 기본 지식조차 없는 사람일 수 있다.

>> 업계 최고의 프로듀서들과 일함

와! 진짜가 나타난 게 **틀림없다!** 업계 **최고의** 프로듀서들과 일한다니! 제이슨 블룸(Jason Blum), 데드 가드너(Dede Gardner), 댄 린(Dan Lin), 메건 엘리슨… 이들과 일한 게 틀림없다.

문제는 이 사람의 이름을 해당 웹사이트 말고는 어디에서도 본 적이 없다는 것이다. 정상급 프로듀서의 프로젝트는 물론, 그저 그런 프로듀서의 프로젝트에도 이름이 없다. 트레이드 지에도, 엉터리 정보마저 쉽게 게시할 수 있는 IMDb에도 이름은 없다. 혹시 정상급 프로듀서들이 사는 동네 입구에서 보안 요원으로 일하거나, 반려견 산책을 담당하는 사람일까?

>> 60개 이상의 주요 제작사와 관계 유지 중

정말? 어떤 관계? 또 반려견 산책 도우미인가? 아니면 제작사와 '관계있는' 마케팅 회사의 어시스턴트? 제작사 직원들이 단체 주문하는 카페의 바리스타? 그리고 60개라고? 진심인가? 크레이그 메이진이나 스콧 프랭크조차 그렇게 많은 제작사와 연결되어 있지는 않을 것이다. 게다가 주요 제작사가 60개나 되기는 하나? 국내외를 다 합쳐 내가 아는 주요 제작사를 세어 보니 33개다. 솔로몬 제도의 영화 산업은 내가 잘 모른다.

내가 지금 농담하거나 비꼰다고 생각할 수도 있겠지만, 전혀 그렇지 않다. 이 사람들은 **누구**와 일하는지, **무슨** 일을 하는지 구체적으로 밝히지 않는다. 제작사들과 **어떤** 관계를 맺고 있는지, 그리고 그 제작사 **이름**이 뭔지도 분명히 드러내지 않는다. 우리가 어떻게 그들을 믿을 수 있겠는가?

>> 전 세계 프로듀서, 감독과 협업하며 글을 씀

음~. 이번에는 그럴듯해 보인다. 적어도 글을 쓴다니까. 그리고 전 세계 프로듀서와 감독의 작업에 참여해 글을 쓴다고 하니.

하지만 어떤 프로듀서? 어떤 감독? 자세히 찾아봐도 이 사람 이름이 들어간 작품은 없다. 혹시 이 사람이 쓴다는 게 세탁소 영수증인가? 이들이 함께 일한 전 세계 프로듀서나 감독 이름을 말해 주지 않는다면, 그게 진실을 얼버무리는 것인지 아니면 대놓고 거짓말하는 것인지 우리가 어떻게 알겠는가?

>> 수상 경력 있는 시나리오 작가

이런 일은 출판업계에서도 자주 볼 수 있다. 당신이 만나는 모든 작가, 페이스북이나 다른 곳에서 보는 작가들이 '베스트셀러' 작가라

 킬 더 도그

는 사실을 알아차린 적 있는가? 어떻게 그럴 수 있을까? 모든 작가가
책을 **가장 많이** 팔 수는 없지 않은가? 이런 허세가 통할 수 있는 이유
는 두 가지다.

1. 몇몇 사람이 거짓말을 하는 것이다. 짜증 나지만 사실이다. 그
   런 사람이 많지는 않아도 분명 있기는 있다.
2. 자신이 베스트셀러 작가라고 말하지만, 그 '베스트'로 팔렸다는
   무대가… 뭐랄까, 조금 좁았다.

자신의 책이 어느 하위 장르의 세부 카테고리에 속한 또 다른 하위
장르의 세부 카테고리에서 '베스트'로 팔렸다면, 그 작가는 자신을 베
스트셀러 작가라고 부른다. 예를 들면 이런 카테고리에서,

- 수녀원을 배경으로 한 로맨스 스릴러로, 이중 국적에 터키 억양을
  가진 35~37세 사이의 주인공 여러 명이 등장하는 작품.
- 단층대 근처 하구에서 3킬로미터 이내에 있는 인구 1,000
  ~2,500명 사이의 마을을 배경으로 한 코지 미스터리로, 인구의
  최소 18퍼센트가 손이 없는 설정.

이해되는가?

영화와 TV 업계, 또는 그 주변부에서는 실제로 수여된 상의 수보
다 '수상 경력 있음'이라고 말하는 사람의 수가 더 많은 것 같다. 이런

표현을 보게 되면 기억할 것. 그들이 어떤 상을 받았는지 구체적으로 말하지 않는다면, 거짓말일 가능성이 아주 높다. '최고의 작가!'라고 적힌 상장을 할머니가 프린트해 액자에 넣어줬다고 진짜 수상 경력이 되지는 않으니까 말이다. 거짓말이 아니라 해도, 적어도 오해하게 만드는 것이다. '에미상 수상 작가'라고 주장하는 사람도 많은데, 알고 보면 어떤 뉴스 프로그램에서 작가와 무관한 역할을 맡았고 그 프로그램이 어쩌다 지역 에미상을 받은 경우가 대부분이다. 지역 에미상도 에미상이니 '수상'한 건 맞지만, 진실을 과장하고 있음을 자신들도 안다.

다음 예시는 더 가관이다.

>> 우리 스크립트 컨설턴트들은 업계에서 상당한 경력을 보유했습니다

지금도 웃음이 나온다. 상당한 경력이란 무엇일까? **만약에** 정말로 상당한 경력이 있다면 왜 공개하지 않았을까? 당신이 사람들에게 전문성을 증명하고 싶다면 당연히 경력을 공개하지 않겠는가? 당신이 주장하는 자격을 입증하고 싶지 않겠는가? 참고로 '스크립트 컨설턴트'의 **실체**가 궁금하다면, 이 책의 '업계 용어' 챕터를 확인할 것.

본인의 작품 참여 이력을 말해주지 않는다면, 부디 그 사람에게서 도망쳐라. 그 사람이 비밀 유지 계약 때문에 작품명을 말할 수 없다거나 악의적인 세력이 크레디트에 이름을 넣어주지 않았다고 말한다면, 더 빨리 도망쳐라.

가짜 시나리오 전문가를 알아보는 또 다른 방법은 그 사람이 **리더** 경험이 있다고 내세우는지 확인하는 것이다.

도망가라. 빨리. 가까운 역으로 가서 행선지가 어디든 상관 말고 가장 먼저 오는 기차에 올라타라.

자칭 구루들과 엉터리 전문가들은 '구조'만큼이나 '리더'에 대해서도 자주 언급한다. 구조에 대한 그들의 이야기가 틀렸듯, 리더에 대한 그들의 이야기도 틀렸다. 어쩌면 구조에 관한 이야기보다 더 엉터리일지도.

할리우드의 스크립트 리더(script reader)에 대한 진실을 말해주겠다.

스크립트 리더라는 개념이 본격적으로 생겨난 것은 1980년대에 시나리오 판매 금액이 트레이드 지에 보도되기 시작하면서다. 셰인 블랙이나 조 에스터하스(Joe Eszterhas)가 스펙 시나리오 한 편으로 수백만 달러의 계약금을 받았다는 사실이 알려지기 전까지, 시나리오 작가도 부자가 될 수 있다는 사실을 아는 사람은 거의 없었다.

80년대 이전에 스튜디오에서는 주로 하급 임원이나 비서 등이 시나리오를 읽고 평가했다. 그런데 '저기 가면 금이 있다'는 소식을 들은 모든 사람과 그들의 반려견 산책 도우미까지 손에 시나리오를 들고 할리우드로 몰려들었다. 스튜디오와 프로듀서들은 쏟아지는 시나리오에 파묻힐 지경이 되어 시나리오를 읽을 사람, 즉 스크립트 리더를 고용하기 시작했다. 리더가 하는 일은 단순히 시나리오를 읽는 것뿐이었다.

그래서 '리더'다.

너도나도 스펙 시나리오를 판매하고 싶어 하면서 리더의 수요가 높아졌고, 이 기회를 틈타 각종 책과 구루들은 리더의 역할을 과대 포장하기 시작했다. 리더는 할리우드의 첫 번째 '문지기'가 되었고, 갑자기 권력을 얻게 되었다. 물론 종잇장보다 얇은 권력이었지만 말이다. 어느새 리더라는 직함은 할리우드 파티에 쉽게 들어갈 수 있는 입장권이 되었고, 리더는 업계의 주요 인물처럼 보이기 시작했다. 만약 시나리오 작가로 실패한다면, 리더가 되어 당신보다 글 잘 쓰는 작가들을 평가하고 바보로 만들 수 있다!

이런 분위기가 절정에 달했을 무렵, 리더들은 주말이면 시나리오를 20편씩 집에 들고 가서 읽고, '커버리지(Coverage)'라고 불리는 시나리오 평가서를 작성했다.

커버리지란 리더가 자신의 의견으로 시나리오의 장단점을 목록화하고, 스토리를 요약한 후, 다음 세 가지 의견 중 하나를 붙이는 문서다.

추천(RECOMMEND): 프로듀서/스튜디오에 이 시나리오를 구매 대상으로 삼아 읽어 보길 추천함.

고려(CONSIDER): 프로듀서/스튜디오에 이 시나리오를 읽는 걸 '고려'해 보라고 권함.

패스(PASS): 이 시나리오에 시간 낭비하지 말라고 제안함.

 킬 더 도그

리더들은 시나리오 한 편당 일정한 보수를 받았다. 내가 알기로, 90년대 조엘 실버(Joel Silver)의 실버 픽처스(Silver Pictures)에서 일하던 리더들은 시나리오 한 편당 75달러까지 받았다. 반면 소규모 회사나 독립 프로듀서 밑에서 일하는 리더들은 한 편당 25달러밖에 받지 못한 경우도 있었다. 통일된 기준은 없었다.

그렇다. 지금 당신이 생각하는 그것…. 누군가가 영화 역사상 가장 뛰어난 시나리오를 하필 그 시기에 썼을 수도 있고, 어떤 바보 같은 리더가 그 시나리오를 '패스' 처리했을 수도 있다. 그래서 그 작가는 시나리오 쓰기를 포기하고 지금은 에그 하버 같은 소도시의 1달러 숍에서 일하고 있을 수도 있다. 그럴 가능성은 낮지만, 아예 없지는 않다. 어쩌면 꽤 있을지도 모른다.

더 공포스러운 이야기도 있다. 예전에 하우스메이트로 함께 살던 시나리오 작가 지망생이 있었다. 나는 스탠드인 배우로 일했고, 그는 파라마운트 스튜디오에 속한 대형 제작사에서 리더로 일하고 있었다. 그는 제작사가 허용하는 한도 내에서 시나리오를 가능한 한 많이 집에 들고 왔다. 많이 읽을수록 돈을 더 벌 수 있었기 때문이다. 그런데 감탄할 만큼 훌륭한 대본을 읽어도 그는 절대 '추천'을 하지 않았다. '패스'를 주거나 마지못해 '고려'를 줬다.

왜냐고? 다른 시나리오 작가들을 향한 질투와 불안이 너무 심해 자신을 올바르게 제어하지 못한 것이다. 그는 좋은 시나리오를 '패스'하면서 경쟁자를 제거하는 기분을 느꼈다. 물론 이런 일이 흔하지는 않겠지만, 스크립트 리더라는 개념이 가진 수많은 단점 중 하나를 보여

주는 사례라고 생각한다.

할리우드 리더와 관련해 요즘 퍼져 있는 거짓말은, '리더가 여전히 강력한 문지기 역할을 한다'라는 것이다. 지난 10년 동안, 대부분의 스튜디오와 제작사는 리더를 없앴다. 이 업계는 예전처럼 시나리오로 넘쳐나지 않는다. 비전문가가 쓰는 시나리오는 이제 공모전이나 웹사이트 쪽으로 흘러 들어간다.

오늘날 시나리오를 읽는 사람들은 대부분 에이전트나 프로듀서가 고용한 어시스턴트들이다. 하급 임원들은 제작 가능성이 있는 콘텐츠를 주로 검토한다. 결국 예전 방식으로 돌아간 셈이다. 이러한 변화는 업계를 개선하려는 선한 의도에서 나온 게 아니라, '시나리오에 대해 아무것도 모르는 리더에게 왜 돈을 지불해? 우리 직원들이 시나리오를 읽게 하면 되잖아!'라는 깨달음 때문이었다.

그러니, '할리우드에는 리더라는 악명 높은 문지기가 있는데 그를 뚫는 비법을 알려줄 테니 돈을 내라'라는 구루가 있거든, 얼른 도망쳐라.

요즘 커버리지는 에이전시나 매니지먼트 회사에서 작성한다. 그곳의 '리더'가 계약을 원하는 작가들이 보내오는 시나리오를 읽는다. 하지만 진짜 리더가 아니라 어시스턴트이며, 시나리오 읽기는 그들이 맡은 수많은 업무 중 하나일 뿐이다.

가짜 전문가를 걸러내는 이야기로 다시 돌아가자. '전문 리더들'이 항시 대기 중이라고 주장하는 사이트가 있거든, 리더가 되기 위해 갖춰야 할 자격 요건을 기억하자. 여기 모두 나열해 보겠다.

 킬 더 도그

1. 글을 읽을 수 있는 능력

2. 그 외엔 없음.

끝이다. 정말로 이게 전부다. 작가로서 경력도 필요 없고, 스토리나 캐릭터, 영화에 대한 이해도 필요 없다. 글을 읽을 수만 있으면 된다.

아래는 실제 시나리오 작법 웹사이트에서 발췌한 내용이다. 왜 당신이 돈을 내야 하는지를 설명하는 문구들이다.

>> 우리 웹사이트의 리더들은 모두 에이전시, 스튜디오, 해외 판매 회사 등에서 업계 경력을 쌓았습니다

자, 다 함께 말해 보자. **"아하, 글을 읽을 줄 안다는 거군."**

>> 파라마운트, 워너 브라더스 등 다양한 스튜디오/기업의 의뢰로 커버리지를 작성했습니다

적어도 실제 스튜디오 이름을 나열하긴 한다. 이 문구를 보면 "오, 파라마운트나 WB에서 이 사람들에게 읽기를 맡겼다면 뭔가 제대로 아는 게 **분명해!**"라고 생각할지도 모른다.

아니다.

파라마운트에서 리더로 일하던 내 하우스메이트를 떠올려 보라. 단지 누군가가 대형 스튜디오에서 일했다고 해서, 그 사람이 시나리오 작성에 대해 제대로 된 기본 지식이 있거나 좋은 글과 나쁜 글을 구분할 줄 안다는 보장은 없다.

리더든 리더 할아버지든, 그냥 읽거나 보는 사람들일 뿐이다.

>> 시나리오 수백 편을 읽었습니다/영화 수백 편을 봤습니다

이 문구는 소셜 미디어에 자주 보인다. 실제로 매우 유명한 자칭 '스토리 전문가'가 자신의 자격 요건으로 유일하게 내세우는 점이다. 이 사람은 시나리오 작법서를 여러 권 썼지만, 정작 자기 손으로 시나리오 한 편도 써 본 적이 없다.

조언을 제공하거나 돈을 받고 조언을 판매하는 사람들이다. 그런데 **작가가 되는 방법**을 조언해 줄 자격이 있다고 주장하는 이유가 시나리오를 많이 읽고 영화를 많이 봤기 때문이라고? 나는 F1 경주를 수천 시간 시청했지만, 누군가에게 F1 레이서가 되는 방법을 조언할 만큼 전문 지식이 있다고 생각하지는 않는다.

그 사람이 현재 활동 중인 프로 시나리오 작가가 아니라면, 프로 시나리오 작가가 되는 방법에 대한 그의 조언을 **왜** 신뢰하는가?

이는 또 다른 사기 수법으로 이어진다.

>> 열정적인 초보

소셜 미디어에는 이제 막 시나리오 작가로 출발한 사람들이 넘쳐난다. 이들은 시나리오를 **한 편** 썼거나, 단편 영화를 **한 편** 만들었고, 자기 미래에 대해 원대한 꿈을 품고 있다. 그래서 자신이 다른 사람들에게 조언하고 피드백을 줄 자격이 있다고 생각한다.

이는 마치 내가 마트에서 건조 파스타와 즉석 미트볼을 사서 스파

 킬 더 도그

게티를 **딱 한 번** 만들어 본 다음, 소셜 미디어에 글을 올려 유명 셰프 미시 로빈스(Missy Robbins)처럼 요리하는 방법을 알려주는 것과 다를 바 없다.

하지만 이런 사기꾼들에게 화가 나진 않는다. 오히려 짠하다. 그들은 인정받고 존재감을 느끼고 싶은 절박한 상황에 사로잡혀 있다. 그래서 자기가 만들어 낸 이미지에 맞춰 행동하며 전문가로 보이고 싶어 한다.

다음에 소개할 사기꾼 판별법은 내가 제일 좋아하는 방법이다. 이 사람들은 나름 인정해 줄 만하다. 최소한 거짓말은 하지 않으니까!

나는 '전문적인' 시나리오 작법 서비스를 제공한다는 웹사이트 몇 군데를 발견했다. 문제는 돈을 받고 조언을 제공하는 사람들이 정작 시나리오 작성이나 영화 업계와 아무런 관련이 없다는 점이다. 하지만, 이 사람들은 프로필에 당당하게 할리우드와 아무 연관이 없다고 밝혀놓았다. 그럼에도 당신의 작품에 대해 자신들이 제공하는 의견을 믿으라고 말한다. 그중 마음에 드는 프로필 유형 두 가지를 소개한다.

>> 기업 교육 분야에서 성공적인 경력을 보유함

그렇다. 이 사람은 시나리오 작가가 되려 한 적도 없고, 시나리오 관련 직종에 몸담은 적도 없다. 그저 할리우드에 입성하고 싶은 절박한 사람들을 상대로 돈 벌 기회를 포착한 것이다. 그러고는 기업 교육 담당 경험을 적용해 당신이 지닌 시나리오 작가로서의 능력을 평가하겠단다. 아주 마음에 든다! 하지만 다음 사람은 더 마음에 든다.

>> 모토로라, 맥도날드 등 대기업에서 회계 부사장으로 근무한 경력 있음

놀랍다. 어떤 회사에서 회계사로 일한 사람이 당신의 시나리오가 옳은지 틀리는지를 판단해 주겠다며 돈을 받는다니. 내가 만약 돈을 펑펑 써 버리고 싶다면, 그 어떤 '리더'나 사기꾼보다 이 사람한테 먼저 갈 것이다!

내가 지어낸 이야기가 아님을 잊지 마라. 이 글을 쓰는 지금, 이 순간에도 온라인에서 모든 내용을 확인할 수 있다.

마지막으로, 시나리오 작성과 관련한 모든 서비스와 교육을 제공한다는 웹사이트를 하나 발견했다. '업계 전문가 교수진'이 담당한다고 한다. 괜찮아 보이지 않는가? 맥도날드 회계사보다는 업계 전문가가 나을 것이다.

더 좋은 점은, 이 사람들이 숨지 않는다는 것이다. 업계 전문가 교수진을 소개하는 페이지가 따로 있어서 그 전문가들을 직접 볼 수 있다. 버튼을 클릭하면 10~12명쯤 되는 사람들의 웃는 얼굴 사진이 실린 페이지로 이동한다. 소개도, 이력도, 거짓말도, 진실도 없다. 웃는 얼굴만 덩그러니 있을 뿐이다.

지금 좀 답답하거나 화가 난다면, 그 마음을 이해한다. 시나리오를 읽어줄 믿을 만한 사람을 어떻게 만나느냐고? 당신이 올바른 방향으

킬 더 도그

로 가고 있는지, 아니면 완전히 엇나갔는지 알려주는 사람을 어떻게 찾느냐고? 그건 쉽지 않고, 사실 쉬워서는 안 되는 일이다.

시나리오 작가로서 경력을 쌓는 일은 사람들이 생각하는 것보다 훨씬 어렵다. 현역 프로 시나리오 작가 클럽의 회원 카드를 손에 넣은 사람들조차 그 자격을 오래 유지하지 못한다는 내용을 기억하는가?

정말 어려운 일이다.

인내심을 가져야 한다. 자신을 객관적으로 볼 줄 알아야 한다. 운이나 좋은 타이밍도 어느 정도 작용해야 한다. 끈기 있게 버텨야 한다. 최고의 시나리오 작가가 되는 데 전념해야 한다.

그렇다면, 당신의 작품에 진정으로 도움이 되는 피드백은 어디서 받을 수 있을까?

다른 작가들을 찾아라. 시나리오 작가 그룹에 들어가거나 직접 하나 만들어도 좋다. 팬데믹을 겪으며 우리는 세상 대부분의 일이 온라인으로도 가능하다는 사실을 깨달았다. 물론 직접 얼굴을 볼 수 있는 오프라인 모임을 추천하지만, 반드시 그럴 필요는 없다. 줌, 스카이프, 구글 미트 등을 이용해도 훌륭한 시나리오 작가 커뮤니티를 만들 수 있다.

물론 이렇게 생각할 수도 있다. 신인 작가에게 받는 피드백이라면, 웹사이트의 무작위 독자에게 받는 피드백과 비슷하거나 더 못할 수도 있다고 말이다. 그럴 수 있다. 하지만 중요한 차이가 있다.

피드백의 대가로 돈을 낼 필요가 없다!

그리고 피드백을 주는 사람은 당신이 직접 아는 사람이다. 얼굴을 보고, 이야기하고, 그 사람이 쓴 글을 읽어 볼 수 있다. 그 사람의 배경과 지식수준도 파악할 수 있다. 이름도 얼굴도 모르는, 전문가라고는 하지만 사실 당신보다 아는 게 적은 사람에게 돈을 내고 엉망인 피드백을 받는 것보다는 당신처럼 열심히 노력하는 동료 작가에게 돈을 내지 않고 엉망인 피드백을 받는 게 낫지 않겠는가?

시나리오 작가 그룹의 큰 장점은 서로 도움을 주고, 영감을 주며, 동기를 부여하고, 서로에게 책임감을 갖게 만든다는 점이다. 우리는 혼자 일할 때보다 다른 사람과 함께 일할 때 더 열심히 한다. 혼자 거울 앞에서 마감일을 떠올리는 것보다, 마감일에 작가 모임 회원들 앞에 서야 한다고 생각하면 훨씬 열심히 글을 쓰게 된다.

우리는 이 길을 함께 걷고 있다.

시나리오 쓰는 일은 외롭고 고독한 작업이다. 그러므로 작가 커뮤니티의 일원이 된다는 것은 당신의 글뿐만 아니라 정신 건강에도 큰 도움이 된다.

그러니 시나리오 작가 모임을 찾아보거나, 직접 하나 만들어 보라. '킬 더 도그' 작가 모임이란 이름도 좋겠다! 그러면 내게도 알려주길 바란다. 언젠가 참여할지도 모르니까!

15

업계 용어
(진짜 그리고 가짜)

시나리오 업계에서 사용하는 용어들을 소개한다. 일부 자칭 구루나 사기꾼들이 즐겨 쓰는 **가짜** 용어도 포함했다. 진짜 용어는 TV 작가실에서 나온 말이지만, 영화 작업 중 피드백을 주고받을 때도 자주 사용한다.

다음은 진짜 용어들이다.

>> 피칭하다 도망가기

TV 작가들은 하루 중 많은 시간을 작가실에서 다양한 아이디어를 피칭하는 데 할애한다. 전체 에피소드의 내용부터 캐릭터, 캐릭터들의 관계와 서사, 악당, 구성점, 장면 등 거의 모든 것을 다룬다.

'피칭하다 도망가기'란 작가가 아이디어를 피칭하던 중에 그 아이디어가 별로거나 먹히지 않는 것을 깨닫고 중간에 손을 떼는 일을 말한다. 자신이 내놓은 아이디어에 열정을 잃고 다른 작가들의 조롱을 피하기 위해 자기 자신 혹은 자신의 아이디어를 스스로 깎아내리며 마무리하는 것이다.

존 로저스가 피치를 포기하려는 작가에게 소리치는 것을 들은 적도 있다. "피칭하다 도망가기 없어!"

하지만 허접한 아이디어도 작업의 일부며, 종종 좋은 아이디어나 심지어 훌륭한 아이디어로 이어지는 계기가 되기도 한다.

>> 더 치들(THE CHEADLE)

이 표현은 존 로저스가 만들었다. 로저스는 내가 함께 일한 쇼러너 중 최고다. '더 치들'은 화면에서 한 캐릭터가 다른 캐릭터들과 함께 웃고 있다가, 고개를 돌리는 순간 표정이 절망으로 바뀌며 내면의 고통이 드러나는 장면을 말한다.

이 용어는 HBO 영화 〈랫 팩(The Rat Pack)〉에서 돈 치들(Don Cheadle)이 새미 데이비스 주니어를 연기한 장면에서 유래했다. 영화 속에서 새미는 인종차별적인 농담에 마지못해 웃는다. 다들 웃고 즐기는 가운데 새미가 고개를 돌리는 순간, 그의 표정이 무너지며 관객에게 그의 괴로움이 드러난다.

>> 크레용 버전(CRAYON VERSION)

이 표현은 나의 단순한 뇌에서 나온 것이라 자랑스럽게 소개한다. 어디서든 이 표현을 듣게 되면 나를 떠올려 주길 바란다.

'크레용 버전'은 '별로거나 약한 피치'를 다르게 표현한 말이다. 피칭하다 도망가는 것과는 다르다. 자신이 피칭하려는 아이디어가 정답이 **아님**을 알면서도 그 안에 스토리에 필요한 DNA나 핵심 구조, 뼈대가 들어 있다고 생각하기 때문에, 다른 작가가 더 나은 아이디어를 끌어내길 바라며 피칭하는 것이다.

이런 경우에는 피칭을 시작할 때 미리 말한다. "자, 이건 크레용 버전인데…." 비슷하게는 "초안 던지기야"라거나 "이건 좀 아니긴 한데…"라고 말하기도 한다.

물론, 그중에서 내 표현이 가장 좋다.

≫ 랜턴 걸기

스토리에 논리적인 문제가 있거나 뭔가 안 풀리는 지점이 있을 때, 작가가 그 문제를 숨기려 해도 해결책이 나오지 않을 때 쓰는 용어다. 이때 작가는 '랜턴을 건다', 즉 그 문제를 아예 드러내 스토리 포인트로 삼는다. 극 중 어떤 상황이 말이 안 되면, 캐릭터가 "이거 좀 이상하지 않아?"라고 말하고 넘어가는 식이다.

≫ 노래 아니고 대사

이 표현은 연극, 특히 뮤지컬 쪽에서 유래했다. 작가가 생각하는 것만큼 대본에서 강조할 필요가 없는 부분을 가리킬 때 쓰인다. 작가가 스토리 전개나 캐릭터 정체를 드러내기 위해 4페이지짜리 장면을 썼지만, 사실은 대사 몇 줄이면 충분할 때가 이에 해당한다.

"이건 대사야. 노래가 아니고."

>> 논리 경찰과 재미 기차

〈레버리지〉에서 처음 들은 표현인데, 정확한 기원은 모른다. 기본적인 의미는 이것이다. 논리 경찰이 재미 열차를 멈추게 하지 말 것. 즉, 스토리 속 논리적 문제 하나 때문에 스토리 전체의 재미를 꺾어서는 안 된다는 뜻이다. 스토리가 흥미롭고 매력적일수록 논리적 엄격함은 덜 중요해진다.

>> 모자 쓴 남자

비슷한 표현이 많지만, 나는 '모자 쓴 남자'가 가장 마음에 든다. 스토리가 완전히 멈추고 어떤 캐릭터가 갑자기 등장해 설명을 늘어놓는 상황을 의미한다. 마치 모자 쓴 남자가 앞으로 걸어 나와 관객에게 직접 설명하는 것처럼, 지금까지 무슨 일이 있었고 앞으로 무엇이 일어날지를 대사로 전부 풀어내는 것이다.

작가실에서 시청자가 스토리 포인트를 이해하지 못할 수도 있으니, 캐릭터가 모든 사정을 설명하게 하자고 제안하면, 다른 작가들은 "아니. 그건 그냥 모자 쓴 남자잖아"라고 말한다.

왜 모자를 썼는지는 나도 모른다.

>> 번지수는 모르지만

이 표현은 '크레용 버전'과 이웃사촌이다. 작가가 스토리나 캐릭터 문제를 해결하려고 아이디어를 냈는데, 딱 맞는 해결책은 아니지만 대략적인 방향은 맞을 때 쓰는 표현이다. 찾고 있는 집의 정확한 번지

 킬 더 도그

수는 모르지만, 도로 번호는 맞고 근처까지 왔다는 뜻이다.

≫ 지붕 위

TV 작가실에서만 쓰는 표현이다. 어느 캐릭터나 배우가 곧 작품에서 하차할 가능성이 있지만, 그 사실이 공식적으로 알려지지 않았을 때를 말한다. 배우가 개인적인 이유로 떠나는 경우도 있고, 스토리 전개상 캐릭터가 빠지는 경우도 있다. 이유가 뭐든, 작가실에서는 그 캐릭터를 '지붕 위에 있다'라고 표현한다.

이 표현은 오래된 농담에서 유래했다. 한 남자가 휴가를 가면서 동생에게 고양이를 맡긴다. 하루 지나고 동생에게 전화를 건다.

톰:　　나야, 플러피는? 잘 지내?

동생:　미안해, 형. 플러피가 죽었어.

톰:　　뭐라고? 아, 남은 휴가를 완전히 망쳤잖아!

동생:　아니, 그럼 어쩌라고. 거짓말이라도 했어야 하는 거야?

톰:　　적어도 조금씩 알려 줄 수 있었잖아. 처음 전화했을 땐 고양이가 지붕 위로 올라갔는데 내려오지 않는다고 말했어야지. 그다음에 전화하면 플러피가 아직 지붕 위에 있지만 내려오게 할 방법을 찾고 있다고 말하고. 주말에 전화하면 '미안해, 형. 플러피가 뛰어내리려다 실패해서 결국 죽었어'라고 말하면 이렇게까지 충격받지는 않을 거 아냐!

동생:　알겠어. 미안해.

톰: 됐어. 그냥 슬퍼서 그래. 그나저나 엄마는 어떠셔?

동생: 지금 지붕 위에 계셔.

>> 갈퀴(일명 코끼리)

코미디 작가실에서 주로 쓰는 말이지만 다른 곳에서도 들어본 적
있다. 처음엔 정말 웃기다가, 너무 길게 끌어 더는 안 웃기게 되고, 그
럼에도 계속 끌어 결국엔 다시 웃기게 되고, 심지어 처음보다 더 웃겨
지는 상태를 뜻한다.

이 표현은 〈심슨〉 시즌 5의 에피소드에서 유래했다. 사이드쇼 밥이
갈퀴를 밟고 그 바람에 갈퀴가 벌떡 일어나 밥의 얼굴을 때린다. 그가
투덜거리며 한 걸음 더 옮기는데 다른 갈퀴를 밟아 얼굴을 다시 맞는
다. 투덜거리며 한 걸음 또 옮기자, 갈퀴를 또 밟고 얼굴을 또 맞는다.
이 과정이 여러 번 반복된다.

같은 에피소드 후반, 밥이 길에 누워 있는데 군악대가 행진하면서
군악대원 모두가 밥을 밟고 지나간다. 일어나려는 순간, 이번엔 코
끼리 행진이 이어진다. 코끼리들이 하나씩 나타나 밥을 밟고 또 밟으
며 지나간다. 너무 많다 싶을 때쯤 또 나오고, 다시 한번 웃음을 자
아낸다.

>> 리트리트스피크(RETREATSPEAK)

개발 담당 임원들이 캐릭터에 대해 논의할 때 쓰는 '개발 책임자의
말투'에서 유래한 표현이다. 그들은 '좋아할 만하다', '공감이 갈 만하

 킬 더 도그

다’ 같은 표현을 자주 쓴다.

‘리트리트스피크’는 그것과는 조금 다르다. 이 용어는 주로 임원들이 매년 열리는 리트리트(워크숍)에서 돌아온 직후에 사용하는 언어다. 리트리트에서 임원들은 ‘시나리오 작가들과 매끄럽게 소통하는 법’ 등을 논의하고, 그 안에서 배운 최신 업계 용어를 작가와의 회의에서 사용하는 것이다. 이 용어들은 해마다 조금씩 달라진다. 하지만 작가들이 여러 회사에 다니다 보면, 모든 스튜디오와 네트워크가 같은 리트리트에 다녀온 것처럼 느껴진다.

최근에 들은 리트리트스피크 몇 가지를 살펴보자.

- 이 캐릭터가 테이크어웨이하는 메시지가 뭔가요?
- 그 캐릭터의 백스토리를 좀 텔레스코프할 수 있나요?
- 자매 캐릭터가 서킷 테스트를 통과하나요?
- 이 스토리가 우리 브랜드에 부합하나요?

솔직히 나도 이런 리트리트스피크가 무슨 의미인지 모르겠다(왜냐하면 의미랄 게 없으니까). 하지만 마지막 표현에 대해서는 짚고 넘어가야겠다.

브랜드, 브랜딩 같은 단어는 바이러스처럼 할리우드에 침투했다. 브랜딩이니 피치 데크(pitch deck)니 하는 말들이 새로운 표준이 된 이유는, 할리우드의 창의적인 면을 이끌어가는 사람들이 전혀 창의적이지 않기 때문이다. 그래서 그들은 새롭고 반짝이는 용어를 좇는다.

요즘 할리우드 스튜디오들은 대부분 테크 기업이 운영한다. 그래서 테크 월드에서 쓰는 용어가 우리 업계와 창작 과정에까지 스며들게 되었다. 이런 논리를 이해는 하지만, 잘못된 논리다.

'브랜딩' 같은 용어는 창작 과정과 전혀 맞지 않는다.

작가로서 자신을 브랜딩하고 싶다면, 그렇게 하라.

배우로서 자신을 브랜딩하고 싶다면, 좋다.

네트워크나 스튜디오를 브랜딩하고 싶다면 그것도 좋다.

내가 나서서 권장하지는 않겠지만, 어쨌든 당신은 성인이니 당신의 자유다. 단, '어른처럼 행동한다'거나 '어른 역할을 한다'라는 표현을 쓰는 사람이라면, 아직 어린애인 게 분명하다.

브랜딩은 앞서 이야기한 '구조'와 마찬가지로, **'일이 다 끝난 후에'** 생겨나는 것이다.

예를 들어 FX 채널은 〈쉴드: XX 강력반(The Shield)〉을 방영하면서 채널을 브랜딩할 수 있었다. 드라마가 히트를 치면서 FX는 '원시적이고 거친 시리즈로 경계를 넘어서는' 네트워크라는 브랜드를 갖게 되었다.

만약 〈쉴드: XX 강력반〉이 실패했다면, FX는 〈쉴드〉 이전의 성공작인 〈선 오브 더 비치(Son of the Beach)〉 같은 프로그램을 계속 제작했을 것이다.

HBO도 마찬가지다. 〈오즈(Oz)〉와 〈소프라노스(The Sopranos)〉가 대박을 터뜨리면서 HBO는 확고한 브랜드를 구축할 수 있었다. 물론 다른 프로그램들도 있지만, 그 두 작품만큼 성공하지는 못했다. 그

　　　　　킬 더 도그

러니까 도대체 무슨 말이냐고?

'구조'와 마찬가지로, 브랜딩은 사후 결과로 자연스럽게 생겨나는 것이다.

상상력과 창의성이 주도할 때 최고의 성과를 내는 분야에 광고계나 실리콘밸리의 개념을 억지로 주입하면, 실패를 부를 뿐이다.

브랜딩은 잠시 잊고, 먼저 글쓰기에 집중하자.

>> 샌드위치 가이(SANDWICH GUY)

'샌드위치 가이'는 뛰어난 작가이자 쇼러너인 바버라 홀이 만든 용어다. 이 표현은 TV 시청자나 영화 관객 중에서도 좀 더 단순한 스토리 구조를 선호하는 층을 가리킬 때 사용한다. 샌드위치 가이가 좋아하는 프로그램이 복잡하거나 지적인 내용을 다루지 않는다는 뜻이 아니라, 단지 해당 프로그램의 콘셉트가 샌드위치 가이에게 직관적이고 쉽게 이해된다는 뜻이다.

이런 장면을 상상해 보자. 샌드위치 가이가 주방에서 샌드위치를 만드는데, 방에 있는 아내가 "오늘 밤에 뭐 볼래?"라고 묻는다. 샌드위치 가이는 (보통은 약간 투박한 말투로) "그 왜, 좀비가 싹 다 먹어 치우는 거 있잖아!"라고 대답한다.

샌드위치 가이는 지상파나 기본 케이블 드라마를 선호하고, 프리미엄 케이블 콘텐츠에는 관심이 없다. 그가 이렇게 말하는 일은 절대 없을 것이다. "체르노빌 원자력 발전소 4호기 폭발로 발생한 정치적·사회적 분열과 오염 제거 과정을 다룬 프로그램을 보는 게 어때? 그

소련 무기화학자는 자살했잖아!"

작가실에서 스토리를 짤 때 어떤 아이디어가 너무 복잡해지는 것 같으면 작가들은 서로 이렇게 묻는다. "샌드위치 가이가 이거 볼까?"

>> 단역 배우 약물에 중독되다

TV 작가들이 지쳤을 때 일어나는 현상이다. 같은 시리즈를 날마다, 에피소드마다, 시즌마다, 그리고 같은 주연 배우들을 넣어 쓰다 보면 지루해지기 마련이다. 그래서 항상 참신함을 유지하는 것이 중요하며, 방송 대본 외에도 개인적인 글쓰기를 계속하는 것이 좋다.

'단역 배우 약물에 중독되었다'라는 표현은 작가가 새로운 캐릭터를 쓰는 데 재미를 느끼다가 과하게 몰입해 버리는 상황을 말한다.

단역(정확히 말하면 하루만 촬영하는) 배우는 원래 정규 배우와 함께 한두 장면에만 등장한다. 하지만 작가는 지루하던 참에 새로운 캐릭터를 쓰는 게 너무 즐거워서, 이 캐릭터에게 너무 많은 분량을 주게 된다. 그러다 보니 이 단역 배우가 주연 배우보다 더 흥미롭고 매력적으로 보이는 일이 벌어진다. 절대 일어나선 안 되는 일이다.

그 작가는 '단역 배우 약물에 중독'된 상태다.

>> 트레이드 지(THE TRADES)

트레이드 지란 할리우드를 다루는 업계 전문지를 말한다. 한때는 〈버라이어티(Variety)〉와 〈할리우드 리포터(The Hollywood Reporter)〉가 업계를 대표하는 매체였다. 이 둘은 여전히 권위 있는 매

　　　　　　킬 더 도그

체지만, 이제는 온라인 매체인 〈데드라인(Deadline)〉과 그 외 몇몇 작은 매체들도 생겨났다. 특히 〈데드라인〉은 인쇄 매체에서 디지털 매체로 패러다임이 전환되는 과정에서 급부상해, 현재 가장 인기 있고 잘 알려진 매체가 되었다.

트레이드 지에 대해 알아 둬야 할 점은… 업계 외부 사람들, 예를 들어 지금 이 글을 읽는 당신은 트레이드 지에 실린 내용이 절대적인 진실이라고 믿는다는 것이다.

그렇지 않다.

당신이 읽는 기사가 거짓이라고 주장하려는 게 아니다. 다만 진실한 것과 정확한 것은 다르다는 사실을 말해 주고 싶다. 이 점을 가장 잘 보여주는 영화가 1981년 시드니 폴락(Sydney Pollack) 감독, 커트 루트키 각본의 〈폴 뉴먼의 선택(Absence of Malice)〉이다.

업계 외부 사람들은 잘 모르지만, 트레이드 지에 나오는 배우, 감독, 작가, 프로듀서, 프로젝트에 관한 기사 중 약 80퍼센트가 의도적으로 퍼뜨리는 홍보성 기사다. 이 기사들은 진짜 저널리즘이 아니다. 에이전트, 매니저, PR 회사 등이 트레이드 지에 심어 놓은 것이다. 그들은 트레이드 지와 금전적 거래 또는 다른 형태의 거래를 맺고 고객과 고객의 프로젝트에 대한 기사가 트레이드 지에 실리도록 만든다. 관심과 기대를 모으기 위해서다.

나도 이런 상황을 다수 경험했다. 여러 네트워크가 치열한 입찰경쟁을 벌이는 속에서 TV 기획안을 판매했을 때, 어느 트레이드 지에 우리 기사를 실을지를 두고 회의를 한 적이 있었다. 트레이드 지의 거래 관행 중 하나는 '기사가 우리 잡지 1면에 게재될 경우, 우리에게 독점권을 줘야 한다'라는 조건이다. 즉, 〈할리우드 리포터〉 1면에 실린 기사가 〈데드라인〉 1면에 실리는 경우는 거의 없다.

>> 위노나 라이더(WINONA RYDER)

존 로저스가 만든 표현 같은데, 확실하지는 않다.

'위노나 라이더'는 부적절하고 불필요한 내레이션을 말하는데, 보통 지나치게 감상적이거나 달달한 톤일 때 이렇게 표현한다. 〈가위손(Edward Scissorhands)〉에서 노인이 된 위노나 라이더가 내레이션 하는 장면에서 유래했다.

자칭 구루와 가짜 전문가가 사용하는 가짜 용어

이제 다들 들어봤을 법한 가짜 용어들을 살펴보겠다. 당신에게서 돈을 뜯어내려는 허세꾼들이 자주 쓴다. 이런 용어를 써서라도 전문가처럼 보이고 싶어서다. 하지만 가짜 전문가들이 당신에게 절대 말하지 않는 것이 있다. 그 용어들이 **가짜**라는 사실이다.

>> 스크립트 닥터(SCRIPT DOCTOR)

'스크립트 닥터'라고 사칭하는 사기꾼을 볼 때마다 내가 10센트씩 받을 수 있다면, 아마 우리 모두를 데리고 히노키 앤 더 버드(Hinoki & The Bird) 레스토랑에서 근사한 점심을 살 수 있을 것이다.

스크립트 닥터는 우리 업계에서 실제로 사용하는 용어지만…

 킬 더 도그

이는 이미 제작 준비 중이거나 촬영 중인 스크립트를 '고치는' 일에 투입되는 **현역 프로 시나리오 작가**에게 붙는 명칭이다.

보통 대본의 특정 부분을 다듬기 위해 고용한다. 예를 들어 대사나 액션 시퀀스를 손봐야 할 때다. 아니면 주연 배우가 자신이 신뢰하는 작가에게 캐릭터를 다시 써 달라고 할 수도 있다. 그러면 현역 프로 시나리오 작가가 와서 해당 부분을 수정해 주고 돈을 두둑이 받고는, 크레디트에 이름을 올리지 않고 떠나간다.

경험이 풍부한 현역 프로 시나리오 작가를 제외하면, 할리우드에 스크립트 닥터는 존재하지 **않는다.**

다시 말하겠다.

할리우드에 스크립트 닥터는 존재하지 않는다.

누군가가 자신을 '전문 스크립트 닥터'라고 부른다면, 그 사람은 거짓말을 하는 것이다. 우리 업계에서 스크립트 닥터라 불리는 사람들은 대부분 대(大)작가들이다. 내가 잘 아는 랜디 메이엄 싱어(〈미세스 다웃파이어(Mrs. Doubtfire)〉 외 다수)나, 빌리 레이(〈헝거 게임(The Hunger Games), 〈캡틴 필립스(Captain Phillips)〉 등), 혹은 애런 소킨(말할 필요도 없이)이나 피비 월러브리지(〈플리백(Flea-bag)〉, 〈킬링 이브(Killing Eve)〉 등) 같은 사람들 말이다.

무슨 말인지 알겠는가?

이미 엄청난 시나리오 작업 경력을 가진 사람이 아니면, 아예 스크립트 닥터가 될 수 **없다.** 당신이 이름을 들어 본 적 없거나 어떤 작품을 썼는지 모르는 스크립트 닥터는 없다. 스크립트 닥터가 되는 유일한 방법은 크게 성공한 프로 시나리오 작가가 되는 것뿐이다.

소셜 미디어에 자신을 스크립트 닥터라고 칭하는 사람들이 넘쳐나지만, 사실 그들은 작품 참여 이력이 거의 또는 전혀 없다. 있다고 해도 당신이 본 적도, 들은 적도 없는 작품일 것이다.

시나리오 작법서를 펴내는 자칭 구루들도 자신들을 전문 스크립트 닥터라고 칭하는데, 그 또한 거짓말이다.

당신이 그 사람의 이름을 들어본 적 없거나 그 사람의 작품을 본 적 없다면, 그 사람은 스크립트 닥터가 아니다.

>> 스크립트 컨설턴트(SCRIPT CONSULTANT)

스크립트 닥터를 사칭하는 사람을 만날 때마다 10센트를 받으면 우리가 히노키 앤 더 버드에서 함께 점심을 먹을 수 있다고 했다. '스크립트 컨설턴트'를 사칭하는 사람마다 10센트를 받는다면 우리는 노부에서 저녁 식사를 할 수 있다. 술까지 곁들여.

사기꾼들은 스크립트 컨설턴트 같은 용어를 좋아한다. 사실 여부를 확인할 실질적인 방법이 없기 때문이다. 시나리오 작법서를 펴낸 어떤 유명 작가는 '전문 스크립트 컨설턴트'로 경력을 쌓았다고 주장하지만, 그 사람의 실제 이력을 깊이 파헤쳐 보면 거의 스티븐 글래스(Stephen Glass)[57] 수준의 과장이 드러난다. 누군가는 자신이 파라마운트나 유니버설에서 대본 자문을 했다고 주장할 수 있다. 하지만

---

57 기사 대부분을 조작해 파문을 일으켰던 전직 기자.

 킬 더 도그

해당 스튜디오의 사업부 책임자에게 연락해 실제로 그 사람한테 자문 서비스에 대한 보수를 지급했는지 확인하지 않는 한, 그런 주장을 입증하거나 반박할 방법이 없다.

당신이 사업부 책임자에게 전화해서 확인하는 시간과 에너지를 내가 아껴 줄 수 있다….

할리우드에 스크립트 컨설턴트 같은 직업은 없다.

스크립트 컨설턴트 신화는, 스튜디오 임원들이 회사 워크숍에 참석해 여러 시나리오 작법서를 읽으면서 생겨났다. 그러다 일부 임원들이 작법서 저자들과 관계를 맺게 됐고, 아마도 폴로 라운지(The Polo Lounge) 같은 레스토랑에서 점심을 먹으며 어떤 프로젝트의 스토리 문제를 논의했을 수는 있다. 그러고 나면 그 구루는 자신이 그 스튜디오의 스크립트 컨설턴트라고 말하고 다닌다. 요즘은 업계 주변부나 아예 업계 바깥에 있는 사람들마저 자신을 시나리오 작성 전문가로 부풀리기 위해 이 명칭을 도용한다. 웹사이트나 소셜 미디어 계정에서 어떤 사람이 '전문 시나리오 컨설턴트'로서 풍부한 경험이 있다고 글을 올리면, 당신은 그 사람이 진짜 전문가라고 **믿게** 된다.

하지만 할리우드에 전문 스크립트 컨설턴트는 존재하지 않는다.

할리우드에서 매일 시나리오에 자문을 제공하는 사람이 누구인지 아는가?

스튜디오 임원들. 네트워크 임원들. **이들이** 진짜 스크립트 컨설턴트들이다. 그건 그들의 업무 중 하나고, 아주 중요한 부분이다.

가끔 그 임원들이 누군가를 불러 시나리오에 관한 자문을 받기도 한다. 그게 과연 누구일까?

바로 **현역 프로 시나리오 작가다.**

현역 프로 시나리오 작가 클럽 회원증을 가진 사람들. 멋진 재킷을 입고 다니는 사람들.

시나리오에 대해 '컨설팅'을 요청받는 것은 스크립트 닥터로 고용되는 것과 비슷하다. 이런 작업에 불려 가는 사람은 **오직** 현역 프로 시나리오 작가뿐이다.

스튜디오와 프로듀서가 수백만 달러를 투자하는 시나리오에, 시나리오 작성 경험이 전무한 사람을 컨설턴트나 닥터로 고용할 리는 **없다.**

이렇게 생각해 보자. **당신이** 스튜디오의 수장인데 임원들이 한 것 이상의 전문 자문이 필요한 시나리오가 있다면? 당신은 타이카 와이티티, 크레이그 메이진, 켈리 마셀(Kelly Marcel) 같은 사람을 부를 것인가? 아니면 시나리오 작가나 스토리텔러 경험이 전혀 없는 사람을 부를 것인가? 예를 들면… 당신의 반려견 산책 도우미?

반려견 산책 도우미! 나도 콜백(callback)[58]을 한 번 써 봤다!

내가 왜 코미디는 거의 손대지 않는지, 지금 막 이해했으리라 믿는다….

스크립트 닥터나 스크립트 컨설턴트라고 자칭하는 바보들보다 더 최악인 것은… 말하기도 싫지만 아래에 소개한다….

---

58 코미디에서 이전에 한 농담이나 설정을 다시 언급해 웃음을 유도하는 기법.

     킬 더 도그

〉〉 고스트라이터(GHOSTWRITER)

오. 마이. 갓. 진짜다. 나는 자신이 할리우드 영화와 TV 작품의 전문 고스트라이터라고 주장하는 사람을 여럿 봤다.

자세히 말하다가는 혈압 올라 쓰러질 것 같으니, 짧게 하겠다….

할리우드에 고스트라이터는 존재하지 않는다. 단 한 명도. 아예 없다. 현역 프로 시나리오 작가도 그런 식으로는 일하지 않는다. 누군가가 자신이 고스트라이터라고 말한다면, 이번에는 도망가지 말고… 대놓고 말하라. 그 사람이 말을 마치기도 전에 거짓말이라고, 헛소리라고 외쳐라. 업계 단속반이라도 출동시켜라.

할리우드에 유령 작가는 없다. 진짜 유령만 있다.

16

아끼는 문장에 상처 입히기

나는 내가 아끼는 문장들을 죽이지 않고, 단지 상처를 좀 입혔을 뿐이다. 업계 용어로는 이런 글귀를 '고아'라고 부른다. 무작위로 떠오른 생각들이라 이 책의 특정 챕터에 딱 맞지는 않지만, 남겨둘 가치가 있는 내용들이라 여기에 소개한다. 일부는 앞서 논의한 내용과 중복될 수도 있고, 일부는 지혜의 파편이겠지만, 이 중 어느 것도 없애 버릴 수가 없었다.

- 자신에게 정직하고, 자신에게 진실하라. 규칙이니, 해야 할 일이니, 하지 말아야 할 일이니 하는 온갖 잡음은 **무시하라.** 당신은 이야기를 전달하는 법을 알고 있으니, 자신을 믿어라.

- 머릿속에 규칙, 발단 사건, 중간 전환점 같은 잡동사니가 적을수록 상상력으로 채울 수 있는 공간은 더 많아진다.

- 시나리오 쓰기를 예술이 아닌 기술로만 여기는 오해가 있다.

이는 **규칙을 깨려면 먼저 규칙을 알아야 한다는** 말만큼이나 어리석은 소리다. 기술(craft)과 예술(art)은 떼려야 뗄 수 없는 관계다. 나는 기술 없이는 훌륭한 예술도 없다고 믿는다.

예술과 기술이 별개의 실체로 존재한다고 말한다면, 당신은 〈마이클 클레이튼〉, 〈내일을 향해 쏴라〉, 〈문라이트〉, 〈펄프 픽션〉 같은 영화의 시나리오가 예술이 아니라고 말하는 셈이다. 그리고 고흐나 프리다 칼로 같은 예술가들이 기술에 대한 지식 없이 캔버스에 물감을 대충 뿌렸다고 여기는 셈이다. 절대 아니다.

예컨대 잭슨 폴록의 '드립(Drip)' 기법은 미술을 잘 모르는 사람들에게도 널리 알려져 있다. 그가 색 조합, 구도, 굵은 선, 가는 선 등 그림을 그리는 기술에 대한 지식 없이 그저 캔버스에 물감을 마구 떨어뜨려 그림을 그렸다고 생각한다면, 그건 무지함을 드러낼 뿐이다.

내가 사랑하는 장미셸 바스키아도 마찬가지다. 어느 기자가 "당신이 만드는 건 예술이 아니라 선만 그리는 막대 인간일 뿐이며, 그 정도는 어린아이도 그릴 수 있는 수준이다"라고 도발하자 바스키아는 이렇게 말했다. "모든 선에는 의미가 있다." 그러고는 자신의 그림 한 점을 놓고 기자에게 선 하나하나, 붓질 하나하나를 설명했다. 구성과 색상 사용을 비롯해 모든 **기술** 요소를 보여주면서 말이다.

나는 지금 이 책을 쓰고 있는 내 컴퓨터에 바스키아의 말을 붙여 두었다.

 킬 더 도그

구스타프 말러가 자신의 기술에 정통하지 않았다고 생각하는가? 그가 박자, 다이내믹, 화성, 코드 진행, 음색의 밀도 같은 것을 전혀 이해하지 못한 채 교향곡 제5번과 제9번을 작곡했다고 생각하는가?

요점은 간단하다. 필요한 기술을 익힌 사람만이 진정한 예술을 창조할 수 있다. **하지만** 지금껏 당신이 들어온 '시나리오 작성 기술이란 이런 것이다', 혹은 '저런 건 아니다' 같은 거짓말들은 모두 무시하고, 지워 버려라. 시나리오 쓰기에 비법은 없다. 특별한 비결이 있는 게 아니다. 산문, 시, 단편소설과 마찬가지로 그냥 계속 써 나가는 방법밖에 없다.

글쓰기에 왕도는 없다. 당신이 글 쓰는 기술을 이해하고 익혀야만 당신의 언어로 예술을 만들어 낼 수 있다. 하지만 여기서 말하는 기술이란, 발단 사건이나 중간 전환점 같은 것이 아니다. 언어, 문장 구성, 표현 방식, 문법을 말한다.

시나리오 쓰기는 가르칠 수 없다. 배울 수 있을 뿐이다. 시나리오 쓰기에 필요한 기술은 오직 써 보면서 배울 수 있다. 그리고 다시 고쳐 쓰면서. 당신은 원하는 만큼 많은 시나리오를 읽을 수 있고, 영화와 TV 시리즈를 모두 볼 수도 있으며, 유튜브에서 쿠엔틴 타란티노나 애런 소킨의 인터뷰를 모조리 찾아볼 수도 있다. 하지만 당신이 자리에 앉아 글을 쓰지 않는다면 결코 글쓰기를 배울 수 없다.

- '구조'에 대한 이야기는 모두 잊고, 머릿속에 펼쳐지는 대로 이야기를 써 나가라. 아웃라인을 짜고, 다시 짜라. 코르크판에 카드

를 꽂든, 메모 앱을 사용하든, 어떤 방법을 써도 좋다. 아니면 아무것도 사용하지 않아도 된다. 당신에게 맞는 방식이 곧 정답이다. 나는 지금 당신에게 어떤 방식이든 괜찮다고 말하는 것이다. 어느 구루나 교수나 사기꾼이 와서 '그렇게 하면 안 된다'라고 말하면, 그들에게 현역 프로 시나리오 작가 클럽의 회원 카드와 멋진 재킷을 보여 달라고 하라.

- 책, 구루, 교수, 가짜 전문가, 작가를 흉내 내는 사람, 심지어 실제로 활동 중인 작가 일부(보통 픽사(Pixar)에서 일해 본 사람들)까지도 하루 종일 발단 사건, 중간 전환점, 영웅의 여정, 영혼의 어두운 밤, 장애물–재앙–위기–절정, 상승/하강 전개 같은 말을 늘어놓을 수 있다. 하지만 **글의 질**이 좋지 않다면 전부 의미 없다. 그런 건 그럴듯한 이론일 뿐이다. 그런 공학적인 접근법으로는 절대 최고의 작품을 쓸 수 없다.

  우리가 하는 일은 스크린엔지니어링(*screenengineering*)이 아니라 스크린라이팅(*screenwriting*)이다.

- 품질 좋은 시나리오 작성 소프트웨어에 투자하라. 나는 페이드 인 프로(Fade In Pro)가 가장 낫다고 생각한다. 다른 유명 소프트웨어보다 저렴하면서도 기능이 많다. 게다가 라이언 존슨도 페이드 인 프로를 쓴다. 다른 말이 필요한가?

- 당신이 쓴 시나리오를 교정하고, 한 번 더 교정하라. 제출하기 전에는 누군가에게 부탁하거나 돈을 주고서라도 반드시 교정을 받아라. 좋은 글이라도 오탈자 때문에 인상을 망칠 수 있다. 오탈자는 작가가 부주의하거나 정성을 들이지 않았음을 나타내기 때문이다. 물론 우리 모두 오탈자 실수를 한다. 당신도 이 책에서 몇 개 찾았을 것이다. 하지만 최선을 다해 당신의 작업물에서 오탈자를 없애라. 대본을 읽다가 오탈자가 2~3개 나오는 건 큰 문제가 아니지만, 6~7개쯤 나오면 짜증이 난다. 그들에게 당신의 글을 거절할 이유를 보태지 마라.

- 인공지능(AI). 현재 전 세계 시나리오 작가들이 가장 두려워하는 존재다. AI가 우리 일자리를 모두 빼앗아 갈까? 스튜디오들이 원하는 대로 이루어진다면, 그렇다. 하지만 그 이유는 당신이 생각하는 것과 다르다. 핵심은 돈이다. AI를 사용하면 작가를 더 적게 고용해도 된다. 그뿐만 아니라 건강보험, 401K(퇴직연금), 퇴직금, 보험 등 실제 인간을 고용할 때 스튜디오에서 부담해야 하는 모든 비용을 절감할 수 있다. 하지만 스튜디오들이 모르는 게 하나 있다. AI는 지속 가능한 비즈니스 모델이 아니라는 점이다. 왜냐고? 독자와 관객이 모두 AI가 되지 않는 한, 사람들은 여전히 독창성, 공감할 수 있는 경험, 그리고 상상력을 원한다. 그리고 그건 AI가 절대 할 수 없는 일이다. AI가 만드는 결과물은 모두 파생물이다. 과대광고와 마케팅이 난무해도,

AI는 스스로 **생각**할 수 없다. 단지 데이터를 받아들여 처리한 후 출력할 뿐이다. AI가 **생각**할 수 있다고들 말하지만, 그건 앞서 언급한 '구조'나 '목소리' 같은 개념과 비슷하다. 그 본질은 전문가들이 주장하는 것과 다르다는 뜻이다. AI가 우리의 창작 세계를 (그리고 궁극적으로 일상 세계를) 장악하지 않도록 하려면, 당신이 보는 영화와 TV 프로그램에 더 높은 기준을 요구하라. 그저 괜찮은 수준에 만족하지 마라. 위대함을 요구하라. 위대함은 인간만이 달성할 수 있기 때문이다. 시나리오 작가가 되기 위한 여정에서 AI 때문에 걱정하거나 신경 쓰지 마라. 무시하라. '고양이 구하기' 법칙을 신경 쓰지 않아도 되는 것처럼.

• 당신의 고통을 껴안아라. 모든 상처는 하나의 이야기다.

• 브래드버리가 한 것처럼 컴퓨터 화면 위에 이런 문구를 붙여라. 생각하지 마라.

• 당신이 쓴 첫 번째 초고가 좋다고 믿지 마라. 좋지 않으니까. 끝냈다면 완성일 수는 있지만, 좋은 건 아니다. 겸손해라. 쓰고 고치고, 또 쓰고 또 고쳐라.

• **모든** 시나리오 작가에게는(초보부터 스콧 프랭크 같은 거장까지) 글을 쓰는 중에 자신이 사기꾼 같고 아이디어가 형편없다고

킬 더 도그

느끼는 순간이 반드시 있다. 작가의 삶의 일부이니, 받아들이고
계속 나아가라.

- 공모전에 참가하거나 현직 프로 작가가 아닌 사람에게 피드백을
  받는 데 돈을 쓰기보다 여행, 음식, 예술, 음악, 문화 같은 경험에
  돈을 투자하라. 당신의 시나리오에 더 큰 도움이 될 것이다.

- 글 쓰는 일과 무관한 친구나 가족, 혹은 그 외 누군가가 당신의
  열정이나 작업을 깎아내린다면, 시어도어 루스벨트의 '경기장의
  투사(Man in the Arena)'[59] 연설을 읽어라. 가능하면 그 사람
  앞에서 소리 내어 읽어 줘도 좋다.

시나리오 공모전에 대해

공모전에 도전하려면 먼저 자기 자신을 돌아봐야 한다. '왜 내가
공모전에 참가하려 하는가?' 이 질문에 솔직해져야 한다. 만약 그 이
유가 '에이전트나 프로듀서 눈에 띄어 바로 경력을 시작하고 싶어서'
라면… 기대를 접는 게 낫다. 그런 일은 거의 일어나지 않는다. 현실
적으로 3~4개를 제외한 나머지 공모전은 대부분 엉터리다. 이 엉터
리 공모전들이 존재하는 이유는 단 하나다. 참가비로 돈을 벌기 위해

---

59 루스벨트의 연설문 중에 유명한 대목. '진정한 공로는 경기장 안에서 싸우는 자에게 있다'며,
실제로 행동하는 사람의 가치를 강조하는 내용이다.

그들은 '신인 작가를 돕는다'라는 명분을 내세우지만, 실제로 당신을 도울 능력도, 의지도 없다. 심지어 현직 프로 작가들이 인정하는 권위 있는 공모전에서 수상한다 해도, 곧바로 커리어가 열린다는 보장은 없다. 그렇다면 어떤 공모전이 의미 있을까? 내가 속한 현역 프로 시나리오 작가 클럽의 동료들과 함께 실제로 추천하는 공모전은 다음 세 가지다.

1. 아카데미 니콜 펠로십(Academy Nicholl Fellowship): 미국 영화예술과학아카데미에서 운영하는 장학 프로그램이다. 화려한 상금이나 명성을 보장하지는 않지만, 업계 전문가들이 수상자를 주목한다는 점에서 가치가 있다.

2. 선댄스 공모전(Sundance contests): 니콜과 마찬가지로 펠로십 형식이며, 신뢰할 만한 공모전이다. 줌 미팅을 약속한다거나, 이름도 생소한 제작사 프로듀서를 연결해 준다는 식의 온라인 공모전보다 훨씬 실질적인 도움이 된다. 기억해야 할 점은 하나다. 약속이 클수록 사기일 가능성이 높다. 예를 들어 몇 년간 운영된 어떤 공모전은 '수상작 제작 지원'을 **약속**하지만, 지금까지 실제로 제작된 사례는 단 한 건도 없었다. 수상자 이름과 프로젝트는 'IMDb 프로'에 등록되지만, 그게 전부였다.

3. 오스틴 영화제 시나리오 공모전(Austin Film Festival Com—

 킬 더 도그

petition): 펠로십은 아니지만, 오랜 전통과 신뢰를 가진 공모
전이다. 무엇보다 미국의 대표적인 영화제와 연계되어 있어서
참가자와 심사 위원, 관계자 모두 이력이 확실하다. 앞서 언급한
가짜 공모전과는 비교조차 할 수 없다. 실제 많은 성공 사례가
있는 몇 안 되는 공모전 중 하나다.

경력을 쌓는 것이 목표라면, 이 세 가지 공모전만이 도전할 가치가
있다. 나머지는 온라인에서 아무리 주목을 받더라도 결국 돈벌이 수
단일 뿐이다. 지금 당신 머릿속에 떠오르는 바로 그 공모전도 예외가
아니다. 화려한 마케팅으로 치장해, 업계와 긴밀히 연결된 듯 보이고,
최고의 시나리오를 발굴하는 싱크 탱크라고 믿게 만드는 그 공모전
말이다.

혹시 눈치채지 못했는가? 그런 공모전에서는 참가자 대부분이 항
상 8강, 4강, 또는 상위 10퍼센트 안에 들었다고 떠벌린다는 사실을.
수학적으로 불가능한 일이다. 어떻게 참가자의 90퍼센트가 상위 10
퍼센트에 포함될 수 있겠는가? 답은 간단하다. 그들은 당신이 다시
돌아오길 원하기 때문이다. '지난번엔 아깝게 탈락했으니 이번엔 해낼
수 있을 거야'라는 심리를 자극해, 참가자가 계속 돈을 쓰며 다시 응시
하도록 만드는 것이다.

하지만 내 친구 크레이그 T. 윌리엄스(Craig T. Williams)가 내
시각을 바꿔 주었다. 그는 프로 시나리오 작가이자 프로듀서인데, 신
인 시절에는 참가할 수 있는 거의 모든 공모전에 도전했다. 상도 많이

받았다. 단순히 상위권에 오른 것이 아니라 실제로 여러 차례 우승했다. 그런데 놀랍게도, 단 한 번도 그것이 할리우드 진출로 이어진 적은 없었다. 그런데도 그는 그런 거짓말에 속아 넘어간 게 아니었다. 크레이그는 자신을 잘 아는 사람이었고, 공모전에 참가한 이유도 분명했다. 자신감을 얻기 위해서다. 그는 그런 공모전이 경력에 아무 도움이 되지 않는다는 걸 알고 있었고, 심사 위원들이 좋은 시나리오가 무엇인지조차 모른다는 사실도 알았다. 그럼에도 불구하고 그는 자신을 속이는 심리적 장치로 공모전을 활용했다. 상을 받을수록 자신감이 커졌고, 그 자신감은 곧 글쓰기에 반영되었다.

완전하고 확고한 자신감은 시나리오 작가가 가질 수 있는 가장 강력한 무기다. 그리고 그 자신감을 얻는 길은 단 하나다. 계속 쓰는 것. 끊임없이 노력하며 자신을 믿을 때, 자신감은 차곡차곡 쌓인다. 그리고 그 자신감이 강해질수록, 당신의 '목소리'는 점점 더 힘 있고 분명해진다.

그러니 온라인에서 부와 명성을 약속하는 가짜 공모전에 참가하고 싶다면, 참가하라. 단, 그 공모전을 통해 무엇을 얻고 싶은지에 대해 스스로 명확히 알고 있다면 괜찮다.

- 시나리오를 팔려고 애쓰지 말고, 시나리오 작가가 되기 위해 집중하라.
- 엉터리 전문가들과 사기꾼들은 공개적으로 비판하라. 그래야 다른 사람들이 그들의 함정에 빠지지 않는다.

 킬 더 도그

- 트롤들…, 웹을 떠돌며 틈만 나면 당신과 당신의 소셜 미디어 공간에 부정적인 말을 퍼붓는 불쌍한 존재들이다. 무시하라. 루스벨트의 '경기장의 투사' 연설을 기억하라. 당신이 시나리오 작가의 길을 굳은 의지로 걷고 있다면, 그들은 당신보다 훨씬 뒤에 있다. 당신이 어디 있는지조차 보지 못한다.

나도 트롤을 겪어 봤다. 그들은 내 소셜 미디어에 와서 내가 참여한 작품은 모두 '쓰레기'라거나, 누구도 내 조언을 들어서는 안 된다고 떠들었다.

나는 늘 이렇게만 답했다. '댓글 다느라 시간과 에너지를 써 주셔서 감사합니다! 좋은 하루 보내세요!' 트롤에게 당신의 소중한 에너지를 절대 주지 마라. 다음에 또 어떤 트롤이 오물을 퍼붓는다면, 이 진실을 기억하라.

트롤 중에 당신보다 잘나가는 사람을 본 적이 있는가?

- 클리셰와 트로프. 흔히 클리셰와 트로프가 형편없는 시나리오의 원흉이므로 시나리오에 절대 넣으면 안 된다고들 한다. 하지만 그건 사실이 아니다.

클리셰인지 아닌지는 아이디어 자체가 아니라, 그 아이디어를 어떻게 구현하느냐에 달려 있다. 아이디어를 형편없이 풀어낼 때만 클리셰가 된다.

트로프도 마찬가지다. 트로프는 흔하기 때문에 트로프가 되었다. 그리고 우리가 그것을 좋아하기 때문에 흔해졌다. 트로프를 서툴게 쓸 때만 '나쁜 트로프'가 된다.

- 솔직히 말하면, 이 책이 다른 작법서만큼 잘 팔리지 않을 수도 있다는 현실적 두려움이 있다. 왜냐하면 내 메시지는 '이게 바로 비결이다!'가 아니기 때문이다. 내 메시지는 분명하다. 비결 같은 건 없고, 당신은 생각보다 훨씬 열심히 노력해야 한다는 것이다. 우리는 지금 가장 적은 노력으로 가장 많은 것을 얻으려는 문화 속에 살고 있다. 근면함은 더는 미덕으로 여겨지지 않는다. 하지만 절대적인 진리는 없다. 이 책에서 한 말과 정반대로 행동해도 성공하는 사람이 있을 수 있다. 가능성은 낮지만, 불가능하지는 않다. 다만 한 가지는 분명하다. 요령이나 지름길, 비결을 찾지 않고 최고의 시나리오 작가가 되겠다는 각오로 모든 에너지를 쏟는다면, 성공할 가능성은 기하급수적으로 높아진다.

- 완전한 자신감으로 글을 써라. **자신을 믿어라.** 하지만 오만하지는 마라.

- '시나리오를 읽어라. 또 읽어라! 그것만이 배우는 방법이다.' 이런 말을 자주 들을 것이다.

  맞는 말이다. 그리고 덧붙이자면… 시나리오 읽기로만 한정하지 마라. 소설을 읽어라. 단편소설을 읽어라. 희곡을 읽어라. 수필을 읽어라. 시를 읽어라.

 킬 더 도그

제임스 볼드윈(James Baldwin)을 읽어라. 제임스 리 버크(James Lee Burke)를 읽어라. 플래너리 오코너(Flannery O’Connor)를 읽어라.

토니 모리슨(Toni Morrison)을 읽어라. 리 차일드(Lee Child)를 읽어라. 존 치버(John Cheever)를 읽어라.

데이비드 세다리스(David Sedaris), 데이비드 포스터 월리스(David Foster Wallace), 데이비드 맥컬로프(David McCullough)를 읽어라.

폴 로런스 던바(Paul Laurence Dunbar)를 읽어라.

바이런(Byron), 테니슨(Tennyson), 블레이크(Blake)를 읽어라.

카린 슬로터(Karin Slaughter)를 읽어라. 로버트 크레이스(Robert Crais)를 읽어라. S.A. 코스비(S.A. Cosby)를 읽어라.

노로시 피커(Dorothy Parker)를 읽어라. 록산 게이(Roxane Gay)를 읽어라. 마크 트웨인(Mark Twain)을 읽어라.

마야 안젤루(Maya Angelou)를 읽어라. 파블로 네루다(Pablo Neruda)를 읽어라.

조앤 디디온(Joan Didion)을 읽어라. 랭스턴 휴즈(Langston Hughes)를 읽어라. 무라카미 하루키(Haruki Murakami)를 읽어라.

지미 브레슬린(Jimmy Breslin)과 피트 해밀(Pete Hamill)을 읽어라.

월터 모슬리(Walter Mosley)와 월터 테비스(Walter Te-
vis)를 읽어라.

린마누엘 미란다(Lin-Manuel Miranda)를 읽어라. 애니
베이커(Annie Baker)를 읽어라. 에이미 허조그(Amy Her-
zog)를 읽어라.

글쓰기 실력을 키우려면 무엇보다 계속 써야 한다. 글은 아무
리 써도 늘 부족한 것처럼, 읽기 또한 아무리 해도 결코 충분하
지 않다. 특히 시나리오 읽기와 관련해, 나는 요즘 떠오르는 신
예 작가들 사이에서 하나의 트렌드를 발견했다. 바로 2010년 이
전의 시나리오는 참고하지 않는다는 점이다. 예외가 있다면 그
들의 '구세주'인 쿠엔틴 타란티노뿐이다. 그는 시대를 초월한 존
재처럼 늘 언급된다.

젊은 시나리오 작가들과 일하면서 느낀 건, 그들이 마블 시네
마틱 유니버스나 타란티노 영화에 대해서는 몇 시간이고 이야기
할 수 있다는 것이다. 아니면 최신 유행 시나리오에 대해 나노초
단위로 분석하며 떠들 수 있다. 물론 그런 태도 자체가 문제는
아니다. 하지만 그렇게만 머무른다면, 자신을 가두는 셈이다. 최
고의 시나리오 작가가 되려는 길에 오히려 제약을 두는 것이다.

성공의 기회를 조금이라도 더 넓히고 싶다면, 당신은 가능한
한 최고의 시나리오 작가가 되어야 한다. 그리고 그러려면 유행
을 넘어서는 작품들, 과거의 훌륭한 시나리오들을 찾아 읽어야
한다.

프랭크 피어슨(Frank Pierson)을 읽어라.

찰스 브래킷(Charles Brackett)과 I.A.L. 다이아몬드(I.A.L. Diamond)를 읽어라(빌리 와일더와 함께 작업한 재능 있는 작가들이지만, 빌리 와일더가 스포트라이트를 가져갔다).

제이 프레슨 앨런을 읽어라. 낸시 다우드를 읽어라. 로버트 타운을 읽어라.

앨빈 사전트를 읽어라. 패디 차예프스키(Paddy Chayefsky)를 읽어라. 노라 에프런을 읽어라. 데이비드 S. 워드(David S. Ward)를 읽어라.

블레이크 에드워즈(Blake Edwards)를 읽어라. 데이비드 매밋을 읽어라.

어니스트 리먼(Ernest Lehman)을 읽어라. 일레인 메이(Elaine May)를 읽어라. 폴 머저스키(Paul Mazursky)를 읽어라.

로버트 벤턴(Robert Benton)을 읽어라. 보 골드먼(Bo Goldman)을 읽어라. 커트 루트키를 읽어라.

리 채프먼(Leigh Chapman)을 읽어라. 론 엘더 3세(Lonne Elder III)를 읽어라.

스티브 클로브스(Steve Kloves)의 〈해리 포터(Harry Potter)〉 이전 작품들을 읽어라.

제임스 L. 브룩스(James L. Brooks)와 론 셸턴(Ron Shelton)을 읽어라. 리처드 라그라브네스(Richard La-

Gravenese)를 읽어라. 나오미 포너(Naomi Foner)를 읽어라.

에릭 레드, 에릭 휴즈(Eric Hughes), 에릭 로스(Eric Roth)를 읽어라.

래리 겔바트(Larry Gelbart)를 읽어라. 존 밀리어스(John Milius)를 읽어라. 로빈 스위코드(Robin Swicord)를 읽어라.

지나 프린스바이스우드(Gina Prince-Blythewood)를 읽어라.

캐머런 크로(Cameron Crowe)를 읽어라. 빌리 레이를 읽어라.

로런스 캐즈던(Lawrence Kasdan)과 린다 울버턴(Linda Woolverton)을 읽어라. 배리 젠킨스를 읽어라.

그리고 제발, 윌리엄 골드먼을 읽어라.

- 역사상 가장 위대한 사이클 선수 중 한 명으로 꼽히는 그렉 레먼드는 이렇게 말했다. "사이클링은 절대 쉬워지지 않는다. 단지 당신이 더 빨라질 뿐이다." 나는 이 말을 시나리오 작업에도 적용할 수 있다고 믿는다. **시나리오를 쓰는 일은 절대 쉬워지지 않는다. 단지 당신이 더 나아질 뿐이다.** 무슨 뜻일까? 이 일이 나나 스콧 프랭크, 피비 월러브리지, 혹은 다른 어떤 현업 작가에게도 당신만큼이나 어렵다는 뜻이다. 패디 차예프스키나 매들린 퓨에게도 결코 쉬운 일이 아니었다. 프로 시나리오 작가들이 당신보다 글을 더 잘 쓸 수는 있다. 하지만 그건 단지 우리가 더 오래 써 왔기 때문이다. 우리의 글쓰기 근육은 시나리오를 한두 편

 킬 더 도그

써 본 사람보다 훨씬 단련되어 있다. 그렇다고 해서 당신의 첫 시나리오가 〈차이나타운〉 이후 최고의 작품이 되지 못할 이유는 없다. 가능성은 낮을지 몰라도, 결코 불가능한 일은 아니다. 그러니 시도해 보라. 결과물이 기대에 못 미치더라도 또 하나 써라. 그리고 다시 또 써라. 단, 이것만 기억하라. 우리 **모두는** 매번 모니터 앞에 앉아 'FADE IN'을 입력할 때마다 고군분투한다는 것을. 시나리오를 쓰는 일은 어렵다. 정말 지독히 못 하는 사람에게만 쉬운 일이다. 만약 당신이 계속 쓰고 또 쓰는데도 쉬워지지 않는다고 느낀다면, 그 이유는 단 하나다. 시나리오를 쓸 때마다 딩신이 점점 더 나아지고 있기 때문에 자신의 기준이 그만큼 높아지고 있는 것이다.

- 당신이 가진 것을 전부 쏟아부어라. 당신이 은둔한 억만장자 후원자 덕에 밤낮으로 글만 써도 되는 운 좋은 처지이든, 다섯 아이를 키우며 집세를 벌기 위해 투잡을 뛰는 처지이든, 힐 수 있는 모든 에너지를 그 일에 쏟아부어라. 아침 30분이든 잠들기 전 40분이든, 어떻게든 시간을 내 규칙적으로 글을 써라. 가능한 한 자주. 소셜 미디어를 들여다보는 시간을 줄이고, 소파에 널브러져 보내는 '빈둥거리는 시간'을 포기하라. '나만의 시간'을 가장 의미 있게 사용하는 방법은 스스로를 위해 무언가를 하는 것이다. 예를 들어 훌륭한 시나리오 작가가 되는 일 말이다.

  주변 사람들이 당신의 열정과 노력을 이해하지 못하거나 미심

쩍어한다면, 굳이 그들을 붙들고 있을 필요는 없다. 새로운 애인, 새로운 친구를 만나고, 가족의 불평은 신경 쓰지 말아라. 당신이 결국 각본상 후보에 오르면, 그들 모두가 달려들 것이다. 시나리오 쓰기는 산문 쓰기와 다르다. 원할 때 쓰고, 원하면 자비 출판해서 스스로 '베스트셀러 작가'라 부를 수 있는 일이 아니다. 이 업계에는 일자리가 한정되어 있고, 시나리오 작가는 넘쳐난다.

내 친구 제프리 손(Geoffrey Thorne)의 말처럼, "시나리오 쓰는 일은 책 쓰는 일과 다르다. 일자리는 한정되어 있는데, 시나리오 작가는 수없이 많다. 이 업계는 검투사 경기장 같다. 당신이 최고의 막시무스 메리디우스가 되지 못하면, 무참히 도태되고 말 것이다."

• 마지막으로, 나는 할리우드 산업의 진정한 기둥들에 감사의 뜻을 표하고 싶다. 바로 스태프들이다.

이 책을 마무리하면서, 할리우드의 이름 없는 영웅들에게 경의를 표하지 않고는 넘어갈 수 없다. 대중은 감독, 배우, 프로듀서, 그리고 때로는 작가에 대해서도 잘 안다. 하지만 그들이 거대한 집에 살고, 거액의 계약을 맺고, 스포트라이트를 받을 수 있었던 건 모두 스태프들 덕이다.

크래프트 서비스(craft service)[60]부터 분장, 헤어, 운전, 장

---

60 촬영 현장에서 간식, 음료 등을 관리하고 준비하는 팀.

　　　　킬 더 도그

비, 조명, 촬영과 스테디캠, 포커스 풀러(focus puller)[61]와 로더(loader)[62], 사운드 믹서와 붐 오퍼레이터(boom operator)[63], 조감독과 현장 보조, 편집자와 스크립터(script supervisor)[64], 의상과 소품, 식물 관리, 케이터링, 스턴트, 무기 소품, 특수효과, 캐스팅, 사무실 보조, 각 부서의 코디네이터, 보안 요원, 보조 출연자, 그리고 나의 또 다른 가족인 세컨드 팀(2nd team)[65]까지. 이 외에도 다 언급하지 못한 수많은 스태프가 있다. 그들 모두가 모여 영화와 TV 속 마법을 현실로 만든다.

진심으로 감사드린다.

---

61 촬영팀 소속으로, 촬영 중에 카메라 초점을 계속 맞추고 유지하는 스태프.

62 촬영팀 소속으로, 필름 교체나 메모리 카드 교체, 슬레이트 처리, 장비 관리 등을 담당하는 스태프.

63 붐 마이크로 현장 사운드를 수집하는 스태프.

64 장면 간 배우의 위치, 동작, 소품 위치 등을 기록하고 관리해 장면의 연속성을 유지하고 편집과 후반 작업이 원활하게 이루어지도록 돕는 스태프.

65 주연 배우 대신 리허설, 카메라 · 조명 세팅 등에 참여하는 대역 배우팀.

17

애비 싱어(THE ABBY SINGER)[66]

추천 도서

"이봐요, 기오. 시나리오 작법서는 다 싫다면서요?"

그렇지 않다. 내가 싫어하는 건 제대로 알지도 못하면서 엉터리 비법을 떠드는 사람들이 쓴 책들이다.

나는 글쓰기에 관한 책들을 좋아한다. 여기서 말하는 글쓰기는 '시나리오 쓰기'가 아니라 '글쓰기' 자체다. 앞에서도 인급했지만, 구루나 사기꾼들이 퍼뜨리는 대표적인 거짓말 중 하나가 '시나리오 쓰기는 일반적인 글쓰기와는 다르다'라는 주장이다.

시나리오 쓰기와 일반 글쓰기는 사실 똑같다. 이렇게 생각해 보자.

올림픽에는 단거리 달리기도 있고, 마라톤도 있다. 종목은 다르지

---

66 할리우드 촬영 현장에서 '그날 마지막에서 두 번째로 찍는 숏'을 의미하는 용어. 다음 숏이 마지막임을 알려 스태프의 효율적인 진행과 준비에 도움을 줬던 조감독 애비 싱어의 이름에서 유래했다.

만 둘 다 달리기다. 단거리 선수라고 해서 달리기 선수가 아닌 것이 아니고, 마라톤 선수라고 해서 달리기 선수가 아닌 것도 아니다.

마찬가지로, 시나리오 쓰기는 글쓰기다.

나는 작가를 좋아하고, 글쓰기를 좋아한다. 그래서 작가들이 쓴 글쓰기 책들을 즐겨 읽는다. 그중에는 꼭 추천하고 싶은 책들이 있다. 우리 모두에게 큰 깨달음을 준 윌리엄 골드먼의 책부터, 역사상 가장 위대한 '미발표 작가' 스누피까지.

여기서 소개하는 책들은, 웬만한 시나리오 작법서(물론 이 책을 제외하고)보다 훨씬 큰 도움이 될 것이다.

《예술을 위한 전쟁(The War of Art)》 / 스티븐 프레스필드(Steven Pressfield)

내가 지금까지 읽은 글쓰기 관련 책 가운데 최고다. '역대 최고'라고는 하지 않았다. 어디까지나 내가 읽은 책들 중에서 최고라는 뜻이다.

책은 내용이 아주 짧아서 거의 팸플릿 수준이다. 아침에 다 읽고도 소호 하우스 레스토랑 점심 약속에 늦지 않을 정도다. 그러나 짧은 분량 안에, 성공적인 작가로 살아가기 위해 가장 중요한 부분인 '마인드셋'에 대해 직접적이고, 솔직하고, 거리낌 없고, 비판적인 정보들을 가득 채워 놓았다.

프레스필드는 '예술을 위한 전쟁'이란 결국 우리 내면에서 벌어지는 '저항'과의 싸움이라고 말한다. 이 저항은 핵폭탄보다 강력한 힘으로 우리의 상상력, 영감, 동기부여를 공격하며 창작을 가로막는다. 삼

차원적이고, 수많은 얼굴을 지녔으며, 끊임없이 형태를 바꾸는 괴물과 같다. 그리고 그 적을 이기려면, 무엇보다 먼저 그 적을 제대로 알아야 한다.

《영화를 만든다는 것》 / 시드니 루멧

할리우드 역사상 가장 위대한 감독이자 동시에 뛰어난 각본가로 꼽히는 시드니 루멧의 책이다. 제목 그대로, 영화 만들기에 관한 가장 수준 높은 안내서라 할 만하다.

루멧은 영화 제작의 거의 모든 과정을 차근차근 짚어 주면서도, 실제 할리우드에서 겪은 흥미로운 일화들을 곁들여 독자의 몰입을 돕는다. 특히 시각 매체에서 스토리텔링에 관한 그의 통찰은 누구와도 비교할 수 없을 만큼 깊고 날카롭다.

내가 그를 알던 시절, 그는 언제나 나를 따뜻하게 대해 주었고, 그 너그러움은 이 책 속에도 고스란히 담겨 있다. 촬영 현장의 식음료 담당자에서 스튜디오 CEO에 이르기까지, 어떤 방식으로든 영화 산업에 몸담고자 하는 사람이라면 이 책에서 반드시 배울 점을 찾게 될 것이다.

《눈 깜짝할 사이: 영화 편집에 대한 시선(IN THE BLINK OF AN EYE)》 / 월터 머치(Walter Murch)

감독이자 친구인 월터 힐이 내게 이런 말을 한 적이 있다. "나는 항상 세 편의 영화를 만든다. 시나리오를 쓰는 영화, 촬영하는 영화, 그리고 편집하는 영화." 그중 마지막 과정을 가장 잘 해내는 인물이 바로 이 책의 저자 월터 머치다. 그는 아카데미상과 영국 아카데미상 후보에만 13번 올랐고, 그중 네 번을 수상했다. 책은 편집에 관한 내용을 다루지만, 내가 읽은 스토리텔링 관련 책 가운데 가장 깊은 통찰을 담고 있다. 실제로 많은 시나리오 작가들이 이 책을 읽고 글쓰기에 큰 발전을 얻었다고 말한다.

《유혹하는 글쓰기》 / 스티븐 킹

글쓰기에 관한 책을 논할 때 절대 빠질 수 없는 고전이다. 작가 1,000명에게 최고의 글쓰기 책이 무엇인지 물으면, 아마 950명은 이 책을 꼽을 것이다. 책의 전반부는 우리 시대 위대한 작가 중 한 명의 성장기고, 후반부는 실용적인 글쓰기 지침으로 가득 차 있다. 작가라면 반드시 읽어야 할 책이다.

《사랑 또는 돈을 위한 글쓰기(WRITING FOR LOVE AND/OR MONEY) / 프랭크 길로이(Frank Gilroy)

내가 정말 아끼는 책이지만 의외로 거의 언급되지 않는다. 저자는 뛰어난 시나리오 작가들인 토니와 댄 길로이의 아버지 프랭크 길로이다. 극작가이자 시나리오 작가인 그는 토니상, 퓰리처상, 오비상, 베를린영화제 은곰상 등 화려한 수상 경력을 자랑한다. 이 책은 그의 오랜 경력 속에서 기록한 일기 모음집이다. 성공의 순간들도 담겨 있지만, 더 매혹적인 건 실패의 순간들이다. 일자리를 잃었을 때, 혹평을 받았을 때, 돈이 바닥났을 때. 이 책은 작가로 살아가는 데 진짜 필요한 것이 무엇인지 가장 솔직하게 보여준다.

《스크린 속으로 떠난 모험(ADVENTURES IN THE SCREEN TRADE)》 / 윌리엄 골드먼(William Goldman)

시나리오 작가들 사이에서는 '바이블'로 불리는 책이다. 각본계의 예수라 불리는 윌리엄 골드먼이 직접 쓴 회고록으로, 할리우드 최전선에서 보낸 시간과 경험이 고스란히 담겨 있다. 시나리오 작가를 꿈꾸는 사람이라면 반드시 읽어야 할 책이다. 출간된 지 40년이 지났지만, 그 안의 조언, 일화, 통찰은 지금도 여전히 유효하다.

팁: 이 책을 읽은 뒤 그의 후속작 《내가 한 거짓말은?(Which Lie Did I Tell?)》도 꼭 읽어 보길 권한다.

《시간의 각인》 / 안드레이 타르콥스키

혹시 이름이 낯설게 느껴진다면 이렇게 생각해 보라. 당신이 최고의 영화감독이라고 여기는 사람들이 '최고의 감독'으로 꼽는 인물, 그가 바로 타르콥스키다. 《시간의 각인》은 밀도 높은 책이지만 동시에 흡인력이 크다. 읽다 보면 시각적 스토리텔링의 거장에게 개인 교습을 받는 듯한 경험을 하게 될 것이다.

《달리기를 말할 때 내가 하고 싶은 이야기》 / 무라카미 하루키

무라카미 하루키는 시나리오 작가는 아니지만, 지난 반세기 동안 중요한 위치를 차지해 온 작가 중 한 명이다. 이 책은 원래 장거리 달리기 훈련 일지로 쓰려던 글이었다. 그러나 출발선으로 향하는 길에 작가로서 감각이 발동했고, 결국 달리기를 넘어 글쓰기와 삶 전반을 성찰하는 이야기가 되었다. 업계 용어나 기교는 전혀 나오지 않지만, 읽다 보면 시나리오 작가에게도 분명 도움이 될 무언가를 발견하게 된다.

《스누피의 글쓰기 완전 정복》 / 바나비 콘라드

나의 영웅 스누피. 내가 처음 작가가 되고 싶다고 생각하게 된 계기도 바로 그였다. 어린 시절 '피너츠'를 열렬히 읽으면서, 세계 최고의 작가가 되기 위해 고군분투하는 스누피의 모습에 강한 울림을 느꼈다. 이 책은 '피너츠(Peanuts)' 연재 중 스누피와 그의 타자기가 등장하는 에피소드들을 모은 것이며, 여기에 유명 작가들의 글쓰기 조언도 함께 담겨 있다. 나는 이 책을 앞표지부터 뒤표지까지 최소 여섯 번은 읽었다.

18

마티니 숏(THE MARTINI SHOT)[67]

축하한다! 당신은 자신의 능력과 성공 가능성을 키우기 위해 노력하고 헌신하는 사람임이 분명하다. 오후 시간을 때우려고 이 책을 읽었을지 모르지만, 어느 쪽이든 여기까지 함께해 줘서 정말 기쁘다.

우리는 지금까지 꽤 많은 농담을 했다. 어쩌면 월세를 내려고 애썼을 뿐인 선량한 사람들을 희생양으로 삼아 재미를 본 것인지도 모르겠다. 이해한다. 나도 그런 상황을 겪어 봤다. 하지만 그렇다고 해서 진실을 말하지 않는 것은 당신의 성장에 아무 도움이 되지 않는다.

여기까지 읽었다면, 당신은 이미 더 나은 시나리오 작가가 되어 있다. 좀 더 정확히 말하면… 이 책의 내용에 제대로 집중하고 내가 전

---

67 할리우드 촬영 현장에서 '그날 마지막으로 찍는 숏'을 의미하는 용어. 제작진이 '이제 마지막 촬영이니 끝나고 마티니 한잔할 수 있겠다'라고 말한 데서 유래했다고 알려진다.

하는 메시지를 진심으로 받아들였다면, 더 나은 시나리오 작가가 될 수 있을 것이다.

이 책의 목적은 당신을 돕는 것이다. 프로 시나리오 작가로 사는 것은 정말 멋진 일이다. 이야기를 만들어 내는 것을 사랑한다면, 이 일은 축복 그 자체다.

나는 스토리텔링을 좋아하고, 스토리텔러들을 사랑한다.

신앙은 내가 성공하는 데 큰 힘이 되었다. 나는 그분을 믿고, 내 모든 성공을 그분에게 돌린다. 하지만 당신이 '하늘에 계신 아버지'를 믿지 않더라도, 시나리오 작가라면 무언가를 믿는 마음이 중요하다고 생각한다. 그게 무엇이든.

믿음과 글쓰기는 마치 맥 앤 치즈, 폴과 조앤[68], 사코와 반제티[69], 캘빈과 홉스[70]처럼 서로 뗄 수 없는 한 쌍이다.

무엇이든 좋으니 마음 깊이 무언가를 굳게 믿어라. 꼭 어떤 초월적 존재가 아니라도 괜찮다. 무엇보다 자기 자신을, 그리고 당신 안에 숨겨진 가능성을 믿어라. 당신이 써 내려가는 스토리를 믿고, 세상을 바꾸는 예술의 힘을 믿어라. 그 어느 때보다 혼란스러운 지금 이 세상에는 당신처럼 창의적인 사람들이 절실하게 필요하다는 흔들리지 않는 믿음을 가져라.

---

68 할리우드의 전설적인 배우 커플 폴 뉴먼과 조앤 우드워드.

69 1920년대 미국에서 억울하게 누명을 쓴 이탈리아계 무정부주의자들.

70 1985~1995년 미국 신문에 연재된 인기 만화의 두 주인공.

당신의 이야기를 듣고 싶다. 시나리오 작가로서의 여정이 어떤지, 이 책이 어떤 식으로든 도움이 되었는지 듣고 싶다. 혹시 이 책이 끔찍하다고 생각하더라도, 내게 알려주기를 바란다. 나는 늘 더 나아지고 싶으니까.

내 삶에서 시나리오 쓰기와 끈끈한 연을 맺고 있는 두 가지 활동이 있다. 적어도 시나리오 작가의 삶에 적용할 수 있는 교훈을 준 것들이다.

첫째는 골프다. 진정한 열정과 진정한 좌절을 동시에 맛보게 하는 게임. 온몸으로 증오하면서도, 마음 깊이 사랑하는 게임이다.

둘째는 사이클링이다. 자전거 타기는 말 그대로 내 목숨을 구했다. 역사 속 수많은 작가들처럼 나 또한 정신 건강과 우울증, 심지어 자살 충동도 겪었다. 그럴 때면 자전거가 나를 구했다.

자전거 타기는 나의 글쓰기와 깊은 연관성이 있지만, 그 느낌을 온전히 말로 표현하기는 어렵다. 아마도 그것은 끊임없이 자신을 극한으로 밀어붙이는 과정, 그리고 자신이 규정했던 한계의 벽을 뛰어넘는 희열과 맞닿아 있을 것이다. 또한 내가 '완벽한 몰입 상태'라고 부르는, 아주 드물게 찾아오는 귀한 순간과도 깊은 관련이 있다. 주변의 모든 것이 완벽하게 조화를 이루고, 내가 마땅히 있어야 할 바로 그곳에 있으며, 내가 운명처럼 해야 할 일을 하고 있다는 확신. 지금 이 순간 후회 없이 최선을 다하고 있고, 그렇기에 다음번엔 분명 더 잘할 수 있다고 온몸으로 느끼는 바로 그 찰나의 순간 말이다.

이 책의 마지막을 어떻게 끝낼지 오래 고민했다. 당신에게 남기고 싶은 것이 무엇인지 말이다. 그리고 이 책의 주제이자 본질이자 핵심이 '진실'인 이상, 그것이 당신에게 남겨야 할 것이라고 생각했다. 마지막으로 남기고 싶은, 논쟁의 여지가 없고 반박할 수도 없는 **진실**은 이것이다.

당신은 자신이 생각하는 것보다 더 나은 사람이다.

당신은 자신이 생각하는 것보다 훨씬 많은 것을 해낼 수 있다.

이제 가서 글을 써라. 그리고 수상 소감을 말할 때 내 이름도 꼭 언급해 주기를.

페이드 아웃

     킬 더 도그

이분들이 없었다면,
이 책도 세상에 나오지 못했을 것이다.

누구보다 먼저, 그레그 겔먼에게 감사한다. 단 한 번도 나를 외면하지 않았고, 나의 가장 어두운 날과 가장 빛나는 날 모두를 함께 해 준 사람. 평생 잊지 않을 것이다.

르 버즈 카페 팔로미노 지점의 사랑스러운 직원들. 커피와 응원에 감사한다. 그리고 몇 달 동안이나 그 구석 자리를 점령하도록 날 내버려뒀다.

제프리 손, 친구이자 형제. 지난 몇 년을 버틴 것도, 이 책을 쓴 것도 그 없이는 불가능했다.

데이비드와 마일리 몽고메리의 20년 넘게 이어진 우정과 관대함에 감사한다. 잠언 17장 17절.

레이철 리드고. 이 원고를 가장 먼저 읽고 격려해 줬다.

멀리사 스티븐스의 넓은 아량과 뛰어난 실력에 감사한다. 그리고 패럴스(Farrell's)에서의 추억들까지.

바버라와 캐런 홀은 프로 작가가 되는 길을 가르쳐줬다.

존 로저스는 우정과 수많은 가르침을 베풀었다.

브라이언 코플먼은 〈지오스톰〉 이후 가장 먼저 전화해 준 사람이다. 우리가 하는 이 일에서 진짜 중요한 게 뭔지 늘 일깨워 준다.

크레이그 메이진은 거의 모르는 사이였는데도 나를 친구처럼 대해줬다.

데니스 팔룸보가 날 구해줬다. 맷 리브스가 날 구해 주지 않은 것에도 감사한다.

크레이그 T. 윌리엄스와 바트 베이커. 이 책의 아이디어가 처음 태어났을 때 곁에 있어준 시나리오 작가 동지들.

데시 애러건의 창의적 에너지에 감사한다. 자즈 가레왈이 우리를 만나게 해줬다.

브라이언 케르터무스는 글쓰기 소프트웨어인 스크리브너(Scrivener)를 가르쳐줬고, 동료 작가로서 길고 긴 이메일을 주고받았다.

주윤발이 나를 해고하겠다고 협박해 준 데 감사한다.

키스 스나이더는 이 원고를 현실로 만들어줬다.

스콧 로젠버그, 셰인 블랙, 제이 프레슨 앨런, 블레이크 에드워즈, 토니 길로이, 낸시 다우드, 존 밀리어스, 시어도어 위처, 빌리 레이, 윌리엄 골드먼 등 내게 영감을 주고 끊임없이 더 나아지도록 자극해 준 분들.

마지막으로, 화가 미셸 몬텔레오네. 이 책의 제목을 지어준 것은 물론, 정신적·감정적으로 내가 이 책을 무사히 쓸 수 있도록 도와줬다. 이 책은 당신의 책이기도 하다.